高等职业教育土建类"十四五"系列教材

主 编 盛海洋 邹定南
副主编 周铁娥 李鹏飞 王道远
参 编 张丽华 曹胜语 赵 毅

华中科技大学出版社
http://www.hustp.com
中国·武汉

内 容 提 要

本书为高等职业技术院校交通土建工程类道路桥梁工程技术、工程监理、城市轨道交通工程技术、港口工程技术、工程检测等相关专业统编教材之一。全书共十二章,内容包括:概论、试验检测数据、常用混合料强度检测、路基路面几何尺寸及路面厚度检测、路基路面压实度检测、路基路面平整度检测、路面抗滑性能检测、路基路面强度指标检测、路面外观与沥青路面渗水系数检测、桥涵工程基础检测、桥梁检测、隧道工程施工质量检测等。书中每章附有思考题与习题,书的最后附有教学参考书,可供任课教师参考。本书按我国最新颁布的标准、规范编写,采用国务院颁布的《中华人民共和国法定计量单位》规定的单位。

本书既可作为道路桥梁工程技术、工程监理、城市轨道交通工程技术、港口工程技术、工程检测等专业教材,也可作为交通土建类相关专业及有关工程技术人员学习参考用书。

为了方便教学,本书还配有电子课件等教学资源包,教师可以发邮件至 husttujian@163.com 免费索取。

图书在版编目(CIP)数据

道路工程检测技术/盛海洋,邹定南主编.—武汉:华中科技大学出版社,2015.5(2023.1 重印)
ISBN 978-7-5680-0880-8

Ⅰ.①道… Ⅱ.①盛… ②邹… Ⅲ.①道路工程-检测-高等职业教育-教材 Ⅳ.①U41

中国版本图书馆 CIP 数据核字(2015)第 106048 号

道路工程检测技术		盛海洋 邹定南 主编
策划编辑:康　序		
责任编辑:祝　菲		
封面设计:原色设计		
责任校对:何　欢		
责任监印:朱　玢		
出版发行:华中科技大学出版社(中国·武汉)		电话:(027)81321913
武汉市东湖新技术开发区华工科技园		邮编:430223
录　　排:武汉创易图文工作室		
印　　刷:武汉开心印印刷有限公司		
开　　本:787mm×1092mm　1/16		
印　　张:16.5		
字　　数:416 千字		
版　　次:2023 年 1 月第 1 版第 6 次印刷		
定　　价:45.00 元		

本书若有印装质量问题,请向出版社营销中心调换
全国免费服务热线:400-6679-118 竭诚为您服务
版权所有　侵权必究

前言

本书是高等职业技术院校交通土建工程类道路桥梁工程技术、工程监理、城市轨道交通工程技术、港口工程技术、工程检测等相关专业统编教材之一。为符合近些年道路工程检测技术课程教改的有关要求,在各高等职业院校积极践行和创新先进职业教育理念,深入推进"工学结合,校企合作"人才培养模式的大背景下,根据新的专业人才培养方案及课程标准组织编写而成。

本书"以培养职业能力为核心,以工作实践为主线,以工作过程(项目)为导向,用任务进行驱动,建立以行动(工作)体系为框架的现代课程结构,重新序化课程内容,做到陈述性(显性)知识与程序性(默会)知识并重,将陈述性知识穿插于程序性知识之中,理论与实践一体化"的课改教材编写思路。力求体现如下特点。

(1) 体系规范性。以"工学结合,校企合作"所开发的教材为切入点,在课程标准和教学标准确定的框架下,改革教学内容和教学方法,突出专业教学的针对性,选定教材内容。

(2) 内容先进性。用新观点、新思想审视和阐述教材内容,所选定的教材内容适应交通土建建设发展需要,反映土建类专业的新知识、新技术、新工艺和新方法。

(3) 知识实用性。以职业能力为本位,以应用为核心,以"必须"、"够用"为原则,教材紧密联系生产和生活实际,加强了教学的针对性,能与相应的职业资格标准相互衔接。

(4) 使用灵活性。体现教学内容弹性化、教学要求层次化、教材结构模块化,有利于按需施教,因材施教。

在课程设计上,本书以实际工作任务为引领,以交通土建类工程技术专业中处理道路工程检测技术能力为主线,贯穿课程的始终。本书将道路工程检测技术项目分解为概论、试验检测数据、常用混合料强度检测、路基路面几何尺寸及路面厚度检测、路基路面压实度检测、路基路面平整度检测、路面抗滑性能检测、路基路面强度指标检测、路面外观与沥青路面渗水系数检测、桥涵工程基础检测、桥梁检测、隧道工程施工质量检测等学习情景。目的是让学生掌握每一阶段道路工程检测技术知识的应用过程。

本书打破了以往学科式教学的模式,主要介绍在交通土建类工程技术中有关道路工程检测技术资料的获取、整理及其应用等的知识。由于道路工程检测技术所要学习的内容十分丰富,分科也很细,在有限的时间内只能结合交通土建类工程技术专业的需要择其主要的和基本的内容简明扼要地予以介绍,为学生学习各自专业,以及开展相关问题的科学研究,提供最为必要的道路工程检测技术基本知识及技能。

为紧密结合生产实践,本书立足于《公路土工试验规程》(JTG E40—2007)、《公路工程沥青及沥青混合料试验规程》(JTG E20—2011)、《公路工程水泥及水泥混凝土试验规程》(JTG E30—2005)、《公路工程技术标准》(JTG B01—2014)、《公路工程质量检验评定标准》(JTG F80/1—2004)、《公路工程无机结合料稳定材料试验规程》(JTG E51—2009)、《公路工程集料试验规程》(JTG E42—2005)、《公路路基路面现场测试规程》(JTG E60—2008)等,按照这些规范的要求及规定,通过一些基本技能的训练,懂得搜集、分析和运用有关的道路工程检测技术资料,并能正确运用道路工程检测技术,进行相关工程的正确检测。

本书在编写过程中兼顾了高职学生能力培养的需要,注重吸收最新的科技成果,将教学与科研、生产紧密结合,以必须、实用、够用为度,强调高职特色,具有内容丰富、图文并茂、深入浅出、循序渐进、重点突出、便于自学等特点。为了方便学生学习,每个学习情境都附有学习目标与要求、知识链接等。每个工作任务都附有一定数量的课后复习思考题及其训练,以便学生更好地了解和掌握核心内容。

为了方便教学,本书还配有电子课件等教学资源包,教师可以发邮件至 husttujian@163.com 免费索取。

本书由福建船政交通职业学院盛海洋、江苏省无锡高等职业技术学校邹定南任主编,由盛海洋审核并统稿。辽宁建筑职业学院李鹏飞、广东省交通运输技师学院周铁娥、河北交通职业技术学院王道远任副主编。河北交通职业技术学院曹胜语、赵毅,广东省交通运输技师学院张丽华参编。具体编写分工情况为:前言、第一章、第二章、第十章、第十一章,由盛海洋编写;第三章由曹胜语编写;第四章由赵毅编写;第五章、第六章,由周铁娥编写;第七章、第九章,由李鹏飞编写;第八章由张丽华编写;第十二章由王道远编写。

本书在编写过程中,曾广泛征求过有关院校及勘察设计单位同行对编写大纲的意见,并得到了有关领导和部门的指导、帮助,附于书末的参考文献作者们对本书完成给予了巨大的支持,在此一并表示诚挚的感谢。

由于编写时间和编者水平所限,书中疏漏及不妥之处在所难免,敬请广大读者批评指正。

编　者
2022 年 12 月

目录

模块 1 概论 ·· (1)
 课题 1 试验检测的目的和试验检测规程 ·· (2)
 课题 2 试验检测人员配置及检测机构资质要求 ·· (4)
 模块小结 ·· (6)
 思考与习题 ··· (6)

模块 2 试验检测数据 ··· (7)
 课题 1 试验检测数据处理基础知识 ·· (8)
 课题 2 质量检验评定标准 ···(20)
 模块小结 ···(23)
 思考与习题 ··(23)

模块 3 常用混合料强度检测 ··(24)
 课题 1 无机结合料稳定土的检测 ···(25)
 课题 2 水泥混凝土及水泥砂浆强度检测 ···(31)
 课题 3 结构混凝土强度检测 ···(38)
 课题 4 沥青混合料稳定性检测 ··(56)
 模块小结 ···(63)
 思考与习题 ··(63)

模块 4 路基路面几何尺寸及路面厚度检测 ···(64)
 课题 1 路基路面现场测试随机选点方法 ···(65)
 课题 2 路基路面几何尺寸检测 ··(68)
 课题 3 路面结构层厚度检测 ···(72)
 模块小结 ···(76)
 思考与习题 ··(76)

模块 5 路基路面压实度检测 ··(77)
 课题 1 认识压实度 ··(78)
 课题 2 T 0921—2008 挖坑灌砂法测定压实度试验方法 ··(82)

课题3　T 0923—1995环刀法测定压实度试验方法 …………………………………… (86)
　　课题4　钻芯法测定沥青路面面层压实度 ……………………………………………… (89)
　　课题5　核子与无核密实度仪测定压实度 ……………………………………………… (90)
　　课题6　压实度评定 ……………………………………………………………………… (95)
　　模块小结 …………………………………………………………………………………… (96)
　　思考与习题 ………………………………………………………………………………… (96)

模块6　路基路面平整度检测 …………………………………………………………… (97)
　　课题1　认识平整度 ……………………………………………………………………… (98)
　　课题2　3 m直尺测定平整度 …………………………………………………………… (98)
　　课题3　连续式平整度仪测定平整度 ………………………………………………… (100)
　　模块小结 ………………………………………………………………………………… (106)
　　思考与习题 ……………………………………………………………………………… (106)

模块7　路面抗滑性能检测 ……………………………………………………………… (107)
　　课题1　概述 ……………………………………………………………………………… (108)
　　课题2　路面构造深度检测 …………………………………………………………… (109)
　　课题3　路面摩擦系数检测 …………………………………………………………… (114)
　　模块小结 ………………………………………………………………………………… (119)
　　思考与习题 ……………………………………………………………………………… (119)

模块8　路基路面强度指标检测 ………………………………………………………… (120)
　　课题1　路基路面回弹弯沉测试 ……………………………………………………… (121)
　　课题2　路基路面回弹模量试验检测方法 …………………………………………… (133)
　　课题3　承载比(CBR)试验 …………………………………………………………… (138)
　　模块小结 ………………………………………………………………………………… (141)
　　思考与习题 ……………………………………………………………………………… (142)

模块9　路面外观与沥青路面渗水系数检测 …………………………………………… (143)
　　课题1　路面破损检测 ………………………………………………………………… (144)
　　课题2　路面错台与沥青路面车辙检测 ……………………………………………… (151)
　　课题3　沥青路面渗水系数检测 ……………………………………………………… (155)
　　模块小结 ………………………………………………………………………………… (157)
　　思考与习题 ……………………………………………………………………………… (157)

模块10　桥梁工程基础检测 …………………………………………………………… (158)
　　课题1　地基承载力检测 ……………………………………………………………… (159)
　　课题2　基桩承载力检测 ……………………………………………………………… (172)

  课题3 钻(挖)孔灌注桩检测 …………………………………………………… (177)
  课题4 桥涵工程基础质量评定方法与检查项目 …………………………… (185)
  模块小结 ……………………………………………………………………………… (189)
  思考与习题 …………………………………………………………………………… (189)

模块11 桥梁检测 ………………………………………………………………… (190)
  课题1 桥涵工程质量评定方法与检查项目 ………………………………… (191)
  课题2 桥梁支座检测 …………………………………………………………… (194)
  课题3 桥梁伸缩装置检验 ……………………………………………………… (202)
  课题4 水泥混凝土构件试验检测 ……………………………………………… (204)
  课题5 预应力混凝土结构构件检测 …………………………………………… (212)
  模块小结 ……………………………………………………………………………… (223)
  思考与习题 …………………………………………………………………………… (224)

模块12 隧道工程施工质量检测 ……………………………………………… (225)
  课题1 超前支护与预加固围岩施工质量检测 ……………………………… (226)
  课题2 隧道开挖质量检测 ……………………………………………………… (228)
  课题3 隧道初期支护质量检测 ………………………………………………… (229)
  课题4 隧道防排水系统质量检测 ……………………………………………… (234)
  课题5 隧道衬砌质量检测 ……………………………………………………… (238)
  课题6 隧道施工监控量测 ……………………………………………………… (241)
  模块小结 ……………………………………………………………………………… (249)
  思考与习题 …………………………………………………………………………… (249)

附录 ……………………………………………………………………………………… (250)

参考文献 ………………………………………………………………………………… (253)

模块 1 概 论

学习目标

☆ 知识目标

(1) 了解试验检测标准和规程。
(2) 了解现行主要公路工程试验检测规程名称。
(3) 掌握试验检测人员要求。
(4) 了解试验检测机构资质要求。

☆ 能力目标

(1) 能理解试验检测工作,对工程质量控制的意义。
(2) 能理解对试验检测人员的基本要求。

☆ 知识链接

公路是国民经济的重要命脉,公路运输与其他运输相比具有一定的优越性和灵活性,是其他运输方式所不可替代的。公路建设的迅速发展,对于促进国民经济的增长、拉动其他相关产业的发展起着非常重要的作用。在公路建设中,质量是工程建设的关键,任何一个环节、部位出现问题,都会给工程的整体质量带来严重后果,直接影响到公路的使用效益,甚至需返工重建,造成巨大的经济损失。因此,工程试验检测机构必须对工程项目或产品进行检测,根据检测的结果来判断工程质量或产品质量的状态。因而,完善工程试验检测机构的工作制度、制定试验检测工作细则、配置合理的试验检测人员具有重要的现实意义。本章着重介绍试验检测规程、工作细则、工作制度及人员配置要求。

课题 1　试验检测的目的和试验检测规程

一、试验检测的目的和意义

随着我国交通事业的发展,公路建设已进入以提高质量为主的新阶段,人们对其提出了更高的要求,如果不实行完善而严格的质量安全管理、保证和监督体系,难免会在道路或桥梁的施工过程中出现质量事故或质量隐患。因此,在现场施工的质量控制中,配备与质量控制和管理相匹配的常规标准试验仪器和采用适宜的检测方法,进行必要的试验检测,对于确保工程质量是十分重要的。

工程试验检测工作是公路工程施工技术管理中的一个重要组成部分,同时,也是公路工程施工质量控制和竣工验收评定工作中不可缺少的一个主要环节。通过试验检测能充分地利用当地原材料,能迅速推广应用新材料、新技术和新工艺;能用定量的方法科学地评定各种材料和构件的质量;能合理地控制并科学地评定工程质量。因此,工程试验检测工作对于提高工程质量、加快工程进度、降低工程造价、推动公路工程施工技术的进步,起到极为重要的作用。公路工程试验检测技术是一门正在发展的新兴学科,它将试验检测的基本理论、测试操作的技能和公路工程相关的学科基础知识融于一体,是工程设计参数、施工质量控制、施工验收评定、养护管理决策及各种技术规范和规程修订的主要依据。

随着公路技术等级的提高,各级公路管理部门和施工单位已对加强质量检测与施工质量控制和验收工作予以了高度重视。作为施工技术人员、工程试验检测人员或质量控制管理人员,在整个施工期间,应在完全领会设计文件、熟悉现行施工技术规范和试验检测规程的前提下,严格做好路用材料质量、施工控制参数、现场施工过程质量和分部分项工程验收这四个关键环节的把关工作。

二、试验检测规程

试验检测工作是质检机构工作中的一个关键环节,试验检测结果的准确性与可靠性将直接影响质检机构的工作质量。为了确保提供的数据准确可靠,要求质检人员在试验检测的全过程中必须严格遵照有关试验检测规程,并力求消除试验检测人为误差,提高试验检测精度。

1. 试验检测标准和规程

质检机构必须具备所检测项目内容业务范围内的有关技术标准、操作规程、工作规范等技术文件,它是检测工作的重要依据,必须齐全。对于不具备正式标准的项目内容,也可以检测机构内部制定的有关暂行操作规程或技术文件为依据,对原材料或工程质量进行检测。但这要求有检测机构的正式文件,同时只有在受检单位同意后才能按这种标准或技术文件对原材料或工程质量作出是否合格的结论,否则就要进行项目认证。

质检机构检测的依据是设计文件、技术标准及试验检测规程,特殊情况下可由用户提供检测要求。当现行标准缺少结果判断方法或结果判断方法不明确时,用户应提供明确的结果判断方法。

2. 试验检测规程名称

现行主要公路工程试验检测规程如下。
(1)公路工程技术标准。
(2)公路工程质量检验评定标准。
(3)公路土工合成材料试验规程。
(4)公路土工试验规程。
(5)公路工程无机结合料稳定试验规程。
(6)公路工程水泥及水泥混凝土试验规程。
(7)公路工程沥青及沥青混合料试验规程。
(8)公路工程集料试验规程。
(9)公路工程岩石试验规程。
(10)公路工程水质分析操作规程。
(11)公路路基路面现场测试规程。
(12)公路工程地质勘查规程。
(13)公路路基设计规程。
(14)公路路基施工技术规程。
(15)公路路面基层施工技术规程。
(16)公路沥青路面设计规程。
(17)公路沥青路面施工技术规程。
(18)公路水泥混凝土路面施工技术规程。
(19)公路桥涵地基与基础设计规范。
(20)公路桥涵设计通用规范。
(21)公路圬工桥涵设计规范。
(22)公路钢筋混凝土及预应力混凝土桥涵设计规范。
(23)公路水泥混凝土路面设计规程。
(24)公路桥涵施工技术规范。

课题 2　试验检测人员配置及检测机构资质要求

质检机构的人员配置应合理,人员的配置包括行政管理人员、试验检测技术人员和其他工作人员三类,其中试验检测技术机构应由不同学科和不同职称的技术人员组成。检测部门人员、仪器设备、机构均应有相应的资质等级证书。

一、质检机构技术负责人、质量保证负责人及其他人员配置

质检机构的技术负责人要对整个质检机构的全部工作负责,业务上应具有较高的资质水平。另一方面,由于技术负责人在一定程度上决定了检测工作的质量,当技术负责人变动时,应检查在技术负责人变动后该机构的工作水平。质量保证负责人协助技术负责人对整个质检机构的全部检测工作的质量负责,在技术负责人不在时代行其职权。小的质检机构,质检负责人可由技术负责人兼任。质量保证负责人不一定要求精通所管辖的每一项具体工作,但必须熟悉本单位的主要业务,并且有一定的质量管理方面的知识。质量保证负责人必须是该机构的主要负责人之一,这有助于质量工作中的有关决定的贯彻执行。

技术负责人、质量保证负责人和质量检测管理人员应熟悉国家、部门、地方关于产品质量检测方面的政策、法令、法规、规定;应熟悉工程技术标准;应熟悉抽样理论,能熟练地应用各类抽样标准,确定其样本大小;具备编制审定检测实施细则、审查检测报告的能力;熟悉掌握检测质量控制理论,具有对检测工作进行质量诊断的能力;熟悉国内外工程质量的检测方法、检测技术的现状及发展趋势,掌握国内外检测仪器设备的信息;能不断学习新知识,不断进行知识更新。

质检机构的技术负责人应具有工程师以上职称,具有 10 年以上专业工作的经验,精通所管辖的业务。质检机构的人员应按所进行的业务范围进行配置,各类工程技术人员、工程师以上人员不得低于 20%。各业务岗位人员的配置应与所从事的检测项目相匹配,重要的检测项目应有两人,每人可兼做几个项目。

二、试验检测人员要求

试验检测人员应按各自的岗位分工,认真履行岗位职责,做好本职工作,确保检测工作质量。

1. 对试验检测人员的要求

(1) 检测操作人员应熟悉检测任务、内容、项目,了解被测对象和所用检测仪器设备的性能。检测人员必须经过考核合格,取得上岗操作证后,才能上岗操作。凡使用精密、贵重、大型检测仪器者,必须熟悉该检测仪器的性能,具备使用该仪器的知识,经过考核合格,取得操作证书才

能上岗操作,并能进行日常养护,进行一般或常规仪器的检验与校正。

(2)检测人员应掌握所从事检测项目的有关技术标准,了解本领域国内外测试技术、检测仪器的现状及发展方向,具备制定检测大纲,采用国内外最新技术进行检测工作的能力。

(3)检测人员应正确、如实地填写原始记录。原始记录不得用铅笔填写,必须有检测人员、计算人员和校核人员的签名。原始记录如需要更改,应在作废数据上画两条水平线,将正确数据填在上方,盖上更改人的印章。原始记录保管期不得少于两年。检测结果必须由在本领域五年以上工作经验者校核,校核者必须在检测记录和报告中签字,以示负责。

(4)检测人员应了解计量法常识及国际单位制基本内容,能运用误差理论、数理统计方面的知识对检测结果独立进行数据处理工作。

(5)检测人员要坚持原则、忠于职守、作风正派、秉公办事,应对检测工作、数据处理工作持严肃的态度,以数据说话,不受行政或其他方面的干扰。

2. 对检测人员考核的主要内容

(1)工程质量检测专业知识。

了解所用仪器设备的结构原理、性能及正确使用、维护等知识;掌握所检测工程项目的质量标准和有关技术指标;具有实际操作和数据处理的能力。

(2)计量基础知识。

了解计量法常识;国际单位制基本内容;误差理论基本知识。

三、试验检测人员纪律

(1)认真学习贯彻国家、部门、地方有关质量方面的文件、政策、法令、法规,严格按产品技术生产。

(2)坚持原则、忠于职守,遵守质检机构规定的各项规章制度。

(3)不准利用职权和工作条件接受受检企业或单位的礼品。

(4)不准擅自多抽或少抽样品,不准违章处理或使用样品。

(5)不准受贿,不准假公济私、弄虚作假。

(6)作风正派,秉公办事。

四、试验检测机构的资质要求

(1)试验技术人员及试验检测人员均应通过交通行业的培训,并应持有经交通行政主管部门批准的相应资质证书。技术主管应具有工程师以上技术职称。

(2)试验检测机构仪器设备(包括标准物质)均应经相应质量技术监督部门的计量认证、审查验收并取得合格证。

(3)试验检测机构应具有相应交通行政主管部门批准的公路工程试验检测机构的相应等级资质证书,并在规定范围内进行试验检测工作。

模块小结

在公路建设中,质量是工程建设的关键,任何一个环节、部位出现问题,都会给工程的整体质量带来严重后果,直接影响到公路的使用效益,甚至需返工重建而造成巨大的经济损失。因此,工程试验检测机构必须对工程项目或产品进行检测,根据检测的结果判断工程质量或产品质量状态。因而,完善工程试验检测机构的工作制度、制定试验检测工作细则、配置合理的试验检测人员具有重要的现实意义。本章着重介绍试验检测工作,对工程质量控制的意义,现行主要公路工程试验检测规程,试验检测人员要求及人员配置要求等。

1. 加强试验检测工作,对工程质量控制有何意义?
2. 简述现行部颁试验检测规程的名称和相应内容。
3. 简述对检测人员的基本要求。
4. 你认为公路工程试验检测中心人员如何配置最合理?

模块 2 试验检测数据

学习目标

☆ 知识目标

(1) 掌握试验检测抽样检验基础知识。
(2) 掌握试验检测数据的修约规则基础知识。
(3) 掌握试验检测数据的统计特征与分布基础知识。
(4) 掌握检测基础知识。

☆ 能力目标

(1) 学会试验检测数据的修约规则。
(2) 能运用试验检测数据的统计特征对公路工程质量进行评价。

☆ 知识链接

工程质量的评价是以试验检测数据为依据进行的。试验检测采集得到的原始数据类多量大,有时还有错误,因此,必须对原始数据进行分析处理才能得到可靠的试验检测结果。本章以数理统计与概率论为基础,介绍试验检测数据的处理方法和质量检验评定标准。

课题 1　试验检测数据处理基础知识

一、抽样检验

1. 总体与样本

检验是质量管理工作的重要内容之一,常称质量检验,其主要功能是对产品的合格性进行控制。在工程质量检验中,除重要项目外,大多数采用抽样检验,这就涉及总体与样本的概念。

总体又称为母体,是统计分析中所要研究对象的全体。而组成总体的每个单元称为个体。

从总体中抽取一部分个体就是样本(又称为子样)。例如,从每一桶沥青中抽取两个试样,一批沥青有 100 桶,抽取了 200 个试样做试验,100 桶沥青称为总体,200 个试样就是样本。而组成样本的每一个个体,即为样品。样本中的某一个,就是该样本中的一个样品。

检验的含义:将用某种方法检验物品的结果与质量判定标准相比较,来判断各个物品是否合格。

2. 抽样检验的意义

在产品检验中,全数检验的应用场合很少,大多数情况下是采取抽样检验。其原因如下。

(1) 由于无破损检验仪器的种类较少,性能难以稳定,在不采用无破损性检验时,就要采用破坏性检验,而破坏性检验是不可能对全部产品进行检验的。

(2) 当检验对象为连续性物体或粉块混合物(如沥青、水泥等)时,在一般情况下不可能对全部物品的质量特性进行检测试验。

(3) 由于一批产品的质量往往有所波动,采用全数检验实际上做不到,用无损检验也有可能导致由于产品不良品率高而带来重大经济损失。

(4) 抽样检验由于检验的样本较少,因而可以收集质量信息,提高检验的全面程度和促进产品质量的改善。

3. 抽样检验的条件

抽样检验是从一批产品中随机抽取少量的样本进行检验,根据检验结果来判断该批产品是否合格的检验方法。因此,为使抽样检验对判定质量是否合格提供准确的信息,必须注意抽样检验应具备的条件。

1) 要明确批的划分

即要注意使同批产品在原材料、工艺条件、生产时间等方面具备基本相同的条件。例如,抽样检验水泥、沥青等产品的质量特性时,应将相同厂家、相同品种或相同标号的产品作为一个批次。

2) 必须抽取能代表批的样本

由于抽样检验是以样本检验结果来推断批的好坏的方法,故样本的代表性尤为重要。为使所抽取的样本能成为批的可靠代表,常采用如下方法。

(1) 单纯随机取样。这是一种完全随机化的取样,它适用于对总体缺乏基本了解的场合。

(2) 分层取样。当批量或工序被分为若干层时,可从所有分层中按一定比例取样。例如,有两台拌和机同时拌制原材料相同的同标号混凝土,为了检验混凝土的质量特性,采用抽样方法时,应注意对两台拌和机分别取样,这样便于了解不同"层"的产品质量特性,研究各层造成不良品率的原因,也可将甲、乙样品混合进行试验,了解混合产品的质量特性。

(3) 两级取样。当物品堆积在一起构成批量时,可先在若干箱中进行第一级随机取样,挑出部分箱中物品,然后再从已挑选出的箱中物品对其进行随机取样。

(4) 系统取样。当对总体实行单纯随机抽样有困难时,如测定公路路基的弯沉值,可采用一定间隔进行抽取的抽样方法,称为系统取样。

3) 要明确检验标准

所谓检验标准,是指对于一批产品中不良品的质量判定标准。

4) 要有统一的检测试验方法

产品质量判定标准应与统一的检测试验方法所测定结果相比照。

二、数据的修约规则

1. 质量数据

质量数据的来源,主要是工程建设过程中的各种检验,即材料检验、工序检验、竣工验收等,只有通过对它的收集、处理和分析,才能达到对生产施工过程的了解、掌握及控制。没有质量数据,就不可能有现代化的科学的质量控制。

质量数据就其本身的特性来说,可以分为计量值数据和计数值数据等两类。

(1) 计量值数据。计量值数据是可以连续取值的数据,如长度、厚度等,一般可以用检测工具计量。

(2) 计数值数据。有些反映质量状况的数据是不能用测量器具来度量的。为了反映或描述这类型质量状况,而且必须用数据来表示时,便采用计数的办法来获得数据,凡属于这样性质的数据即为计数值数据。如不合格品数、不合格的构件数等,以断定方法得出的数据和以感觉性检验方法得出的数据大多属于计数值数据。

计数值数据有两种表示方法:一是直接用计数出来的次数、点数来表示;二是把计数出来的次数、点数与总检查次(点)数相比,用百分数表示。

2. 有效数字

在测量工作中,由于测量结果会有误差,因此表示测量结果的位数不宜太多,也不宜太少,太多容易使人误认为测量精度很高,太少则会损失精度。测量过程中,由于受到一系列不可控制和不可避免的主观因素和客观因素的影响,所获得的测量值必定含有误差,即获得的测量值仅仅是被测量的近似值。

另一方面,在数据处理过程中引入的诸如 π、e 等一些常量,在大多数情况下,是以无穷小数形式的无理数来表示,这就需要确定一项原则,将测得的或计算的数截取到所需的位数。认为在一个数值中小数点后面的位数越多,这个数值就越准确;或者在计算中,保留的位数越多,这个数值就越准确的想法都是错误的。第一种想法的错误在于没有弄清楚小数点的位置不是决定准确与否的标准,而是仅与所用计量单位的大小有关,如长度为 21.3 mm 与 0.0213 m,其准确程度完全相同。第二种想法的错误在于不了解所有测量,由于仪器和人们的感官只能做到一定的准确程度,这个准确程度一方面取决于所用仪器刻度的精细程度,另一方面与所用方法有关。因此在计算结果中,无论小数点取多少位数都不可能把准确程度增加到超过测量误差所允许的范围。反之,表示一个数值时,如果数值位数过少,即数值所取的有效位数少于实际所能达到的精度,则不能把已经达到的精度表示出来,也是错误的。例如,不考虑测量误差,单从有效数字来考虑,在数学上 23 与 23.00 两个数是相等的,而作为表示测量结果的数值,二者相差是很悬殊的。用 23 表示的测量结果,其误差可能为±0.5;而用 23.00 表示的测量结果,其误差可能为±0.005。再如,1 和 0.1 在数值上相差 10 倍,单从数值上看两个数是不等的,而作为测量结果可能因所用单位不同,所表示的测量结果和所达到的精度是相同的。因此,在对测量数据的处理中,掌握有效数字的有关知识是十分重要的。有效数字的概念可表述为:由数字组成的一个数,除最末 1 位数字是不确切值或可疑值外,其他数字皆为可靠值或确切值,则组成该数的所有数字包括末位数字称为有效数字,除有效数字外其余数字为多余数字。对于"0"这个数字,它在数中的位置不同,可能是有效数字,也可能是多余数字。整数前面的"0"无意义,是多余数字。对纯小数,在小数点后,数字前的"0"只起定位和决定数量级的作用(相当于所取的测量单位不同),所以,也是多余数字。

处于数中间位置的"0"是有效数字。处于数后面位置的"0"是否为有效数字可分为以下三种情况。

(1) 数后面的"0",若把多余数字的"0"用 10 的乘幂来表示,使其与有效数字分开,这样在 10 的乘幂前面所有数字包括"0"皆为有效数字。

(2) 作为测量结果并注明误差值的数值,其表示的数值等于或大于误差值的所有数字,包括"0"皆为有效数字。

(3) 上面两种情况外的数后面的"0",则很难判断是有效数字还是多余数字,因此,应避免采用这种不确切的表示方法。一个数,有效数字占有的位数,即有效数字的个数,为该数的有效位数。

为弄清有效数字的概念,举例如下:

00713,0.0715,7.03,7.03×10^2,这四个数的有效位数均为 3,有效数字都是 3 个。

在测量或计量中应取多少位有效数字,可根据下述准则判定。

(1) 对不需要标明误差的数据,其有效位数应取到最末 1 位数字为可疑数字(也称为不确切数字或参考数字);

(2) 对需要标明误差的数据,其有效位数应取到与误差同一数量级。

3. 质量数据的修约规则

数据获得后,还涉及数据的定位问题,也就是出现了对规定精确程度范围之外的数字如何取舍的问题。在统计中一般常用的数值修约规则如下:

1) 确定修约间隔

(1) 指定修约间隔为 10^{-n}(n 为正整数),或指明将数值修约到 n 位小数。

(2) 指定修约间隔为1,或指明将数值修约到"个"数位。

(3) 指定修约间隔为10^n(n为正整数),或指明将数值修约到10^n数位,或指明将数值修约到"十"、"百"、"千"……数位。

2) 进舍规则

(1) 拟舍弃数字的最左1位数字小于5时,则舍去,即保留其余各位数字不变。

例如:将12.149 8修约到"个"数位,得12;将12.1498修约到一位小数,得12.1。

(2) 拟舍弃数字的最左1位数字大于5时,则进一,即保留的末位数字加1。

例如:将1 268修约到"百"数位,得$13×10^2$(特定场合可写为1300)。注:本标准示例中,"特定场合"是指修约间隔明确的情况。

(3) 拟舍弃数字的最左1位数字是5,且其后有非0数字时进一,即保留数字的末位数字加1。

例如:将10.5002修约到个数位,得11。

(4) 拟舍弃数字的最左1位数字为5,且其后无数字或皆为零时,若所保留的末位数字为奇数(1,3,5,7,9)则进一,即保留的末位数字加1;若所保留的末位数字为偶数(0,2,4,6,8)则舍去。

例如:修约间隔为0.1(或10^{-1})。

拟修约数值	修约值
1.050	$10×10^{-1}$(特定场合可写成为1.0)
0.35	$4×10^{-1}$(特定场合可写成为0.4)

例如:修约间隔为1000(或10^3)。

拟修约数值	修约值
2500	$2×10^3$(特定场合可写成为2000)
3500	$4×10^3$(特定场合可写成为4000)

(5) 负数修约时,先将它的绝对值按规则(1)~(4)的规定进行修约,然后在所得值前面加上负号。

例如:将下列数字修约到"十"数位。

拟修约数值	修约值
−355	−36×10(特定场合可写为−360)
−325	−32×10(特定场合可写为−320)

例如:将下列数字修约到3位小数,即修约间隔为10^{-3}。

拟修约数值	修约值
−0.0365	−36×10(特定场合可写为−0.036)

3) 不允许连续修约

(1) 拟修约数字应在确定修约间隔或指定修约数位后一次修约获得结果,不得多次按规则(2)连续修约。

例如:修约97.46,修约间隔为1。

正确的做法:97.46→97;

不正确的做法:97.46→97.5→98。

例如:修约15.454 6,修约间隔为1。

正确的做法:15.4546→15;

不正确的做法:15.454 6→15.455→15.46→15.5→16。

(2) 在具体实施中,有时测试与计算部门先将获得数值按指定的修约数位多1位或几位报出,而后由其他部门判定。为避免产生连续修约的错误,应按以下步骤进行。

① 报出数值最右的非零数字为5时,应在数值右上角加"＋"符号或加"－"符号或不加符号,分别表明已进行过舍、进或未舍未进。

例如:16.50^+ 表示实际值大于 16.50,经修约舍弃为 16.50;16.50^- 表示实际值小于 16.50,经修约进一为 16.50。

② 如对报出值需进行修约,当拟舍弃数字的最左1位数字为5,且其后无数字或皆为0时,数值右上角有"＋"者进一,有"－"者舍去,其他仍按进舍规则的规定进行。

例如:将下列数字修约到个数位后进行判定(报出值多留1位至1位小数)。

实测值	报出值	修约值
15.4546	15.5^-	15
−15.4546	-15.5^-	−15
16.5203	16.5^+	17
−16.5203	-16.5^+	−17
17.5000	17.5	18

4) 0.5 单位修约与 0.2 单位修约

在对数值进行修约时,若有必要,也可采用 0.5 单位修约或 0.2 单位修约规则。

(1) 0.5 单位修约(半个单位修约)。

0.5 单位修约是指按指定修约间隔对拟修约的数值 0.5 单位进行的修约。

0.5 单位修约方法如下:将拟修约数值 x 乘以2,按指定修约间隔对 $2x$ 依进舍规则的规定修约,所得数值($2x$ 修约值)再除以2。

例如:将下列数字修约到"个"数位的 0.5 单位修约。

拟修约数值 x	$2x$	$2x$ 修约值	x 修约值
60.25	120.50	120	60.0
60.38	120.76	121	60.5
60.28	120.56	121	60.5
−60.75	−121.50	−122	−61.0

(2) 0.2 单位修约。

0.2 单位修约是指按指定修约间隔对拟修约的数值 0.2 单位进行的修约。

0.2 单位修约方法如下:将拟修约数值 x 乘以5,按指定修约间隔对 $5x$ 依进舍规则的规定修约,所得数值($5x$ 修约值)再除以5。

例如:将下列数字修约到"百"数位的 0.2 单位修约。

拟修约数值 x	$5x$	$5x$ 修约值	x 修约值
830	4150	4200	840
842	4210	4200	840
832	4160	4200	840
−930	−4650	4600	−920

5）极限数值的表示和判定

（1）标准（或其他技术规范）中规定考核的以数量形式给出的指标或参数等，应当规定极限数值。极限数值表示符合该标准要求的数值范围的界限值，它通过给出最小极限值和（或）最大极限值，或给出基本数值与极限偏差值等方式表达。

（2）标准中极限数值的表示形式及书写位数应适当，其有效数字应全部写出。书写位数表示的精确程度，应能保证产品或其他标准化对象应有的性能和质量。

上述数值修约规则（有时称为"奇升偶舍法"）与以往用的"四舍五入"的方法区别在于，"四舍五入"法对数值进行修约，从很多修约后的数值中得到的均值偏大，用上述修约规则，进舍的状况具有平衡性，进舍误差也具有平衡性，经过这种修约后，修约值之和变大与变小的可能性是一样的。

三、数据的统计特征与分布

工程质量数据的统计特征量分为以下两类。

（1）表示统计数据的差异性，即工程质量的波动性，主要有极差、标准偏差、变异系数等。

（2）表示统计数据的规律性，主要有算术平均值、中位数、加权平均值等。

质量控制中，就是要应用数理统计方法，从反映工程质量的数据的差异性中寻找其规律性，从而预测和控制工程质量。

1. 算术平均值

算术平均值是表示一组数据集中位置最有用的统计特征量，经常用样本的算术平均值来代表总体的平均水平。样本的算术平均值则用 $\bar{x}$ 表示。如果 n 个样本数据为 $x_1, x_2, x_3, \cdots, x_n$，那么，样本的算术平均值为

$$\bar{x} = \frac{1}{n}(x_1 + x_2 + x_3 + \cdots + x_n) = \frac{1}{n}\sum_{i=1}^{n} x_i \tag{2-1}$$

【例2-1】 某路段沥青混凝土面层抗滑性能检测，摩擦因数的检测值（共10个测点）分别为58、56、60、53、48、54、50、61、57、55（摆值）。求摩擦因数的算术平均值。

【解】 由式（2-1）可知，摩擦因数的算术平均值为

$$\bar{F}_B = (58+56+60+53+48+54+50+61+57+55)/10 = 55.2（摆值）$$

2. 中位数

在一组数据 $z_1、z_2、\cdots、z_n$ 中，按其大小次序排序，以排在正中间的一个数表示总体的平均水平，称为中位数，或称为中值，用 $\bar{x}$ 表示。n 为奇数时，正中间的数只有一个；n 为偶数时，中间的数有两个，取这两个数的平均值作为中位数。

$$\bar{x} = \begin{cases} x_{\frac{n+1}{2}} & (n \text{ 为奇数}) \\ \frac{1}{2}(x_{\frac{n}{2}} + x_{\frac{n}{2}+1}) & (n \text{ 为偶数}) \end{cases} \tag{2-2}$$

【例2-2】 检测值同例2-1，求中位数。

【解】 检测值按大小次序排列为：61、60、58、57、56、55、54、53、50、48（摆值），则中位数为

$$\overline{F}_B = \frac{F_{B(5)} + F_{B(6)}}{2} = \frac{56 + 55}{2} = 55.5(摆值)$$

3. 极差

在一组数据中最大值与最小值之差,称为极差,记作 R,即有

$$R = x_{\max} - x_{\min} \tag{2-3}$$

【例 2-3】 以例 2-1 的检测数据,求其极差。

【解】 极差为 $R = F_{B\max} - F_{B\min} = 61 - 48 = 13(摆值)$

极差没有充分利用数据的信息,但计算十分简单,仅适用于样本容量较小($n<10$)的情况。

4. 标准偏差

标准偏差有时也称为标准离差、标准差或均方差,它是衡量样本数据波动性(离散程度)的指标。在质量检验中,总体的标准偏差 σ 一般不易求得。而样本的标准偏差 S 为

$$S = \sqrt{\frac{(x_1 - \overline{x})^2 + (x_2 - \overline{x})^2 + \cdots + (x_i - \overline{x})^2}{n-1}} = \sqrt{\frac{\sum_{i=1}^{n}(x_i - \overline{x})^2}{n-1}} \tag{2-4}$$

【例 2-4】 仍用例 2-1 的数据,求样本标准偏差 S。

【解】 由式(2-4)可知,样本标准偏差为

$$S = \left\{ \frac{1}{10-1} [(58-55.2)^2 + (56-55.2)^2 + (60-55.2)^2 + (53-55.2)^2 + (48-55.2)^2 \right.$$
$$\left. + (54-55.2)^2 + (50-55.2)^2 + (61-55.2)^2 + (57-55.2)^2 + (55-55.2)^2] \right\}^{\frac{1}{2}} = 4.13(摆值)$$

5. 变异系数

标准偏差反映了样本数据的绝对波动状况。当测量较大的量值时,绝对误差一般较大;当测量较小的量值时,绝对误差一般较小,因此,用相对波动的大小,即变异系数更能反映样本数据的波动性。变异系数用 C_v 表示,是标准偏差 S 与算术平均值的比值,即

$$C_v = \frac{S}{\overline{x}} \times 100\% \tag{2-5}$$

【例 2-5】 若甲路段沥青混凝土面层的摩擦因数算术平均值为 55.2(摆值),标准偏差为 4.13(摆值);乙路段的摩擦因数算术平均值为 60.8(摆值),标准偏差为 4.27(摆值)。求两路段的变异系数。

【解】 甲路段变异系数为 $C_{v甲} = \frac{4.13}{55.2} \times 100\% = 7.48\%$

乙路段变异系数为 $C_{v乙} = \frac{4.27}{60.8} \times 100\% = 7.02\%$

从标准偏差看,$J_{S甲} < I_{S乙}$。但从变异系数分析,$C_{v甲} > C_{v乙}$,说明甲路段的摩擦因数相对波动比乙路段的大,面层抗滑稳定性较差。

四、试验检测数据的统计特征与分布

质量数据具有一定的规律性,这种规律性一般用概率分布来描述。概率分布的形式很多,常用正态分布、t 分布来表示。

1. 正态分布

正态分布是应用最多、最广泛的一种概率分布曲线,是其他概率分布的基础。

正态分布的概率密度函数为

$$f(x) = \frac{1}{\sigma\sqrt{2\pi}} e^{-\frac{(x-\mu)^2}{2\sigma^2}} \quad (-\infty < x < +\infty) \quad (2-6)$$

式中:x——随机变量;
μ——正态分布的平均值;
σ——正态分布的标准偏差。

则称 x 服从参数为 μ,σ 的正态分布,记为 $x \sim N(\mu,\sigma^2)$。当已知 μ,σ 就可以绘出正态分布曲线,如图 2-1 所示。

正态分布的特征如下。

(1) 正态曲线关于 $x = \mu$ 对称。

(2) 当 $x = \mu$ 时取到最大值,x 离 μ 越远,$f(x)$ 的值越小。

特别,当 $\mu = 0,\sigma = 1$ 时的正态分布,称为标准正态分布,用 $N(0,1)$ 表示。其概率密度函数和分布函数分别用 $\varphi(x),\Phi(x)$ 表示,即有

$$\varphi(x) = \frac{1}{\sqrt{2\pi}} e^{-\frac{x^2}{2}} \quad (2-7)$$

$$\Phi(x) = \frac{1}{\sqrt{2\pi}} \int_{-\infty}^{x} e^{-\frac{t^2}{2}} dt \quad (2-8)$$

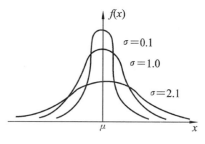

图 2-1 正态分布曲线

人们已经编制了 $\Phi(x)$ 的函数表,可供查用。

对于正态分布 $N(\mu,\sigma)$,它的测量值落入区间 (a,b) 的概率 $P(a < x < b)$ [即测量值落入区间 (a,b) 的可能性]是明确的,它等于 $x_1 = a$,$x_2 = b$ 时横坐标与曲线所围成的面积,即

$$P(a < x < b) = \Phi\left(\frac{b-\mu}{\sigma}\right) - \Phi\left(\frac{a-\mu}{\sigma}\right) \quad (2-9)$$

利用式(2-8)和式(2-9),可求得双边置信区间的几个重要数据(见图 2-2)为

$$P\{\mu - \sigma < x < \mu + \sigma\} = 68.26\%$$

$$P\{\mu - 2\sigma < x < \mu + 2\sigma\} = 95.44\%$$

$$P\{\mu - 3\sigma < x < \mu + 3\sigma\} = 99.73\%$$

$$P\{\mu - 1.96\sigma < x < \mu + 1.96\sigma\} = 95.00\%$$

双边置信区间可统一写成

$$\mu - u_{(1-\beta)/2} \cdot \sigma < x < \mu + u_{(1-\beta)/2} \cdot \sigma \quad (2-10)$$

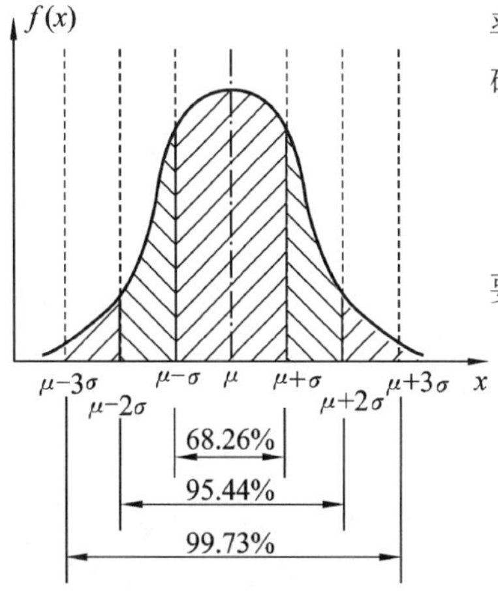

图 2-2 正态分布与置信区间

式中:β——显著性水平;

$1-\beta$——置信水平;

$u_{(1-\beta)/2}$——双边置信区间的正态分布临界值;

$\mu-u_{(1-\beta)/2} \cdot \sigma$ 与 $\mu+u_{(1-\beta)/2} \cdot \sigma$——置信下限与上限。

同理可得,对于单边置信区间,有

$$P\{x<\mu+\sigma\}=P\{x>\mu-\sigma\}=84.13\%$$
$$P\{x<\mu+2\sigma\}=P\{x>\mu-2\sigma\}=97.72\%$$
$$P\{x<\mu+3\sigma\}=P\{x>\mu-3\sigma\}=99.87\%$$
$$P\{x<\mu+1.645\sigma\}=P\{x>\mu-1.645\sigma\}=95.00\%$$

其置信区间可表示为

$$x<\mu+u_{1-\beta} \cdot \sigma \quad \text{或} \quad x>\mu-u_{1-\beta} \cdot \sigma \tag{2-11}$$

式中:$\mu-u_{1-\beta} \cdot \sigma$ 与 $\mu+u_{1-\beta} \cdot \sigma$——单边置信下限与上限。

在公路工程质量检验与评价中,把式(2-10)和式(2-11)中 μ 称为保证率系数(常用 Z_a 表示),其取值与公路等级有关,而且常常用样本的平均值 $\bar{x}$、标准偏差 S 分别代替上述公式中 μ 与 σ。

2. t 分布

t 分布的概率密度函数为

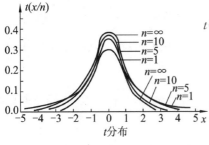

图 2-3 t 分布曲线

$$t(x,n) = \frac{\Gamma\left(\dfrac{n+1}{2}\right)}{\sqrt{\pi n}\,\Gamma\left(\dfrac{n}{2}\right)} \left(1+\frac{t^2}{n}\right)^{-(n+1)/2} \quad (-\infty<x<+\infty)$$

式中:x——随机变量;

n——样本容量,在数理统计学中称为自由度。

当随机变量 x 服从自由度为 n 的 t 分布时,记作 $x \sim t(n)$,其分布如图2-3所示。

可以证明:当 $n\to\infty$ 时,t 分布趋于正态分布,一般说来,当 $n>30$ 时,t 分布与标准正态分布就非常接近了。但对于较小的 n 值,t 分布与标准正态分布之间有较大的差异,且:

$$P\{|T|\geq t_0\} \geq P\{|x|\geq t_0\}$$

式中:$x \sim N(0,1)$,即在 t 分布的尾部比在标准正态分布的尾部有着更大的概率。

在施工质量评价中,常需要解决总体标准偏差 σ 未知,如何估计平均值置信区间的问题。为解决这一问题,一个很自然的想法,就是利用样本标准偏差 S 代替总体标准偏差 σ。

设 $(x_1, x_2, \cdots, x_n)$ 来自正态分布总体,根据抽样分布定理可知:

$$T=\frac{\bar{x}-\mu}{S/n} \sim t(n-1)$$

因此,根据给定的 β 和自由度 $n-1$,由"t 分布概率系数表"查得 $t_{(1-\beta)/2}(n-1)$ 的值,得平均值 μ 的双边置信区间为

$$(\bar{x}-t_{(1-\beta)/2}(n-1)S/n,\ \bar{x}+t_{(1-\beta)/2}(n-1)S/n)$$

同理可得 μ 的单边置信区间为

$$\mu<\bar{x}+t_{(1-\beta)/2}(n-1)S/n \quad \text{或} \quad \mu>\bar{x}-t_{(1-\beta)/2}(n-1)S/n$$

五、可疑数据处理

工程质量常会发生波动情况。质量的波动自然会引起质量检测数据的参差不齐。有时还会发现一些明显过大或过小的数据，这些数据为可疑数据。因此，在进行数据分析之前，应用数理统计法判别其真伪，并决定取舍。常用的检测方法如下。

1. 拉依达法

当试验次数较多时，可简单地用 3 倍标准差（3S）作为确定可疑数据取舍的标准。当某一测量数据与其测量结果的算术平均值 $\bar{x}$ 之差大于 3 倍标准偏差，即

$$|x_i - \bar{x}| > 3S \tag{2-12}$$

时，该测量数据应舍弃。

这是美国混凝土标准中所采用的方法，由于该方法是以 3 倍标准偏差为判别标准的，所以亦称为 3 倍标准偏差法，简称 3S 法。

取 3S 的理由是：根据随机变量的正态分布规律，在多次试验中，测量值落在 $\bar{x}-3S$ 与 $+3S$ 之间的概率为 99.73%，出现在此范围之外的概率仅为 0.27%，也就是在近 400 次试验中才能遇到一次，这种事件为小概率事件，出现的可能性很小，几乎是不可能，因而在实际试验中，一旦出现，就认为该测量数据是不可靠的，应将其舍弃。

另外，当测量值与平均值之差大于 2 倍标准偏差（即 $|x_i - \bar{x}| > 2S$）时，该测量值应保留，但需存疑。如发现生产（施工）、试验过程中，有可疑的变异，则该测量值应予舍弃。

【例 2-6】 试验室进行同配比的混凝土强度试验，其试验（$n=10$）结果为：23.1 MPa、24.5 MPa、26.0 MPa、25.0 MPa、24.8 MPa、27.0 MPa、25.5 MPa、31.0 MPa、25.4 MPa、25.8 MPa，试用 3S 法判别其取舍。

【解】 分析上述 10 个测量数据，$x_{\min} = 23.0$ MPa 和 $x_{\max} = 31.0$ MPa 最可疑。故应首先判别 $x_{\min}$ 和 $x_{\max}$。经计算，有

$$\bar{x} = 25.8 \text{ MPa}, \quad S = 2.1 \text{ MPa}$$

由于
$$|x_{\max} - \bar{x}| = |31.0 - 25.8| \text{ MPa} = 5.2 \text{ MPa} < 3S = 6.3 \text{ MPa}$$
$$|x_{\max} - \bar{x}| = |23.0 - 25.8| \text{ MPa} = 2.8 \text{ MPa} < 3S = 6.3 \text{ MPa}$$

故上述测量数据均不能舍弃。

拉依达法简单方便，不需查表，但要求较宽，当试验检测次数较多或要求不高时可以应用，试验检测次数较少（如 $n < 10$）时，在一组测量值中即使混有异常值，也无法舍弃。

2. 肖维纳特法

进行 n 次试验，其测量值服从正态分布，以概率 $1/(2n)$ 设定一判别范围 $(-k_n S, k_n S)$，当偏差（测量值 x_i 与其算术平均值 $\bar{x}$ 之差）超出该范围时，就意味着该测量值 x_i 是可疑的，应予舍弃。判断范围为

$$\frac{1}{2n} = 1 - \int_{-k_n}^{k_n} \frac{1}{\sqrt{2\pi}} e^{-\frac{t^2}{2}} dt \tag{2-13}$$

式中：k_n——肖维纳特系数，与试验次数 n 有关，可由正态分布系数表查得，如表 2-1 所示。

表 2-1 肖维纳特系数

n	k_n	n	k_n	n	k_n	n	k_n	n	k_n	n	k_n
3	1.38	8	1.86	13	2.07	18	2.20	23	2.30	50	2.58
4	1.53	9	1.92	14	2.10	19	2.22	24	2.31	75	2.71
5	1.65	10	1.96	15	2.13	20	2.24	25	2.33	100	2.81
6	1.73	11	2.00	16	2.15	21	2.26	30	2.39	200	3.02
7	1.80	12	2.03	17	2.17	22	2.28	40	2.49	500	3.20

因此，肖维纳特法可疑数据舍弃的标准为

$$\frac{|x_i - \bar{x}|}{S} \geq k_n \tag{2-14}$$

【例 2-7】 试验结果同例 2-6，试用肖维纳特法进行判别。

【解】 查表 2-1，当 $n=10$ 时 $k_n=1.96$。对于测量值 31.0 MPa，则有

$$\frac{|x_i - \bar{x}|}{S} = \frac{|31.0 - 25.8|}{2.1} = 2.48 > k_n = 1.96$$

说明测量数据 31.0 MPa 是异常的，应予舍弃。这一结论与拉依达法的结果是不一致的。

肖维纳特法改善了拉依达法，但从理论上分析，当 $n \to \infty$，$k_n \to \infty$ 时，所有异常值都无法舍弃。此外，肖维纳特系数与置信水平之间无明确联系。

3. 格拉布斯法

格拉布斯法假定测量结果服从正态分布，根据顺序统计量来确定可疑数据的取舍。

进行 n 次重复试验，测得结果为 $x_1, x_2, \cdots, x_i, \cdots, x_n$ 从而 x_i 服从正态分布。

为了检验 $x_i (i=1,2,\cdots,n)$ 中是否有可疑值，可将 x_i 按其值由小到大顺序重新排成，得

$$x_{(1)} \leq x_{(2)} \leq \cdots \leq x_{(n)}$$

根据顺序统计原则，给出标准化顺序统计量 g 为

$$\begin{cases} g_{(1)} = \dfrac{\bar{x} - x_{(1)}}{S} & \text{（当最小值 } x_{(1)} \text{ 可疑时）} \\ g_{(n)} = \dfrac{x_{(n)} - \bar{x}}{S} & \text{（当最大值 } x_{(n)} \text{ 可疑时）} \end{cases} \tag{2-15}$$

根据格拉布斯统计量的分布，在指定的显著性水平 β（一般 $\beta=0.05$）下，求得判别可疑值的临界值 $g_o = (\beta, n)$，格拉布斯法的判别标准为

$$g \geq g_o(\beta, n) \tag{2-16}$$

当 $g \geq g_o(\beta, n)$ 时，该测量可疑值是异常的，应予以舍去。格拉布斯系数 $g_o(\beta, n)$ 如表 2-2 所示。

表2-2 格拉布斯系数 $g_o(\beta,n)$

n \ β	0.01	0.05	n \ β	0.01	0.05	n \ β	0.01	0.05
3	1.15	1.15	13	2.61	2.33	23	2.96	2.62
4	1.49	1.46	14	2.66	2.37	24	2.99	2.64
5	1.75	1.67	15	2.70	2.41	25	3.01	2.66
6	1.94	1.82	16	2.74	2.44	30	3.10	2.74
7	2.10	1.94	17	2.78	2.47	35	3.18	2.81
8	2.22	2.03	18	2.82	2.50	40	3.24	2.87
9	2.32	2.11	19	2.85	2.53	50	3.34	2.96
10	2.41	2.18	20	2.88	2.56	100	3.59	3.17
11	2.48	2.24	21	2.91	2.58			
12	2.55	2.29	22	2.94	2.60			

格拉布斯法每次只能舍弃一个可疑值，若有两个以上的可疑数据，则应该一个一个数据舍弃。舍弃第一个数据后，检测次数由 n 变为 $n-1$，以此为基础再判别第二个可疑数据。

【例2-8】 试用格拉布斯法判别例2-6测量数据的真伪。

【解】 (1) 测量数据按从小到大次序排列为

23.0 MPa,24.5 MPa,24.8 MPa,25.0 MPa,25.4 MPa,25.5 MPa,25.8 MPa,26.0 MPa,27.0 MPa,31.0 MPa

(2) 计算数据特征量为

$$\bar{x}=25.8 \text{ MPa}, \quad S=2.1 \text{ MPa}$$

(3) 计算统计量为

$$g_{(1)}=\frac{\bar{x}-x_{(1)}}{S}=\frac{25.8-23.0}{2.1}=1.33$$

$$g_{(n)}=\frac{x_{(n)}-\bar{x}}{S}=\frac{31.0-25.8}{2.1}=2.48$$

由于 $g_{(10)}>g_{(1)}$，首先判别 $x_{(10)}=31.0$ MPa。

(4) 选定显著性水平 $\beta=0.05$，并根据 $\beta=0.05$ 和 $n=10$，由表3-5查得 $g_o(0.05,10)=2.18$。

(5) 判别真伪。

由于 $g_{(10)}=2.48>g_o(0.05,10)=2.18$，所以 $x_{(10)}=31.0$ MPa 为异常值，应予舍弃，这一结论与肖维纳特法的结论是一致的。

仿照上述方法继续对余下的9个数进行判别，经计算没有异常值。

 质量检验评定标准

一、一般规定

(1) 根据建设任务、施工管理和质量检验评定的需要,应在施工准备阶段按《公路工程质量检验评定标准》(JTG F80/1—2004)中附录 A 将建设项目划分为单位工程、分部工程和分项工程。施工单位、工程监理单位和建设单位应按相同的工程项目划分进行工程质量的监控和管理。

① 单位工程。在建设项目中,根据签订的合同,具有独立施工条件的工程。

② 分部工程。在单位工程中,应按结构部位、路段长度及施工特点或施工任务划分为若干个分部工程。

③ 分项工程。在分部工程中,应按不同的施工方法、材料、工序及路段长度等划分为若干个分项工程。

(2) 工程质量检验评分以分项工程为单元,采用 100 分制进行检评。在分项工程评分的基础上,逐级计算各相应分部工程、单位工程、合同段和建设项目评分值。

(3) 工程质量评定等级分为合格与不合格,应按分项、分部、单位工程、合同段和建设项目逐级评定。

(4) 施工单位应对各分项工程按本标准所列基本要求、实测项目和外观鉴定进行自检,按《公路工程质量检验评定标准》(JTG F80/1—2004)中附录 J 中"分项工程质量检验评定表"及相关施工技术规范提交真实、完整的自检资料,对工程质量进行自我评定。

工程监理单位应按规定要求对工程质量进行独立抽检,对施工单位检评资料进行签字确认,对工程质量进行评定。

建设单位根据对工程质量的检查及平时掌握的情况,对工程监理单位所做的工程质量评分及等级进行审定。

质量监督部门、质量检测机构可依据《公路工程质量检验评定标准》(JTG F80/1—2004)对公路工程质量进行检测评定。

二、工程质量评分

1. 分项工程质量评分

分项工程质量检验内容包括基本要求、实测项目、外观鉴定和质量保证资料四个部分。只有在其使用的原材料、半成品、成品及施工工艺符合基本要求的规定,且无严重外观缺陷和质量

保证资料真实并基本齐全时,才能对分项工程质量进行检验评定。

涉及结构安全和使用功能的重要实测项目为关键项目(在标准中以"△"标识),其合格率不得低于90%(属于工厂加工制造的交通工程安全设施及桥梁金属构件合格率不低于95%,机电工程合格率为100%),且检测值不得超过规定极值,否则必须进行返工处理。

实测项目的规定极值是指任一单个检测值都不能突破的极限值,不符合要求时该实测项目为不合格。

采用《公路工程质量检验评定标准》(JTG F80/1—2004)附录B至附录I所列方法进行评定的关键项目,不符合要求时则该分项工程评为不合格。

分项工程的评分值满分为100分,按实测项目采用加权平均法计算,存在外观缺陷或资料不全时,须予减分,即

$$\text{分项工程得分} = \frac{\sum [\text{检查项目得分} \times \text{权值}]}{\sum \text{检查项目权值}}$$

分项工程评分值＝分项工程得分－外观缺陷减分－资料不全减分

(1) 基本要求检查。

分项工程所列基本要求,对施工质量优劣具有关键作用,应按基本要求对工程进行认真检查。经检查不符合基本要求规定时,不得进行工程质量的检验和评定。

(2) 实测项目计分。

规定检查项目采用现场抽样方法,按照规定频率和分项工程的施工质量,直接进行检测计分。

检查项目除按数理统计方法评定的项目以外,均应按单点(组)测定值是否符合标准要求进行评定,并按合格率计分,即

$$\text{检查项目合格率} = \frac{\text{检查合格的点(组)数}}{\text{该检查项目的全问检查(组)数}} \times 100\%$$

检查项目得分＝检查项目合格率×100

(3) 外观缺陷减分。

对工程外表状况应逐项进行全面检查,如发现外观缺陷,应进行减分。对于较严重的外观缺陷,施工单位须采取措施进行整修处理。

(4) 资料不全减分。

分项工程的施工资料和图表残缺,缺乏最基本的数据,或有伪造涂改者,不予检验和评定。资料不全者应予减分,减分幅度可按《公路工程质量检验评定标准》(JTG F80/1—2004)中第3.3.4条所列各款逐款检查,视资料不全情况,每款减1~3分。

2. 分部工程和单位工程质量评分

《公路工程质量检验评定标准》(JTG F80/1—2004)附录A所列分项工程和分部工程区分为一般工程和主要(主体)工程,分别给以1和2的权值计分。进行分部工程和单位工程评分时,采用加权平均值计算法确定相应的评分值,即

$$\text{分部(单位)工程评分值} = \frac{\sum [\text{分项(分部)工程评分值} \times \text{相应权值}]}{\sum \text{分项(分部)工程权值}}$$

3. 合同段和建设项目工程质量评分

合同段和建设项目工程质量评分值按《公路工程竣(交)工验收办法》计算。

4. 质量保证资料

施工单位应有完整的施工原始记录、试验数据、分项工程自查数据等质量保证资料,并进行整理分析,负责提交齐全、真实和系统的施工资料和图表。工程监理单位负责提交齐全、真实和系统的监理资料。质量保证资料应包括以下六个方面。

(1) 所用原材料、半成品和成品质量检验结果。
(2) 材料配比、拌和加工控制检验和试验数据。
(3) 地基处理、隐蔽工程施工记录和大桥、隧道施工监控资料。
(4) 各项质量控制指标的试验记录和质量检验汇总图表。
(5) 施工过程中遇到的非正常情况记录及其对工程质量影响分析。
(6) 施工过程中如发生质量事故,经处理补救后,达到设计要求的认可证明文件等。

三、工程质量等级评定

1. 分项工程质量等级评定

分项工程评分值不小于75分者为合格;小于75分者为不合格;机电工程、属于工厂加工制造的桥梁金属构件不小于90分者为合格,小于90分者为不合格。

评定为不合格的分项工程,经加固、补强或返工、调测,满足设计要求后,可以重新评定其质量等级,但计算分部工程评分值时按其复评分值的90%计算。

2. 分部工程质量等级评定

所属各分项工程全部合格,则该分部工程评为合格;所属任一分项工程不合格,则该分部工程为不合格。

3. 单位工程质量等级评定

所属各分部工程全部合格,则该单位工程评为合格;所属任一分部工程不合格,则该单位工程为不合格。

4. 合同段和建设项目质量等级评定

合同段和建设项目所含单位工程全部合格,其工程质量等级为合格;如所属任一单位工程不合格,则合同段和建设项目的工程质量评为不合格。

公路工程质量检验项目参见《公路工程质量检验评定标准》(JTG F80/1—2004)(下简称《评定标准》)的规定。

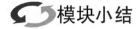

模块小结

工程质量的评价是以试验检测数据为依据进行的。试验检测采集得到的原始数据类多量大,有时还有错误,因此,必须对原始数据进行分析处理,才能得到可靠的试验检测结果。本章以数理统计与概率论为基础,介绍试验检测抽样检验、试验检测数据的修约规则、试验检测数据的统计特征与分布等。学会运用试验检测数据的统计特征对公路工程质量进行评价,试验检测数据的处理方法和质量检验评定标准等。

1. 何谓有效数字、有效位数?
2. 何谓总体、样本?
3. 什么是抽样检验?随机抽样方法有哪几种?
4. 弯沉检测时,某测点的百分表初读数为 62.5(单位:0.01 mm),终读数为 29.0(单位:0.01 mm),请问读数的有效数字有几个?该测点弯沉值又有几个有效数字?
5. 某路段路基施工质量检查中,用标准轴载测得 10 点的弯沉值(单位:0.01 mm)分别为:100、101、102、110、95、98、93、96、103、104,试计算该路段路基弯沉值的算术平均值、中位数、极差、标准偏差和变异系数;并计算该路段的代表性弯沉值(保证率系数 $Z_a = 2.0$)。
6. 某路段二灰碎石基层无侧限抗压强度试验结果(单位:MPa)为:0.792、0.306、0.968、0.804、0.447、0.894、0.702、0.424、0.498、1.075、0.815,请分别用拉依达法、肖维纳特法和格拉布斯法对上述数据进行取舍判别。
7. 简述工程质量评分方法及等级评定办法。
8. 工程质量评定时,主要应填写哪些表格?
9. 土方路基属于主要工程还是一般工程?权值为多少?进行外观鉴定时,在什么情况下应扣分?扣分多少?

模块 3 常用混合料强度检测

学习目标

☆ 知识目标

(1) 掌握无机集合料无侧限抗压强度试验的操作过程。
(2) 掌握水泥混凝土和水泥砂浆的强度检测试验的操作过程。
(3) 掌握结构混凝土强度的相关检测试验操作过程。
(4) 掌握沥青混合料热稳定性和水稳定性相关检测试验操作规程。

☆ 能力目标

(1) 能操作无机集合料无侧限抗压强度试验。
(2) 能操作水泥混凝土和水泥砂浆的强度检测试验。
(3) 能操作结构混凝土强度的相关检测试验。
(4) 能对沥青混合料温度稳定性进行评定。

☆ 知识链接

无黏结粒料类混合料、无机结合料(水泥、石灰、粉煤灰)稳定类混合料、沥青稳定类混合料及水泥混凝土在公路工程施工所用的材料中占很大比重。为了保障公路工程总体的质量,对该部分混合料的性能和质量进行控制和评价是十分必要的。本章仅就几种常见混合料的强度检测方法进行论述,原材料性能检测试验及混合料其他性能检测请查阅本书及《公路工程无机结合料稳定材料试验规程》(JTG E51—2009)相关章节。

模块3 常用混合料强度检测

 无机结合料稳定土的检测

无机结合料稳定材料,也称半刚性材料。它包括水泥稳定土、石灰稳定土、水泥石灰综合稳定土、石灰粉煤灰稳定土、水泥粉煤灰稳定土和水泥石灰粉煤灰稳定土等。

一、无机结合料稳定土的无侧限抗压强度检测

1. 检测器具

(1) 圆孔筛:孔径为 40 mm、25 mm(或 20 mm)及 5 mm 的筛各一个。
(2) 球形支座、电动脱模器、反力架。
(3) 200~1000 kN 液压千斤顶。
(4) 夯锤和导管:击锤的底面直径 50 mm,总质量 4.5 kg,击锤在导管内的总行程为 450 mm。
(5) 密封湿气箱或湿气池。
(6) 水槽:深度大于试件高度 50 mm。
(7) 压力机或万能试验机,也可用路面材料强度试验仪。
(8) 天平:量程为 15 kg,感量为 0.01 g;量程为 4000 g,感量为 0.01 g。
(9) 量筒、漏斗、烘箱等。

2. 试件制备与养护

(1) 试料的准备。

细粒土,试模的直径×高为 50 mm×50 mm;中粒土,直径×高为 100 mm×100 mm;粗粒土,直径×高为 150 mm×150 mm。

将具有代表性的风干试料捣碎,但应避免破碎粒料的原粒径。过筛并进行分类,如试料为粗粒土,则除去大于 40 mm 的颗粒备用;如试料为中粒土,则除去大于 25 mm 或 20 mm 的颗粒备用;如试料为细粒土,则除去大于 10 mm 的颗粒备用。

在预定做试验的前一天,取有代表性的试料测定其风干含水量。对于粒径小于 10 mm 的细粒土,试样的质量应不少于 100 g;对于粒径小于 25 mm 的中粒土,试样的质量不少于 1000 g;对于粒径小于 40 mm 的粗粒土,试样的质量应不少于 2000 g。

(2) 确定混合料的最佳含水量及最大干密度。

用击实试验法确定无机结合料混合料的最佳含水量和最大干密度,按 JTG·E51—2009 中 T 0804—1994 无机结合料稳定材料击实验方法操作。

(3) 配制混合料。

① 对于无机混合料稳定细粒土,至少应该制 6 个试件;对于无机结合料稳定中粒土和粗粒土,至少应该制 9 个和 13 个试件。

② 称取一定数量的风干土并计算干土的质量,其数量随试件大小而变。对于 50 mm× 50 mm 的试件,1 个试件需干土 180~210 g;对于 100 mm×100 mm 的试件,1 个试件需干土 1700~1900 g;对于 150 mm×150 mm 的试件,1 个试件需干土 5700~6000 g。

对于细粒土,可以一次称取 6 个试件的土;对于中粒土,可以一次称取 3 个试件的土;对于粗粒土,一次只称取一个试件的土。

③ 将称好的土放在长方盘(约 400 mm×600 mm×70 mm)内。向土中加水,对于细粒土(特别是黏性土)使其含水量较最佳含水量小 3%,对于中粒土和粗粒土,其混合料的加水量为

$$Q_w = \left(\frac{Q_n}{1+0.01w_n} + \frac{Q_c}{1+0.01w_c}\right) \times 0.01w - \frac{Q_n}{1+0.01w_n} \times 0.01w_n - \frac{Q_c}{1+0.01w_c} \times 0.01w_c \quad (3-1)$$

式中:Q_w——混合料中应加的水量,g;

Q_n——混合料中素土(或集料)的质量,g;

w_n——风干土含水量,%;

Q_c——混合料中水泥或石灰的质量,g;

w_c——原始料含水量,%;水泥的 w_c 通常很小,也可以忽略不计;

w——要求达到的混合料的含水量,%。

将土和水拌和均匀后放在密闭容器内浸润备用。如为石灰稳定土和水泥、石灰综合稳定土,可将石灰土一起拌匀后进行浸润。

浸润时间:黏性土为 12~24 h;粉性土为 16~8 h;砂砾土、红土砂砾、级配砂砾等的浸润时间可以缩短到 4 h 左右;含土很少的未筛分碎石、砂砾及砂等的浸润时间可以缩短到 2 h。

④ 在浸润过的试料中,加入预定数量的水泥和石灰,水泥或石灰剂量按干土(即干集料)的质量分数计,并拌和均匀。拌和均匀的加有水泥的混合料应在 1 h 内按下述方法制成试件,超过 1 h 的混合料应该作废。其他结合料稳定土的混合料虽不受此限,但也应尽快制成试件。

(4) 按预定的干密度制件。

用反力框架和液压千斤顶制件。制备一个预定干密度试件,需要的稳定土混合料数量 m_1(g) 为

$$m_1 = \rho_d V(1+0.01w) \quad (3-2)$$

式中:V——试模的体积,cm³;

w——稳定土混合料的含水量,%;

ρ_d——稳定土试件的干密度,g/cm³。

将试模的下压柱放入试模的下部,但外露 2 cm 左右。将一定数量的稳定土混合料 m_1(g) 分 2~3 次灌入(利用漏斗)试模中,每次灌入后用夯棒轻轻均匀插实。如制的是 50 mm×50 mm 的小试件,则可以将混合料一次倒入试模中,然后将上压柱放入试模内,应使上压柱也外露 2 cm 左右(即上下压柱露出试模外的部分应该相等)。

将整个试模(连同上下压柱)放到反力框架内的千斤顶上(千斤顶下应放一扁球座),加压直到上下柱都压入试模为止。维持压力 1 min,解除压力后,取下试模,拿去上压柱,并放到脱模器上将试件顶出(利用千斤顶和下压柱)。称出试件的质量 m_2,小试件精确到 1 g;中试件精确至 2 g;大试件精确至 5 g。然后用游标卡尺测量试件的高度 h,精确至 0.1 mm。

击锤制件的步骤同前,只是用击锤(可以利用做击实试验的锤,但压柱顶面需要垫一块牛皮或胶皮,以保护锤面和压柱顶面不受损伤)将上下压柱打入试模内。

3. 养生

试件从试模内脱出并称重后,应立即放到恒温恒湿箱内进行养生。但大、中试件应用塑料

薄膜包覆；有条件时，也可以采用蜡封保湿养生。养生时间视需要而定，作为工地控制，通常养生时间为7 d。整个养生期的温度，在北方地区温度应保持在(20±2) ℃，南方地区温度应保持在(25±2) ℃。

养生期的最后一天，应该将试件浸泡在水中，水的深度应使水面在试件顶上约2.5 cm。在浸泡水中之前，应再次称试件的质量 m_3。在养生期间，试件质量的损失应该符合下列规定：小试件质量损失不超过1 g；中试件质量损失不超过4 g；大试件质量损失不超过10 g。损失超过此规定的试件，应该作废。

4. 无侧限抗压强度检测步骤

(1) 将已浸水一昼夜的试件从水中取出，用软的旧布吸去试件表面的可见自由水，并称试件质量 m_4。

(2) 用游标卡尺测量试件的高度 h_1，精确至0.1 mm。

(3) 将试件放到路面材料强度试验仪的升降台上（台上先放一扁球座），进行抗压试验。试验过程中，应使试件的形变等速增加，并保持速率约为1 mm/min。

(4) 记录试件破坏时的最大压力 P(N)。

(5) 从试件内部取有代表性的样品（经过打破）测定其含水量 w_1。

5. 计算

(1) 试件的无侧限抗压强度 R_c 用下列相应的公式计算：

对于小试件， $$R_c = \frac{P}{A} = 0.00051P \text{ MPa} \tag{3-3}$$

对于中试件， $$R_c = \frac{P}{A} = 0.000127P \text{ MPa} \tag{3-4}$$

对于大试件， $$R_c = \frac{P}{A} = 0.000057P \text{ MPa} \tag{3-5}$$

式中：P——试件破坏时的最大压力，N；

A——试件的截面积，$A = \frac{\pi}{4}D^2$；

D——试件的直径，mm。

(2) 精密度或允许误差。

若干次平行试验的偏差系数 C_v(%)应符合下列规定：

① 小试件的不大于6%。

② 中试件的不大于10%。

③ 大试件的不大于15%。

如不能保证实验结果的变异系数小于上述规定，则应按允许误差10%和90%概率重新计算所需要的试件数量，增加试件数量并另做新试验。新试验结果与老试验结果一并重新进行统计评定，直到变异系数满足上述规定为止。

6. 强度评定

如为现场检测，需按下述方法对无侧限抗压强度进行评定。

(1) 评定路段试样的平均强度 $\overline{R}_c$ 应满足下列要求：

$$\overline{R}_c \geqslant R_d/(1-Z_a C_v) \tag{3-6}$$

式中：R_d——设计抗压强度，MPa；

C_v——试验结果的偏差系数（以小数计）；

Z_a——标准正态分布表中随保证率变化而变化的系数。

对于高速公路、一级公路，保证率为95%，$Z_a=1.645$；对于其他公路，保证率为90%，$Z_a=1.282$。

（2）评定路段内无机结合料稳定材料强度评为合格时得满分，不合格时得零分。

7. 记录格式

记录格式如表3-1所示。

表3-1 无侧限抗压强度记录

工程名称_____ 试件尺寸/cm_____

路段范围_____ 养生龄期/d_____

混合料名称_____ 加载速率/(mm/min)_____

结合料剂量/(%)_____ 试 验 者_____

最大干密度/(g/cm³)_____ 校 核 者_____

试件压实度/(%)_____ 试验日期_____

试件号					
试件制备方法					
制件日期					
养生前试件质量 m_2/g					
浸水前试件质量 m_3/g					
浸水后试件质量 m_4/g					
养生期间的质量损失* m_2-m_3/g					
吸水量 m_4-m_3/g					
养生前试件的高度 h_0/mm					
破坏载荷 P/N					
弯拉强度 R_S/MPa					
平均值/MPa		变异系数/(%)		代表值/MPa	

注：*指水分损失。如养生后试件掉粒或掉块，不作为水分损失。

8. 试验报告的编写

报告应包括以下内容：

（1）材料的颗粒组成；

（2）水泥的种类和等级或石灰等级；

（3）确定最佳含水量时的结合料用量以及其最佳含水量(%)和最大干密度(g/cm³)；

（4）水泥（或石灰计量）(%)或石灰（或水泥）、粉煤灰和集料的比例；

（5）试件干密度（准确到0.01 g/cm³）或压实度；

（6）吸水量以及测抗压强度时的含水量(%)；

（7）抗压强度：小于2.0 MPa时，采用2位小数，并用偶数表示；大于2.0 MPa时采用1位小数；

(8) 若干个试验结果的最小值和最大值、平均值 $\bar{R}_c$、标准差 S 偏差系数 C_v 和 95％概率的值 $R_{C0.95} = (\bar{R}_C - 1.645S)$。

二、无机结合料稳定材料的弯拉强度检测

本方法适用于测定无机结合料稳定材料的弯拉强度,试验采用三分点加压的方法进行。

1. 仪器设备

(1) 压力机或万能试验机。
(2) 加载模具,如图 3-1 所示。
(3) 球形支座。
(4) 台秤:量程为 5 kg,感量为 5 g。
(5) 天平:量程为 15 kg,感量为 0.01 g;量程为 4000 g,感量为 0.01 g。

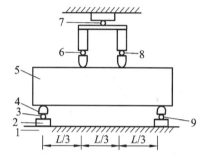

图 3-1 加载模具
1—机台;2—活动支座;3、8—两个钢球;
4—活动船形垫块;5—试件;6、7、9——个钢球

2. 试件制备与养护

根据混合料粒径的大小选择试件尺寸:小梁试件尺寸为 50 mm×50 mm×200 mm,适合于细粒土;中梁试件尺寸为 100 mm×100 m×400 mm,适合于中粒土;大梁试件尺寸为 150 mm×150 mm×550 mm,适用于粗粒土。

试件数量要求,小梁试件不少于 6 根,中梁试件不少于 12 根,大梁试件不少于 15 根。

养生试件视需要而定,水泥稳定材料、水泥粉煤灰稳定材料的养生龄期应该为 90 d,石灰稳定材料和石灰粉煤灰稳定材料的养生龄期为 180 d。并按标准养生方法进行养生。

3. 试验步骤

(1) 根据试验材料的类型和一般的工程经验,选择合适量程的测力计和试验机,对被测试件施加的压力应在量程的 20％～80％范围内。

(2) 球形支座涂上机油,使球形支座能够灵活转动,并安放在上压块上,然后再在上下压块的左右两个半圆形压头上涂上机油。

(3) 试件取出后及时用毛巾覆盖,并及时试验。

(4) 在试件中部,量出其宽度和高度,精确至 1 mm。

(5) 将试件安放在试架上,荷载方向与试件成形时的压力方向一致,上下压块应位于试件三分点位置。

(6) 安放球形支座。

(7) 根据试验要求,在梁跨中安放位移传感器,测量破坏极限荷载时的跨中位移。

(8) 加载时,应保持均匀、连续,加载速度为 50 mm/min,直至试件破坏为止。

(9) 记录破坏极限荷载 $P(N)$ 或测力计读数。

4. 计算

弯拉强度为

$$R_s = \frac{PL}{b^2 h} \tag{3-7}$$

式中：R_s——弯拉强度，MPa，精确到 0.01；

P——破坏极限荷载，N；

L——跨距，也就是两支点间的距离，mm；

b——试件宽度，mm；

h——试件高度，mm。

5. 结果整理

同一组试件试验中，采用 3 倍均方差方法剔除异常值，对于小梁试件，可以有 1 个异常值，对于中梁试件，可以有 1 个异常值，对于大梁试件，可以有 2~3 个异常值。异常值数量超过上述规定时试验无效。

同一组试验的变异系数 $C_v(\%)$ 符合下列规定，为有效试验：对于小梁试件，$C_v \leqslant 6\%$；对于中梁试件，$C_v \leqslant 10\%$；对于大梁试件，$C_v \leqslant 15\%$。如不能保证实验结果的变异系数小于上述规定，则应按允许误差 10% 和 90% 概率重新计算所需要的试件数量，增加试件数量并另做新试验。新试验结果与老试验结果一并重新进行统计评定，直到变异系数满足上述规定为止。

6. 数据记录

本实验的记录表格，如表 3-2 所示。

表 3-2　弯拉强度试验记录

工程名称 _____	试件尺寸/cm _____
路段范围 _____	养生龄期/d _____
混合料名称 _____	加载速率/(mm/min) _____
结合料剂量/(%) _____	试 验 者 _____
最大干密度/(g/cm³) _____	校 核 者 _____
试件压实度/(%) _____	试验日期 _____

试件号						
试件制备方法						
制件日期						
养生前试件质量 m_2/g						
浸水前试件质量 m_3/g						
浸水后试件质量 m_4/g						
养生期间的质量损失 * m_2-m_3/g						
吸水量 m_4-m_3/g						
养生前试件的高度 h_0/mm						
破坏载荷 P/N						
弯拉强度 R_s/MPa						
平均值/MPa		变异系数/(%)		代表值/MPa		

注：* 指水分损失。如养生后试件掉粒或掉块，不作为水分损失。

课题 2 水泥混凝土及水泥砂浆强度检测

水泥混凝土是指由水泥、砂、石等用水混合结成整体的工程复合材料的统称。通常讲的混凝土一词是指用水泥作胶凝材料,砂、石作集料,与水(加或不加外加剂和掺合料)按一定比例配合,经搅拌、成形、养护而得的水泥混凝土,也称普通混凝土。而水泥砂浆是由水泥、砂子和水的混合物。二者因为其优越的性能,广泛应用于土木工程中。而对其质量和性能的评定对混凝土构件的质量控制具有重要的作用。

一、混凝土试件的制作及养护方法

混凝土抗弯强度可用小梁法(标准试件尺寸为 150 mm×150 mm×550 mm)或劈裂法(标准试件尺寸为 150 mm×150 mm×150 mm 的立方体),标准条件下养护龄期为 28 d。

1) 对制取试件的要求

评定水泥混凝土抗压强度时,以边长为 150 mm 的立方体,标准养护龄期 28 d 的试件为准。每 3 件为 1 组,制取的试件应符合下列规定。

(1) 不同强度等级及不同配合比的混凝土应在浇筑地点或拌和地点分别随机取样。

(2) 浇筑一般体积的结构物(如基础、墩台等)时,每一单元结构物应制取 2 组试件。

(3) 连续浇筑大体积结构物时,每 80~200 m³ 或每一工作班制应取 2 组试件。

(4) 上部构造,主要构件长在 16 m 以下应取 1 组试件;16~30 m 制取 2 组试件;31~50 m 制取 3 组试件;50 m 以上者不少于 5 组试件。小型构件每批或每工作班至少应制取 2 组试件。

(5) 每根钻孔桩至少应制取 2 组试件;桩长 20 m 以上者制取不少于 3 组试件;桩径大、浇筑时间很长时制取不少于 4 组试件。如换工作班,每工作班应制取 1 组试件。

(6) 构造物(小桥涵、挡土墙)每座、每处或每工作班制取不少于 2 组试件。当原材料与配合比相同,并由同一拌和站拌制时,可几座或几处合并制取 2 组试件。

此外,还应根据施工需要,另制取几组与结构物同条件的试件,作为拆模、吊装、张拉预应力、承受荷载等施工阶段的强度依据。

2) 试件制作工具及试件养护

(1) 试件的制作器具。

① 试模:抗压试件的尺寸为 150 mm×150 mm×150 mm,抗弯试件的尺寸为 150 mm×150 mm×550 mm。

② 振动台。

③ 其他:料斗、拌板、平头铲、台秤、直尺、捣棒等。

(2) 人工成形与养护。

① 将试模装配好,检查试模尺寸,避免使用变形试模。

② 试模内壁涂抹一层矿物油脂,试模接缝处用硬黄油涂抹,避免漏浆。

③ 当坍落度小于 70 mm 时,用标准振动台成形。将拌和物一次装满试模并稍有富余,开动振动台,至混凝土表面出现乳状水泥浆为止,振动过程中随时添加混凝土使试模常满,记录振动时间(一般不超过 90 s)。

当坍落度大于 70 mm 时,用人工成形,拌和物分成大致相等的两层装入试模,每层插捣次数为 25 次(150 mm×150 mm×150 mm 立方体试件),小梁试件的插捣次数为 100 次。插捣时,从边缘到中心按螺旋旋转,均匀地进行。插捣底层时,捣棒到达模底;插捣上层时,捣棒插入该层底面下 2~3 cm 处。人工成形插捣次数的规定如表 3-3 所示。

表 3-3 人工成形插捣次数

试件尺寸/mm	每层插捣次数	试件尺寸/mm	每层插捣次数
100×100×100 抗压强度	12	200×200×200 抗压强度	50
100×100×400 抗折强度	50	150×150×150 轴心抗压强度	75
150×150×150 抗压强度	25	150×150×550 抗折强度	100

振动或捣实后,用金属直尺沿试模边缘刮去多余混凝土,用镘刀将表面初次抹平,2~4 h 后,再用镘刀将试件仔细抹平,表面与试模边缘的高低差不得超过 0.5 mm。

④ 试件成形后,用湿布覆盖表面,在室温(20±5)℃、相对湿度大于 50% 的情况下,静放 1~2 d,然后拆模并做第一次外观检查、编号,对有缺陷的试件应除去,或加工补平。

⑤ 拆去试模后,随即将试块放在标准养生室或水槽(温度(20±3)℃,相对湿度大于 90%)进行养生,至试压龄期为止。在养生室内,试块应放在铁架或木架上,彼此间距至少为 3~5 cm。

⑥ 至试验龄期时,将试块从养生室取出后,先检查其规格、形状及相对两表面是否互相平行,表面倾斜偏差不应超过 0.5 mm,且无蜂窝和缺角现象,否则应在试验前 3 d 用浓水泥浆填补平整。

⑦ 试验前应擦干试块,并精确量其各边长度(精确至 1 mm)。

二、混凝土抗压、抗折强度检测

1. 混凝土抗压强度检测

混凝土抗压强度是以边长为 150 mm 的标准立方体试件在温度为(20±3)℃ 及相对湿度 90% 以上的条件下,养护 28 d 后,用标准方法测得的极限抗压强度,以确定混凝土强度等级,作为评定混凝土品质的主要指标。

混凝土"立方体抗压强度标准值",按照我国现行规范的定义是按照标准方法制作和标准条件下养护的,用标准试验方法测定的具有 95% 保证率的抗压强度值,以 MPa 计。

混凝土"强度等级"是根据"立方体抗压强度标准值"来确定的。用符号"C"和"立方体抗压强度标准值"两项内容表示。例如 C60 即表示混凝土立方体抗压强度标准值为 60 MPa。普通混凝土按立方体抗压强度标准值划分为:C7.5、C10、C15、C20、C25、C30、C40、C45、C50、C55 和 C60 等 11 个强度等级。

1) 检测器具

(1) 试验机。2000 kN 压力机,或万能试验机 1 台。

(2)球座。钢质坚硬,表面平整度要求在 100 mm 距离内高低差值不超过 0.05 mm,球面及球窝表面粗糙度 $Ra=0.32\ \mu m$,研磨、转动灵活。

2)检测步骤

(1)将养护到规定龄期的试件,以振捣面的侧面为上下受压面,将试件放置在压力机球座上,几何对称,以 0.3～0.5 MPa/s(强度等级小于C30)或 0.5～0.8 MPa/s(强度等级大于C30)的速度均匀加荷。当试件接近破坏而开始迅速变形时,应停止调整试验机油阀,直至破坏为止,记录破坏极限荷载。

(2)混凝土抗压强度为

$$R=P/A \tag{3-8}$$

式中:R——混凝土抗压强度,MPa;

P——极限破坏荷载,N;

A——受压面积,mm^2。

3)注意事项

(1)做抗压强度试验前,先检查压力机球座,保持灵敏。

(2)检查压力机读盘的吨数是否与摆锤的一致;加荷应均匀,不要发生冲击和振动,否则影响实验结果。

4)检测记录及强度评定

(1)数据的处理。

若三个测值中最大值或最小值与中值的差超过15%,则取中值为测定值;若最大值和最小值与中值的差值均超过15%,则该组实验结果无效。计算结果精确至 0.1 MPa,并应在报告中注明。记录格式如表3-4所示。

当混凝土抗压强度采用非标准试件时,其抗压强度应换算成标准试件时的抗压强度(即非标准试件抗压强度×混凝土抗压强度换算系数)。换算系数如表3-5所示。

表 3-4 混凝土抗压强度检测记录

工程名称:　　　　　　结构名称:　　　　　　设计强度:
检验者:　　　　　　　计算者:　　　　　　　校核者:

制件日期	试验日期	龄期/d	编号	试件尺寸/mm			受压面积/mm^2	极限荷载/kN	抗压强度/MPa		备注
				a	b	c			单值	平均	
		28	1				22500	780	34.7		
		28	2	150	150	150	22500	770	34.2	34.7	
		28	3				22500	790	35.1		

表 3-5 混凝土抗压强度换算系数

集料最大粒径/mm	试件尺寸/mm	尺寸换算系数
30	100×100×100	0.95
40	150×150×150	1.00
60	200×200×200	1.05

(2)水泥混凝土抗压强度评定。

当试件组数 $n \geq 10$ 时,应用数理统计方法评定,即

$$\overline{R} - K_1 S \geq 0.9 R_d \tag{3-9}$$

$$R_{\min} \geq K_2 R_d \tag{3-10}$$

式中:$\overline{R}$——同批 n 组试件强度的平均值,MPa;

S——同批 n 组试件强度的标准差,MPa,当 $S<0.06R_d$ 时,取 $S=0.06R_d$;

R_d——混凝土设计强度等级,MPa;

$R_{\min}$——n 组试件中强度最低一组的值,MPa;

K_1、K_2——合格判定系数,如表 3-6 所示。

表 3-6　合格率判定系数 K_1、K_2 值

n	10~14	15~24	≥25
K_1	1.70	1.65	1.60
K_2	0.90	0.85	0.85

当试件组数 $n<10$ 时,可用非数理统计方法评定,即

$$\overline{R} \geq 1.15 R_d \tag{3-11}$$

$$R_{\min} \geq 0.95 R_d \tag{3-12}$$

2. 混凝土抗弯强度检测

水泥混凝土抗弯强度是以 150 mm×150 mm×550 mm 的梁形试件在标准养护条件下达到规定龄期后,净跨为 450 mm,双支点荷载作用的弯拉破坏,并按规定的计算方法得到的强度值。以提供水泥混凝土路面设计参数,检查水泥混凝土路面施工品质。

1)检测器具

50~300 kN 抗弯试验机或万能材料试验机(见图 3-2)及抗弯实验装置(即三分点处双点)加荷和三支点自由支承式混凝土抗弯强度装置。

2)检测步骤

(1)检查标准养护到规定龄期的试件有无蜂窝,若试件中部 1/3 长度内有蜂窝(大于 $\phi 7$ mm×2 mm),则该试件应作废,否则应在记录中注明。

(2)在试件中部测量出宽度和高度,精确到 1 mm。

(3)调整两个可移动支座,使其与试验机下压头中心距离为 225 mm,并旋紧两支座,将试件安放在支座上,试件成形时的侧面朝上,缓缓加初荷载约 1 kN,而后以 0.5~0.7 MPa/s 连续而均匀地加荷。当试件接近破坏而开始迅速变形时,应停止调整试验机油门,直至试件破坏为止,记下最大荷载。

图 3-2　压力试验机

3) 检测结果计算

(1) 当断裂面发生在两个加荷点之间时,抗弯强度 R_S 为

$$R_S = Pl_z/(bh^2) \qquad (3\text{-}13)$$

式中:R_S——抗弯强度,MPa,精确至 0.01 MPa;

P——极限荷载,N;

l_z——支座间距离(450 mm);

B——时间宽度,mm;

h——试件高度,mm。

(2) 如断裂面位于加荷点外侧,则试验结果无效;若两块试件结果无效,则该组结果作废。

(3) 采用 100 mm×100 mm×400 mm 非标准试件时,所取得的抗弯强度值应乘以尺寸换算系数 0.85。

4) 检测记录及强度评定

(1) 数据处理。

抗弯强度值的计算及异常数据取舍与抗压强度试验的相同。计算结果精确到 0.01 MPa。记录格式如表 3-7 所示。

表 3-7 混凝土抗弯强度检验记录

工程名称_____ 结构名称_____ 设计强度_____
检 验 者_____ 计 算 者_____ 校 核 者_____

制件日期	试验日期	期龄/d	编号	试件尺寸/mm		支座间距离/mm	荷载极限/N	抗压强度/MPa		备注
				b	H			单值	平均	
		28	1							
		28	2							
		28	3							

(2) 混凝土抗弯强度评定。

当试件组数 $n>10$ 时,应用数理统计方法评定,即

$$\overline{R} \geqslant R_{Sd} + KS \qquad (3\text{-}14)$$

式中:$\overline{R}$——同批 n 组试件强度的平均值;

R_{Sd}——混凝土设计抗弯强度,MPa;

K——合格判定系数,如表 3-8 所示;

S——同批 n 组试件强度的标准差。

表 3-8 合格判定系数 K 值

n	11~14	15~19	≥20
K	0.75	0.70	0.65

当 $n>20$ 组时,允许有一组宽度小于 $0.85R_{Sd}$,但不得小于 $0.75R_{Sd}$。高速公路,一级公路均不得小于 $0.85R_{Sd}$。

当试件组数小于或等于 10 时,试件平均强度不得小于 $1.05R_{Sd}$,任一组强度均不得小于 $0.85R_{Sd}$。

三、砂浆抗压强度检测

水泥砂浆抗压强度以标号表示,是以边长为 70.7 mm 的正方体标准试件,在标准养护条件下,养护 28 d 的极限抗压强度值来确定的。试件 6 件为一组,所取组数应符合下列规定:
(1) 不同强度等级和不同配合比的水泥砂浆应按随机取样方法分别制取试件;
(2) 重要和主体砌筑物,每工作班制取 2 组试件;
(3) 一般和次要砌筑物,每工作班制取 1 组试件;
(4) 拱圈砂浆应同时与砌体同条件养护试件,以检查各施工阶段强度。

1. 检测器具

(1) 砂浆试模尺寸为 70.7 mm×70.7 mm×70.7 mm。
① 无底试模,适用于稠度大于 4 cm 的砂浆。
② 有底试模,适用于稠度小于或等于 4 cm 的砂浆。
(2) 捣棒:砂浆稠度大于 4 cm 时,用直径 10~12 mm 的铁棒;稠度小于或等于 4 cm 时用特制捣棒。

2. 检测步骤

(1) 用无底试模时,将涂好油的试模置于衬有润湿纸的红砖上,砖的吸水率不大于 16%,含水率不小于 2%,将新拌砂浆填入试模内使稍高出试模,插捣 25 次至砂浆表面出现麻斑后,将多余砂浆刮平。

当采用有底模时,砂浆分两层装入,顺着立方体一边的方向插捣 6 次。砂浆装好 15~20 min 后,将多余砂浆刮去。

(2) 将试件置于 (20±5)℃的室温内放置 (24±2) h,然后对试件进行编号并拆模。试件拆模后,应在标准养护条件下继续养护至 28 d 后进行抗压强度试验。

(3) 标准养护的条件:水泥混合砂浆的养护条件应为温度 (20±3)℃,相对湿度 60%~80%;水泥砂浆的养护条件应为温度 (20±3)℃,相对湿度 90% 以上,养护期间试件彼此间隔不小于 10 mm。

(4) 试件从养护地点取出后,应尽快进行试验,以免试件内部的湿度发生显著变化。试验前先将试件擦拭干净,测量尺寸并检查其外观,尺寸精确至 1 mm,并据此计算试件的受压面积。

(5) 将试件的振捣面侧面作承压面,置于压力机上进行抗压,加荷速度为 0.5~1.5 kN/s (砂浆强度≤5 MPa 时,取下限为宜;砂浆强度>5 MPa 时,取上限为宜)。记录试件的破坏荷载。

3. 结果计算

砂浆的极限抗压强度 $R_{M,28}$ 为

$$R_{M,28}=\frac{P}{A} \tag{3-15}$$

式中：$R_{M,28}$——砂浆立方体抗压强度，MPa；

P——极限破坏荷载，N；

A——受压面积，mm。

4. 记录与强度评定

（1）检测记录格式（见表 3-9）。

表 3-9 砂浆抗压强度检测试验

工程名称_____　　　结构名称_____　　　设计强度 __5 MPa__

检 验 者_____　　　计 算 者_____　　　校 核 者_____

试样编号		试样来源	
试样名称		试样用途	

试样编号	拌制日期	试验日期	期龄/d	最大荷载/kN	试件尺寸/mm	受压面积/mm	抗压强度/MPa	
							单值	平均值
1	2	3	4	5	6	7	8	9
			28					

（2）数据处理。

① 以 6 个试件的算术平均值作为该组试件的抗压强度，精确至 0.1 MPa。

② 当 6 个试件的最大值或最小值与平均值之差超过 20% 时，以中间 4 个试件的算术平均值作为该组试件的抗压强度值。

③ 水泥砂浆强度评定：同标号的试件强度不低于设计强度等级；任一组试件的强度最低值不低于设计强度等级的 75%。

课题 3 结构混凝土强度检测

为了加强对混凝土质量的监测与控制,作为结构工程质量检测,其中主要的内容之一就是现场混凝土的强度检测。

混凝土强度测定的方法按其对混凝土强度的影响程度,分为破损法和非破损法,破损法以不影响结构或构件的承载能力为前提,在结构或构件上直接进行局部破坏性试验,或直接钻取芯样进行破坏性试验,主要方法有:钻芯法、拔出法、射击法等。此类方法较直观可靠。测试结果易为人们接受,但对混凝土结构造成局部破坏,不宜大范围检测且费用较高,因而受到种种限制。本节只介绍钻芯法,非破损(无损)法以混凝土强度与某些物理量之间的相关性为基础,检测时在不影响结构或构件混凝土任何性能的前提下测试这些物理量,然后根据相关推算测定混凝土的强度推定值。其主要方法有:回弹法、超声波、超声回弹综合法、射线法、成熟度法等。此类方法所用仪器简单、操作方便、费用低廉、同时便于大范围检测,在有严格的测强曲线的条件下,其测试精度较高。本节只介绍回弹法和超声回弹综合法。

一、回弹法测定混凝土抗压强度

回弹法是用一弹簧驱动的重锤,通过弹击杆,弹击混凝土表面,并测出重锤被反弹回来的距离,以回弹值作为与强度相关的指标来推定混凝土强度的一种方法。所检测的水泥混凝土厚度不得小于 100 mm,温度不应低于 10 ℃。检测结果可作为试块强度的参考,不宜作为仲裁试验或工程验收的最终依据。

水泥混凝土的回弹值是用回弹仪在混凝土表面测得,并经碳化深度修正后的回弹值,无量纲。

1. 技术规定和一般要求

(1) 只有当下列情况之一时,方可用回弹法评定混凝土强度。

① 缺乏同条件试块或标准试块数量不足。

② 试块的质量缺乏代表性。

③ 试块的试压结果不符合现行标准、规范、规程所规定的要求,并对该结果持有怀疑。

(2) 混凝土有下列情况之一时,方可按本法评定其强度。

① 测试前表层遭受短期湿润的混凝土,应经风干后测试。

② 遭受冻结的混凝土,应待解冻后测试。

③ 蒸汽养护的混凝土,应在构件出池经自然养护 14 d 后测试。

④ 体积小、刚度大或测试部位厚度小于 100 mm 的构件,当测试中不能确保其无颤动时,均应设置支撑加以可靠的固定后测试。

2. 主要检测器具

(1) 混凝土回弹仪。指针直读式的混凝土回弹仪,构造和主要零件如图 3-3 所示,也可采用数字显示仪或自动记录式回弹仪。以 N 型(中型)应用最广泛。

(2) 酚酞酒精溶液,浓度为 1%。

(3) 钢砧。

(4) 手提式砂轮。

(5) 其他:卷尺、钢尺、凿子锤、毛刷等。

3. 回弹仪的检定与保养

(1) 回弹仪有下列情况之一时,应进行常规保养。

① 弹击超过 2000 次。

② 对检测值有怀疑。

③ 在钢砧上的率定值不合格。

(2) 回弹仪有下列情况之一时,应送检定单位检定。

① 新回弹仪启动前。

② 超过检定有效期(有效期为半年)。

③ 累计弹击次数超过 6000 次。

④ 经常规保养后刚砧率定值不合格。

⑤ 遭受严重撞击或其他损害。

图 3-3 混凝土回弹仪

(3) 回弹仪有下列情况之一时,应在刚砧上进行率定试验。

① 进行构件测试前后,如连续数天测试,可在每天测试完毕后率定一次。

② 测定过程中对回弹值有怀疑。

率定试验宜在室温(25±5)℃条件下进行。率定时,钢砧应稳定地平放在刚度大的混凝土地坪上。回弹仪向下弹击时,弹击杆应分四次旋转 90°,取连续弹击三次的稳定回弹值进行平均,弹击杆每旋转一次的率定平均应符合 80±2 的要求。

(4) 常规养护下应符合下列要求。

使弹击锤脱钩后,取出机芯,然后卸下弹击杆、冲压弹簧、弹击锤(连同弹击拉簧和拉簧座)、刻度尺、指针轴和指针。

用清洗剂清洗机芯的中心导杆,弹击拉簧,拉簧座、弹击杆及其内孔,缓冲压簧弹击锤及其内孔和冲击面,指针块及其内孔、指针片、指针轴、刻度尺、卡环以及机壳的内壁和指针导槽等。经过清洗后的零件,除中心导杆薄薄地抹上一层钟表油或其他无腐蚀性的清油外,其他零部件均不得抹油。应保持弹击拉簧前端钩入拉簧座的孔位。不得旋转尾盖上以固定紧固的调零螺钉。不得自制或更换机芯部位的零件和指针轴,指针片,指针块挂钩及调零螺钉等。

4. 测试技术

1) 资料准备

需进行非破损法测试的结构或构件,在检测前,应具备下列有关资料。

(1) 工程名称及设计、施工、监理和建设单位名称。

(2) 结构或构件名称、编号、施工图(或平面图)和混凝土强度等级。

(3) 水泥品种、标号、用量、出厂厂名、砂石品种、粒径、外加剂或掺和料品种、掺量以及混凝土配合比等。

(4) 模板类型,混凝土灌注和养护情况,以及成形日期。

(5) 结构或构件存在的质量问题,混凝土试块抗压强度实验报告等。

2) 被测结构或构件准备

(1) 测区布置要求。

检测结构或构件时,需要布置测区,因为测区是进行测试的单元。测区布置应符合下列规定。

① 按单个构件测试时,应在构件上均匀布置测区,且不少于 10 个。

② 当对同批构件抽样检测时,构件抽样数不小于同批构件的 30%,且不少于 10 件;每个构件测区数不少于 10 个。

③ 对长度小于 3 m 且高度低于 0.6 m 的构件,其测区数量可适当减少,但不应少于 5 个。

(2) 同批构件要求。

当按批抽样检测时,凡符合下列条件的构件,才可作为同批构件。

① 混凝土强度等级相同。

② 混凝土原材料、配合比、成形工艺、养护条件及龄期基本相同。

③ 构建种类相同。

④ 在施工阶段所处状态相同。

(3) 测区要求。

每个构件的测区,应满足以下要求。

① 测区的布置应在构件混凝土浇灌方向的侧面。

② 测区应均匀分布,相邻两测区的间距不宜大于 2 m;测区离构件边缘的距离宜大于 0.5 m。

③ 测区宜避开钢筋密集区和预埋铁件。

④ 测区尺寸宜为 20 cm×20 cm,每一测区宜测 16 个测点,相邻两测点间距离宜不小于 3 cm。

⑤ 测试面应清洁、平整、干燥,不应有接缝、饰面层、粉刷层、浮浆、油垢、蜂窝和麻面等。必要时,可用砂轮片清除杂物和磨平不平整处,并擦净残留粉尘。

结构或构件上的测区应注明编号,并记录测区所处的位置和外观质量情况。梁、柱、墙测区布置示意图如图 3-4 所示。

3) 回弹值的测试

用回弹仪测试时,宜使仪器处于水平方向测试混凝土浇筑的侧面,该情况下测试修正值为 0。如不能满足这一要求,也可以非水平状态测试或测试混凝土的浇筑顶面或底面,但其回弹值应进行修正。修正角度的确定如图 3-5 所示。

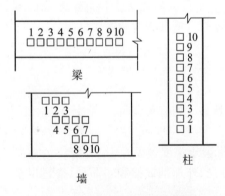

图 3-4　回弹仪测区布置示意

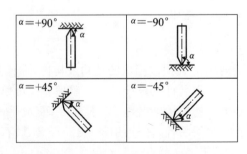

图 3-5　回弹仪修正角度示意

回弹仪的工作原理是,弹击杆顶住混凝土的表面,轻压仪器,松开按钮,弹击杆徐徐伸出,使仪器对混凝土表面缓慢均匀施压,待弹击锤脱钩冲击弹杆后即回弹,带动指针向后移动并停留在某一位置上,即为回弹值。

继续顶住混凝土表面并在读取和记录回弹值后,逐渐对仪器减压,使弹击杆自仪器内伸出,改变测点,重复上述操作,即可测得被测构件或结构的若干回弹值。操作中注意仪器的轴线应始终垂直于构件混凝土表面,如图 3-5 所示。

同一测区的两个测面用回弹仪弹击 8 点;若一个测区只有一个测面,则需要测 16 点,每一测点的回弹值读数精确至 1 个单位。回弹测点宜在测区均匀分布,但不得打在气孔或外露石子上。同一测点只允许弹击一次。回弹仪的轴线方向应与测试面相垂直。

4) 混凝土碳化深度的测试

回弹后即测量构件的碳化深度,用合适的工具在测区的表面形成直径约为 15 mm 的孔洞(其深度略大于混凝土的碳化深度),清除洞中粉末和碎屑后(注意不能用液体冲洗孔洞)立即用酚酞酒精溶液滴在混凝土孔洞内壁的边缘处,垂直测量未变色部分的深度(碳化部分变成玫瑰红色),该距离即为混凝土的碳化深度值,精确至 0.5 mm。

一个测区选择 1~3 处测量混凝土的碳化深度值。当相邻测区的混凝土质量或回弹值与它基本相同时,也可以代表相邻测区的碳化深度值。

5) 检测数据的处理

(1) 测区回弹值的计算。

当回弹仪水平方向测试混凝土浇筑侧面时,应从每一测区的 16 个回弹值中剔除其中 3 个最大值和 3 个最小值,取余下的 10 个回弹值的平均值作为该测区的平均回弹值,取 1 位小数。计算公式为

$$N_R = \sum N_i / 10 \tag{3-16}$$

式中:N_R——测区平均回弹值,计算至 0.1;

N_i——第 i 个测点的回弹值。

(2) 测试角度修正。

当回弹仪非水平方向测试混凝土浇筑侧面时,应将测得的数据按式(3-17)进行修正,计算非水平方向测定的修正回弹值,如表 3-10 所示。

表 3-10 非水平方向测定的修正回弹值

N_R	与水平方向所成的角度							
	+90°	+60°	+45°	+30°	-30°	-45°	-60°	-90°
20	-6.0	-5.0	-4.0	-3.0	+2.5	+3.0	+3.5	+4.0
30	-5.0	-4.0	-3.5	-2.5	+2.0	+2.5	+3.0	+3.5
40	-4.0	-3.5	-3.0	-2.0	+1.5	+1.5	+2.5	+3.0
50	-3.5	-3.0	-2.5	-1.5	+1.0	+1.0	+2.0	+2.5

注:表中未列入的 N_R 可用内插法求得。

$$\overline{N} = \overline{N}_R + \Delta N \tag{3-17}$$

式中:$\overline{N}$——经非水平测定修正的测区平均回弹值;

$\overline{N}_R$——回弹仪实测的测区平均回弹值;

ΔN——由表 3-10 查出的不同测试角度的回弹值修正值,精确至 0.1。

(3) 测试面修正。

当回弹仪水平方向测试混凝土浇筑表面或底面时,应将测得数据参照公式(3-16)求出测区平均回弹值 $\overline{N}_R$ 后,按式(3-18)进行修正:

$$\overline{N} = \overline{N}_R + \Delta N \tag{3-18}$$

式中:$\overline{N}_R$——回弹仪测混凝土浇筑表面或底面时测区的平均回弹值;

ΔN——按表 3-11 查出的不同浇筑面的回弹修正值。

如果测试仪器既非水平方向,又非混凝土浇筑侧面,则应对回弹值先进行角度修正,然后进行浇筑面修正。

表 3-11 同浇筑面的回弹值修正值

$\overline{N}_S$	ΔN	
	表面	底面
20	+2.5	-3.0
25	+2.0	-2.5
30	+1.5	-2.0
35	+1.0	-1.5
40	+0.5	-1.0
45	0	-0.5
50	0	0

(4) 碳化深度的计算。

每一测区的平均碳化深度值为

$$L = \sum_{i=1}^{n} L_i / n \tag{3-19}$$

式中:L——测区的平均碳化深度值,计算至 0.5 mm;

L_i——第 i 次测量的碳化深度值,mm;

n——测区的碳化深度值个数。

如平均碳化深度值小于或等于 0.4 mm,则按无碳化深度处理(即平均碳化深度为 0);如大于或等于 6 mm,则取碳化深度为 6 mm;对于新浇混凝土龄期不超过 3 个月者,可视为无碳化。

(5) 测区混凝土强度值的确定。

根据每一测区的回弹平均值及碳化深度值,查阅专用曲线,或地区曲线,或统一曲线编制的测区混凝土强度换算表(见表 3-12),所查出的强度值即为该测区混凝土的强度。当强度高于 50 MPa 或低于 10 MPa 时,表中未列入的测区强度值,可用内插法求得。

(6) 混凝土强度推算。

当需要将回弹值换算为混凝土强度时,宜采用下列方法推算强度。

① 有试验条件时,宜通过试验建立实际的测强曲线,但测强曲线仅适用于材料质量、成形、

养护和龄期等条件基本相同的混凝土。混凝土标准试块尺寸为 150 mm×150 mm×150 mm 时,采用 1.5、1.75、2.0、2.25、2.50 五个灰水比,以便得到不少于 30 对数据。试件与被测对象有相同的养护条件,到达龄期后,将试块用压力机加压至 30~50 kN 稳住,用回弹仪在两侧面分别测定 8 个测点,按式(3-14)计算平均回弹值,然后进行抗压强度试验,建立二者关系的推定式,推定式可为直线式或其他适当的形式,但相关系数不得小于 0.90。然后根据测区平均回弹值,利用测强曲线推定混凝土抗压强度。

② 当无足够的试验数据或相关关系的推定式不够满意时,混凝土抗压强度为

$$R_n = 0.025 \overline{N}^{2.108} \times 10^{-0.0358L} \tag{3-20}$$

式中:R_n——构件混凝土强度推定值,MPa;

$\overline{N}$——测区混凝土平均回弹值。

③ 在没有条件通过试验建立实际的测强曲线时,每个测区混凝土的抗压强度 R_{ni} 可按平均回弹值 $\overline{N}$ 及平均碳化深度 L,由表 3-10 查出。

(7)结构(或构件)混凝土抗压强度的推定。

① 结构(或构件)混凝土的平均强度为

$$\overline{R}_n = \sum R_{ni}/n \tag{3-21}$$

式中:$\overline{R}_n$——结构(或构件)混凝土强度的平均值,MPa,精确至 0.1 MPa;

R_{ni}——第 i 个测区结构混凝土的抗压强度,MPa;

n——测区数,对于单个评定的结构或构件,取一个试件的测区数;对于抽样评定的结构或构件,取抽检试样测区数之和。

② 当测区数 $n \geq 10$ 时,标准差为

$$S_n = \sqrt{\frac{\sum_{i=1}^{n}(R_{ni}-\overline{R}_n)^2}{n-1}} \tag{3-22}$$

式中:S_n——构件混凝土强度标准差,MPa,精确至 0.01 MPa;

R_{ni}——同式(3-21);

$\overline{R}_n$——同式(3-21)。

③ 结构(或构件)混凝土强度的评定。

用回弹法检测的混凝土结构(或构件),多属于重要结构,应用数理统计方法进行评定。

评定混凝土强度的结构(或构件)应遵守下列规定。

● 当用于单个评定的结构或构件时,构件最小测区强度值即为该构件强度推定值,即

$$R_n = (R_{ni})_{\min} \tag{3-23}$$

● 当用于抽样评定的结构(或构件)时,随机抽取数量不少于结构(或构件)总数的 30%,有

$$R_{n1} = 1.18(R_n - K_1 \times S_n) \tag{3-24}$$

$$R_{n2} = K_2 (R_{ni})_{\min} \tag{3-25}$$

式中:R_{n1}——结构(或构件)混凝土强度第一条件值,MPa,精确至 0.1 MPa;

R_{n2}——结构(或构件)混凝土强度第二条件值,MPa,精确至 0.1 MPa;

K_1,K_2——混凝土强度的合格率判定系数,如表 3-6 所示。

对于单个评定的结构(或构件),$(R_{ni})_{min}$为一个试样中测区混凝土强度的最低值(MPa);对于抽样评定的结构(或构件),$(R_{ni})_{min}$为各抽检试样中测区混凝土强度的最低值(MPa)。

无论是单个评定的结构(或构件),还是抽样评定的结构(或构件),均以R_{n1}和R_{n2}中的最低值作为评定强度值。

对于按批量检测的构件,在该批构件混凝土强度平均值小于25 MPa,$S_n>4.5$ MPa时,或当该批构件混凝土强度平均值大于或等于25 MPa,$S_n>5.5$ MPa时,该批构件应全部按单个构件检测。

(8)检测报告。

检测报告应包括,测区混凝土平均回弹值,测强曲线、回弹值与抗压强度的相关关系式、相关系数,各测区的抗压强度推定结果,推定的混凝土抗压强度平均值、标准差、变异系数。

测区混凝土抗压强度值查表3-12。

表3-12 测区混凝土抗压强度值换算

平均回弹值 N	测区混凝土抗压强度值 R												
	平均碳化深度值 L/mm												
	0	0.5	1.0	1.5	2.0	2.5	3.0	3.5	4.0	4.5	5.0	5.5	6.0
20	10.3	9.9											
21	11.4	10.0	10.5	10.1									
22	12.5	12.0	11.5	11.0	10.6	10.2	9.8						
23	13.7	13.1	12.6	12.1	11.6	11.1	10.7	10.2	9.8				
24	14.9	14.3	13.7	13.2	12.6	12.1	11.6	11.2	10.7	10.3	9.8		
25	16.2	15.5	14.9	14.3	13.7	13.1	12.6	12.1	11.6	11.1	10.7	10.3	9.9
26	17.5	16.8	16.1	15.4	14.8	14.2	13.7	13.1	12.6	12.1	11.6	11.1	10.7
27	18.9	18.1	17.4	16.7	16.0	15.8	14.7	14.1	13.6	13.0	12.5	12.0	11.5
28	20.3	20.9	20.1	19.2	18.5	17.7	17.0	16.3	15.7	15.0	14.4	13.8	13.3
29	21.8	20.9	20.1	19.2	18.5	17.7	17.0	16.3	15.7	15.0	14.4	13.8	13.3
30	23.3	22.4	21.5	20.6	19.8	19.0	18.2	17.5	16.8	16.1	15.4	14.8	14.2
31	24.7	23.9	22.9	22.0	21.1	20.3	19.4	18.7	17.9	17.2	16.5	15.8	15.2
32	26.5	25.5	24.4	23.5	22.5	21.6	20.7	19.9	19.1	18.3	17.6	16.9	16.2
33	28.2	27.1	26.0	25.0	23.3	23.0	22.0	21.2	20.3	19.5	18.7	17.9	17.2
34	30.0	28.8	27.6	26.5	25.4	24.4	23.4	22.5	21.6	20.7	19.9	19.1	18.3
35	31.8	30.5	29.8	28.1	27.0	25.9	24.9	23.8	22.9	21.9	21.0	20.2	19.4

续表

平均回弹值 N	测区混凝土抗压强度值 R_{ni}/MPa											
	平均碳化深度值 L/mm											
	0	0.5	1.0	1.5	2.0	2.5	3.0	3.5	4.0	4.5	5.0	5.5	6.0
36	33.6	32.3	31.0	29.7	28.5	27.4	26.3	25.2	24.2	23.2	22.3	21.4	20.5
37	35.5	34.1	32.7	31.4	30.1	28.9	27.8	26.6	25.6	24.5	23.5	22.6	21.7
38	37.5	36.0	34.5	33.1	31.8	30.0	29.3	28.1	27.0	25.9	24.8	23.8	22.9
39	39.5	37.9	36.4	34.9	33.5	32.2	30.9	29.6	28.4	27.8	26.2	25.1	24.1
40	41.6	39.9	38.3	36.7	35.3	33.8	32.5	31.2	29.9	28.7	27.5	26.4	25.4
41	43.7	41.9	40.2	38.6	37.0	35.6	34.1	32.7	31.4	30.1	28.9	27.8	26.0
42	45.9	44.0	42.2	40.5	38.9	37.8	35.8	34.4	33.0	31.6	30.4	29.1	28.0
43	48.1	46.1	44.3	42.5	40.8	39.1	37.5	36.0	34.6	33.2	31.8	30.6	29.3
44		48.3	46.4	44.5	42.7	41.1	39.5	37.9	36.4	34.9	33.3	32.0	30.7
45			48.5	46.6	44.7	42.9	41.1	39.5	37.9	36.4	34.9	33.5	32.1
46				48.7	46.7	44.8	43.0	41.3	39.6	38.0	36.5	35.0	33.6
47					48.8	46.8	44.9	43.1	41.3	39.7	38.1	36.5	35.1
48						48.8	46.8	44.9	43.1	41.4	39.7	38.1	36.6
49						—	48.8	46.9	45.0	43.1	41.4	39.7	38.1
50								48.8	46.8	44.9	43.1	41.4	39.7
51									48.7	46.8	44.9	43.1	41.8
52										48.6	46.8	44.8	43.0
53											48.6	46.5	44.6
54												48.3	46.4
55													48.1

二、超声回弹综合法测定水泥混凝土抗折强度

综合法测定混凝土强度的方法较多,研究与应用较广的是超声回弹综合法。超声回弹综合法是指采用超声仪和回弹仪综合测定混凝土强度的方法,与单一测试方法(如回弹法)相比,综合法的优点为:减少了龄期和含水率的影响,提高了测试精度。

采用综合法测定混凝土强度时应符合以下几个原则。

(1) 单一法的仪器性能、测试技术和测试误差都应满足规定的要求。

(2) 在已查明单一法测强影响因素的基础上,应当采取对测强影响较大且相反的单一法进行综合,以便抵消或减少一些影响因素。

(3) 综合法比单一法应具有较小的测试误差和较宽的适用范围。

(4) 综合法适用于确定内部无缺陷部位的混凝土强度。

1. 主要仪器设备

(1) 回弹仪、钢砧、钢尺。

(2) 混凝土超声仪。主要由电脉冲发生器、一对换能器、放大器和用于测量由发射换能器发出电脉冲的始点起到接收换能器接收到脉冲始点止的时间间隔的电子计时装置等组成。发射换能器发射的超声波经耦合进入混凝土,在混凝土中传播后为接收换能器所接收并转换成电信号,电信号被送至超声仪,经放大后显示在示波屏上,同时测量超声波有关参数,如声传播时间(声时)、接收波振幅(波幅)、频率等。

超声仪应满足以下要求。

① 具有波形清晰,显示稳定的示波装置。声时可测量范围应为 0.5~9999 μs,测试精度为 0.1 μs;

② 数字显示稳定,声时显示调节在 20~30 μs 范围内时,2 h 内声时显示漂移不得大于±0.2 μs。

③ 仪器接收放大频率响应范围(频率)应有足够的宽度,一般应不小于 10.2 kHz。

④ 仪器宜具有示波屏显示波形和游标测读功能。若采用整形自动测读,则检测混凝土测距不宜超过 1 m(以软件判别方法自动测读的智能超声仪除外)。

⑤ 适用于一般现场测试情况下的温度、电源变化条件。

2. 检测技术

1) 资料准备

回弹法中已介绍。

2) 测区测点的布置

(1) 按规定随机选择的水泥混凝土路面板,将每一块水泥混凝土路面板作为一个试样,均匀布置 10 个测区,每个测区不宜小于 150 mm×550 mm,测试面应清洁、干净、平整,不得有蜂窝、麻面,对浮浆和油垢及表面粗糙处应清洗或用砂轮片磨平,并擦净残留粉尘。

(2) 每个测区的测点宜在测区范围内均匀分布,但不得布置在气孔或外露石子上,相邻两测点的距离不宜小于 30 mm。

3) 测试技术

(1) 回弹值及碳化深度值的测量与计算。见回弹法测定混凝土抗压强度相关内容。

(2) 声学参数测量。

① 声时值的测量。

测量前应视测距大小将仪器的发射电压器调在某一挡,将仪器"增益"调至较大位置保持不动。仪器接通电源前应检查电压,接上电源后,仪器宜预热 10 min;对仪器进行标定;换能器与标定棒应耦合良好,对于有示波器的应将首波波幅调节至 30~40 mm,并将游标调至首波起始位置后测读声时值。对于有调零装置的仪器,应调节零电位器,以扣除初读数。

声时值测量时,测点布置在回弹测试的同一测区内。先在测点上涂少许耦合剂(如黄油、凡士林等),再将发射与接收换能器分别耦合在测区同一测点对应位置上,且发射与接收换能器应在同一轴线上(即对测),如图3-6(a)所示,或发射与接收换能器轴线应互相平行,且两换能器间隔为定值(即平测)如图3-6(b)所示。每个测区内的相对测试面上,应各布置3个测点。每个测点测试时均应将接收信号的首波波幅调整好,并将游标调至首波前沿基线弯曲的起始位置,即可读取时值(精确到 $0.1\ \mu s$),并记录该测点的声时值。对特殊构件应准确量取两换能器的距离以确定测距。具体步骤如下。

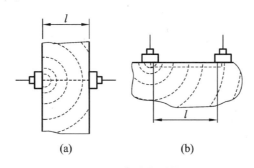

图3-6 声时值测量
(a) 对测示意图;(b) 平测示意图

- 在进行回弹测试的同一测区内布置三条轴线(见图3-7),作为换能器布置区。

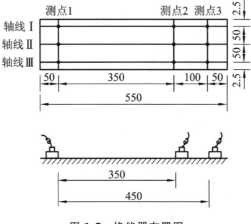

图3-7 换能器布置图

- 在换能器测量处抹上耦合剂。
- 在换能器分别测量轴线Ⅰ的1点及2点处,换能器与路面混凝土应充分接触,耦合良好,发射和接受换能器的直径与测轴线重合,边缘与测距相切。超声波振幅应调到规定振幅。测读声时为 t_1,精确至 $0.1\ \mu s$。
- 1点处的换能器不动,将放置在2点处的换能器移至3点处,再测读声时为 t_{12},精确至 $0.1\ \mu s$。
- 按上述方法测量轴线Ⅱ、Ⅲ,分别得声时为 t_{21}、t_{22}、t_{31}、t_{32}。

② 波幅测量。

波幅测量时,应在保持换能器良好耦合状态下采用下列两种方法之一进行读取。

- 刻度法。将衰减固定在某一衰减位置,从仪器示波屏上读取首波幅度(格数)。
- 衰减值法。采用衰减器将直拨波幅度调至一定高度(如5 mm或刻度一格),读取衰减器上的分贝值。

③ 频率测量。

频率测量时,应先将游标脉冲调至首波前半个周期的波谷(或波峰),读取声时值 $t_1(\mu s)$,再将游标脉冲调至相邻的波谷(或波峰),读取声值 $t_2(\mu s)$,由此计算出 i 点第一周期波的频率为

$$f_i = \frac{1000}{t_1 - t_2} \tag{3-26}$$

④ 波形观察。

主要观察接收信号的波形是否畸变或包络线的形状,必要时可描绘或拍照。仪器使用完毕,应及时做好清理工作,换能器应擦拭干净单独存放。换能器的耦合面应避免磨损。

4)计算

(1)声速值分别为

$$v_{i1} = \frac{350}{t_{i1}} \tag{3-27}$$

$$v_{i2} = \frac{450}{t_{i2}} \tag{3-28}$$

$$v_i = \frac{v_{i1} + v_{i2}}{2} \tag{3-29}$$

$$v = \frac{v_1 + v_2 + v_3}{3} \tag{3-30}$$

式中:v_{i1}——第 i 条轴线 1 点与 2 点 350 mm 测距声速,km/s,$i=1\sim3$;

v_{i2}——第 i 条轴线 1 点与 3 点 450 mm 测距声速,km/s,$i=1\sim3$;

v_i——第 i 条轴线平均声速,km/s,$i=1\sim3$;

v——测区平均声速,km/s,精确至 0.01 km/s;

t_{i1}——第 i 条轴线 350 mm 测距声时,μs;

t_{i2}——第 i 条轴线 450 mm 测距声时,μs。

当三条轴线平均声速中有两条轴线平均声速与测区的平均声速之差都超过测区平均声速的 15% 时,该测区检测结果无效。

(2)测区回弹值按前面所述方法计算,并按下式对实测回弹值进行碳化深度修正计算:

$$N' = 0.8795N - 1.4443L + 4.48 \tag{3-31}$$

式中:N'——修正后的测区回弹值,当 $L=0$ 时,$N'=N$;

N——实测的测区平均回弹值;

L——碳化深度,mm。

5)混凝土抗折强度推算

(1)测强曲线方程的确定。

建立专用测强曲线方程。取用与路面混凝土相同的原材料,设计几种不同水灰比的混凝土配合比(一般设计 4 中配合比,其中包括路面施工时的配合比),对每种配合比制成 150 mm×550 mm 的梁式试件(不少于 6 个),在标准条件下养护 28 d 后,按上述方法进行超声及回弹检测,并按水泥混凝土实验规程进行抗折强度试验,再用二元非线性方程回归,确定回归系数,得出测强曲线方程,相对标准误差 e 应不大于 12%。回归方程为

$$R_{Sf} = av^b e^{cN} \tag{3-32}$$

式中:R_{Sf}——混凝土抗弯强度,MPa;

v——超声声速,km/s;

N——修正后的回弹值;

a、b、c——回归系数;

e——相对标准误差,%。

其中,按式(3-33)计算

$$e = \sqrt{\frac{\sum \left(\frac{R'_{SG}}{R_{SG}} - 1\right)^2}{n-1}} \times 100\% \tag{3-33}$$

其中:R'_{SG}——第 i 块试件实测抗弯强度,MPa;

R_{SG}——第 i 块试件由超声、回弹推算的抗弯强度,MPa;

n——试件数(按块计)。

(2) 混凝土路面抗弯强度推定。

每一段中每一幅为一个单位作为抗弯强度评定对象。

评定抗弯强度第一条件和第二条件值分别为

$$R_{Sn1} = 1.18(\overline{R}_{Sn} - K \times S_n) \tag{3-34}$$

$$R_{Sn2} = 1.18 (R_{Sn})_{min} \tag{3-35}$$

以第一条件值和第二条件值中的小者作为混凝土抗弯强度评定值 R_{nc}。

$$R_{Sn} = \min|R_{Sn1}, R_{Sn2}| \tag{3-36}$$

$$S_n = \sqrt{\frac{\sum (R_{Sn})^2 - n(\overline{R}_{Sn})^2}{n-1}} \tag{3-37}$$

$$\overline{R}_{Sn} = \frac{1}{n} \sum R_{Sn} \tag{3-38}$$

式中:R_{Sn1}——抗弯强度第一条件值,MPa,精确至 0.1 MPa;

R_{Sn2}——抗弯强度第二条件值,MPa,精确至 0.1 MPa;

S_n——抗弯强度标准差,MPa,精确至 0.1 MPa;

K——合格率判断系数。当 $n=10\sim14$ 时,$K=1.7$;当 $n=15\sim24$ 时,$K=1.65$;当 $n\geqslant25$ 时,$K=1.60$。

$\overline{R}$——抗弯强度平均值,MPa,精确至 0.1 MPa;

$(R_{Sn})_{min}$——所有推算的抗弯强度中的最小值;

n——测区数。

6) 检测结果记录

检测记录如表 3-13、表 3-14 所示。

表 3-13 水泥混凝土抗弯强度检测记录

施工单位_____ 施工日期_____ 工程名称_____ 检测单位_____
检测日期_____ 检验者_____ 记录者_____ 校核者_____

项目桩号	回弹值 N_i	实测回弹值	碳化深度/mm	平均碳化深度/mm	测距声时	v_{i1}/(km/s)	v_{i2}/(km/s)	v_i/(km/s)	v/(km/s)	折算抗弯强度 R_r/MPa

表 3-14　水泥混凝土抗弯强度实测表

序号	回归波速/(km/s)	回弹值	破坏强度/MPa	计算强度/MPa	误差
1	4.738	41.4	5.85	5.81	0.006
2	4.568	37.2	5.18	4.96	0.044
3	4.448	39.1	5.08	4.95	0.026
4	4.566	27.2	4.44	4.95	−0.103
5	4.55	40.7	6.12	5.36	0.142
6	4.830	42.2	6.15	6.09	0.010
7	4.693	44.4	5.72	6.09	−0.061

以上实测表为一级公路某段水泥混凝土路面（普通硅酸盐水泥与石灰岩粗集料碎石结构，设计抗弯强度为 4.5 MPa），用超声回弹综合法（平测法）进行检测的摘录，仅供学生对该方法进行了解。

三、钻芯法测定混凝土强度

钻芯法是利用钻机，从结构混凝土中钻取芯样以检测混凝土强度或观察混凝土内部质量的方法。由于它会对结构混凝土造成局部损伤，因此是一个半破损的现场检测手段。

利用钻芯法检测混凝土抗压强度，无须进行某种物理量与强度之间的换算，普遍认为它是一种直观、可靠和准确的方法，但由于在检测时会对结构混凝土造成局部损伤，而且成本较高，因此大量取芯往往受到一定限制。近年来，国内外都主张把钻芯法与其他非破损检测方法综合使用，一方面利用非破损法，可以大量测试而不损伤结构，另一方面利用钻芯法提高非破损测强的精度，二者相辅相成。

用钻芯法检测混凝土的强度、裂缝、接缝、分层、孔洞或离析等缺陷时，具有直观、精度高等特点，但也有一定的局限性。

（1）钻芯时结构造成局部损伤，因而对钻芯位置的选择及钻芯数量等均受到一定限制，而且它所代表的区域也是有限的。

（2）钻芯机及芯样加工配套机具与非破损测试仪器相比，比较笨重、移动不方便、测试成本较高等。

（3）钻芯后的孔涧需进行修补，尤其是当钻断钢筋时，更是增加了修补工作的难度。

在正常生产情况下，混凝土结构应按《水泥混凝土路面施工及验收规范》（GBJ 97—1987）的要求，制作立方体标准养护试块进行混凝土强度评定和验收。只有在下列情况时才可以进行钻取芯样检测其强度，并作为处理混凝土质量事故的主要技术依据。

（1）对立方体试块的抗压强度产生怀疑。试块强度很高，而结构混凝土的外观质量很差。试块强度较低而结构混凝土外观质量较好；或者因为试块形状、尺寸、养护等不符合要求，而影响了实验结果的准确性。

（2）混凝土结构因水泥、砂石质量较差或因施工、养护不良发生质量事故。

(3) 检测部位的表层与内部的质量有明显差异,或者在使用期限遭受冻害的混凝土均可采用钻芯法测其强度。

(4) 使用多年的老混凝土结构,如需加固或因工艺流程的改变,荷载发生了变化,需要了解某些部位的混凝土强度。

(5) 对施工有特殊要求的结构和构件,如路面测厚等。

1. 检测器具

1) 钻芯机

常见的钻芯机有轻便型取芯机(钻芯直径 $\phi 12 \sim 75$ mm)、轻型钻机(钻芯直径 $\phi 12 \sim 200$ mm)、重型钻机(钻芯直径 $\phi 200 \sim 450$ mm)和超重型钻机(钻芯直径 $\phi 330 \sim 700$ mm)等。为了满足钻孔机和取芯工作的需要,不论哪种钻芯机都应具备以下五个基本功能。

(1) 向钻芯头传递压力,推动钻头前进或后退。

(2) 驱动钻头旋转,并应具有一定范围的转速,以便保证所需要的线速度。

(3) 为了冷却钻头及冲洗钻头过程中产生的磨削碎屑,能不断供给冷却水。

(4) 钻机应具有足够的刚度和稳定性。

(5) 钻机移动、安装和拆卸方便。

2) 芯样切割机

当检测混凝土强度时,芯样用切割机加工成具有一定尺寸的抗压试件。切割方式可分为两种类型:一种是圆锯片不移动,但工作台可以移动;另一种是锯片平行移动,工作台不动。

3) 人造金刚石空心薄壁钻头

人造金刚石空心薄壁钻头主要由钢体和胎环部分组成。钢体一般由无缝钢管车制而成。钻头的胎环是由钢系、青铜系、钨系等冶金粉末和适量的人造金刚石浇铸成形的。在胎环上加工若干排水槽。钻头与钻孔机得连接方式,主要由钻头的直径和钻机的构造决定。一般可分为柄式、螺纹连接式和卡连接式等三种。

4) 压力试验机

能够满足试件破坏受力要求。

2. 钻芯前的准备

1) 调查了解工程质量情况

(1) 工程名称或代号,以及设计、施工、建设单位名称。

(2) 结构或构件种类、外形尺寸及数量。

(3) 混凝土强度等级,混凝土的成形日期、所用的水泥品种、粗集料粒径、砂石产地及配合比等。

(4) 混凝土试块的抗压强度。

(5) 结构或构件的现场质量状况以及施工或使用中存在的质量问题。

(6) 有关的结构设计图和施工图。

2) 钻芯机具准备及钻头直径的选择

一般根据被测构件的体积及钻取部位确定钻芯的深度,据此选择合适的钻机及钻头。

应根据检测的目的选择适宜尺寸的钻头。当钻取的芯样是为了进行抗压强度试验时,则芯样的直径与混凝土粗集料粒径之间应保持一定的比例关系。在一般情况下,芯样直径为粗集料的 3 倍。在钢筋过密或因取芯位置不允许钻取较大芯样的特殊情况下,钻芯直径可为粗集料的 2 倍。在工程的梁、柱、板、基础等现浇混凝土结构中,粗集料的最大粒径一般为 32 mm 或 40 mm,这样采用内径为 100 mm 或 150 mm 的钻头也可满足要求。

3)芯样数量的确定

取芯的数量,应视检测的要求而定。进行强度检测时,一般可分为以下两种情况。

(1)单个构件进行强度检测时,在构件上的取芯个数一般不少于 3 个;当构件的体积或截面积较小时,取芯过多会影响结构的承载能力,这时可取 2 个。

(2)对构件某一指定局部区域的质量进行检测时,取芯的数量应视这一区域的大小而定,如某一区域遭受冻害、火灾、化学腐蚀等情况,这时检测结果仅代表取芯位置的质量,而不能据此对这个构件或结构物强度作出整体评价。至于检查内部缺陷的取芯试验更应视具体情况而定。

4)取芯位置的选择

取芯会对结构混凝土造成局部损伤,因此在选择芯样位置时要特别慎重。其原则是,应尽量在结构受力较小的部位取芯。对于一些重要构件或者一些构件的重要区域,尽量不在这些位置取芯,以免对结构安全造成不利影响。

在一个混凝土构件中由于施工条件、养护情况及不同位置的影响,各部分的强度并不是均匀一致的。在选择钻芯位置时,应考虑这些因素,以使取芯位置混凝土的强度具有代表性。如有条件,应首先对结构混凝土进行超声或超声回弹综合法测试,然后根据检测目的与要求来确定钻芯位置。

3. 检测技术

1)芯样钻取

混凝土芯样的钻取是钻芯测强过程的首要环节,是技术性很强的工作。芯样质量的好坏,钻头和钻机的使用寿命以及工作效率,都与操作者的熟练程度和经验有关。因此,熟练的操作技术,合理调节各部位装置,将会获得较好的钻取效果。先将钻机安放稳固(钻机的固定方法有配重法、真空吸附法、顶杆支撑法和膨胀螺栓法等)并调至水平后,安装好钻头,接通水源,启动电动机,然后操作加压手柄,使钻头慢慢接触混凝土表面。当混凝土表面不平时,下钻更应特别小心,待钻头入槽稳定后,方可适当加压进钻。

在进钻过程中应保持冷却水的畅通,水流量宜为 3~5 L/mim,出口水温不宜过高。冷却水的作用:一是防止金刚石温度升高烧毁钻头;二是及时排除钻孔中产生的大量混凝土碎屑,以利钻头不断切削新的工作面和减少钻头的磨损。水流量的大小与进钻速度和直径成正比,以达到料屑能快速排出,又不致四处飞溅为宜。在钻头钻至芯样要求长度后,退钻至离混凝土表面 20~30 mm 时停电停水,然后将钻头全部退出混凝土表面。如停电停水过早,则容易发生卡钻现象,尤其在深孔作业时更应特别注意。

移开钻机后,用带弧度的钢钎插入圆形槽并用锤敲击,此时由于弯矩的作用,芯样在底部与结构断离,然后将芯样提出。取出的芯样应及时编号,并检查外观质量情况,做好记录后,妥善保管,以备割成标准尺寸的芯样试件。

为了保证安全操作,取芯机操作人员必须穿戴绝缘鞋及其他防护用品。

2)芯样加工

(1)芯样尺寸要求及测量方法。

① 平均直径:在钻芯过程中,由于受到钻机振动,钻头偏摆等因素的影响,沿芯样高度的任一直径并不是均匀一致的,也就是说,同一芯样其直径有的部位大,有的部位小。为了方便计算芯样的截面积,以平均直径为代表,测量平均直径(见图3-8(d))用游标卡尺测量芯样中部,在互相垂直的两个位置,取其两次测量的算术平均值作为平均直径,测量精度为0.5 mm。对于直径为ϕ100 mm的芯样,当直径测量误差为0.5 mm时,芯样的截面积误差只有0.89%,对抗压强度的计算影响不大。当沿芯样高度任一直径与平均直径相差达2 mm以上时,由于对抗压强度的影响难以估计,故这样的芯样不能作为抗压试件使用。

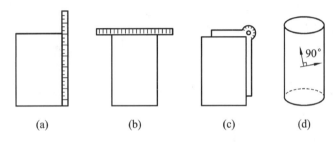

图3-8 芯样尺寸量取示意图

② 芯样高度(见图3-8(a)):通常采用高径比为2的圆柱体作为混凝土抗压试验的标准圆试件,其他尺寸或高径比的芯样统称为非标准圆试件。由于芯样尺寸(主要指高度)对抗压强度有较大影响,当采用非标准圆试件时,其抗压强度必须乘以相应的修正系数(见表3-15)后才能换算成标准圆试件的强度。

表3-15 抗压强度尺寸修正系数

高径比(h/d)	修 正 系 数	说 明
2.00	1.00	
1.75	0.98	
1.50	0.96	当h/d为表列中间值时,修正系数可用内插循序渐进以求得
1.25	0.93	
1.00	0.89	

③ 端面平整度:芯样端面与立方体试块的侧面一样,是进行抗压强度试验时的承压面,其平整度对抗压强度影响很大。端面不平时,向上比向下引起的应力集中更为剧烈,如同劈裂抗拉强度破坏一样,强度下降更大。当中间凸出1 mm时,其抗压强度只有平整试件的1/2左右,因此国内外标准对芯样端面平整度有严格要求。测量端面平整度(见图3-8(b))是用钢尺紧靠在芯样端面上,一面转动钢尺一面用塞尺测量与芯样之间的缝隙,在100 mm长度范围内缝隙不超过0.05 mm为合格。

④ 垂直度:芯样两个端面应互相平行且应垂直于轴线。芯样端面与轴线间垂直度偏差过大会降低抗压强度,其影响程度还与试验机的球座及试件的尺寸大小有关。大部分规定垂直度偏

差不得超过±1°。垂直度测量(见图 3-8(c))方法是,用游标量角器分别测量两个端面与轴线间的夹角,在 90°±2°时为合格,测量精度为 0.10°。承压线凹凸不应大于 0.25 mm。

(2) 芯样切割加工与端面的修整。

① 芯样切割:采用切割机和人造金刚石圆锯片进行切割加工。芯样切割部位的选择和切割机操作正确与否,是保证芯样切割质量好坏的重要环节。芯样加工时切除部分和保留部分应根据检测的目的确定。在一般情况下,应将影响强度试验的缺边、掉角、孔洞、疏松层、钢筋等部分切除。但是,在一些特殊情况下,如为了检测混凝土受冻或疏松层的强度时,在切割加工中要注意保留这一部分混凝土。为了抗压强度试验的方便,在满足试件尺寸要求的前提下,同一批试件应尽可能切割成同样的高度。

② 芯样端面的修整:芯样在锯切过程中,由于受到振动、夹持不紧或圆锯片偏斜等因素的影响,芯样端面的平整度及垂直度很难完全满足试件尺寸的要求。此时,需采用专用机具进行磨平或补平处理。芯样端面修整方法基本可分为两种方法:磨平法和补平法。磨平法是在磨平机的磨盘上撒上金刚石砂粒(或直接用金刚石磨轮)对芯样两端进行磨平处理,或采用金刚石车刀在车床上对芯样端面进行车光处理,直到平整度及垂直度达到要求时为止。补平法是用补平材料对芯样端面进行修整,根据所用材料可分为硫黄补平、硫黄胶泥、硫黄砂浆、水泥净浆、水泥砂浆补平等。

芯样直径两端侧面测定钻取芯样的高度及端面加工或端面加工后的高度,其尺寸差距在 0.25 mm 之内。

4. 抗压强度试验

芯样在进行抗压强度试验时,可分潮湿状态和干燥状态两种试验方法。在干燥状态下试验的试件,通常比经过浸湿的芯样强度高。为了使芯样试件与被测结构混凝土的湿度在基本一致的条件下进行试验,钻芯法规定了芯样试件可在两种湿度状态下进行试验。结构工作条件比较干燥时,芯样试件应以自然干燥状态进行试验;结构工作条件比较潮湿时,芯样试件应以潮湿状态进行试验。此外,统一试验标准并规定了试验状态条件;对于干燥状态,芯样试件在受压前,应在室内自然干燥 3 d;潮湿状态进行试验时,芯样试件应在(20±2) ℃的清水中浸泡 40~48 h。抗压试验用的试件长度(端面加工后)不应小于直径的 0.95 倍,也不应大于直径的 2.1 倍。芯样端面必须平整,必要时,应磨平或用抹顶补平等方法处理。

(1) 抗压强度试验步骤。

① 取出试件,清除表面污垢,擦去表面水分,仔细检查后,在其中部量出高度和宽度,精确至 1 mm。在准备过程中,要求保持试件温度无变化。

② 在压力机的压板上放好试件,几何对中球座最好放在试件顶面并凸面朝上。

③ 加荷速度,对于强度等级小于 C30 的混凝土,取 0.3~0.5 MPa/s;对于强度等级不低于 C30 的混凝土,则取 0.5~0.8 MPa/s。当试件接近面开始迅速变形时,应停止实验机油门,直至试件破坏为止,记下最大荷载。

(2) 记录计算。

混凝土芯样抗压强度 R_C 为

$$R_C = \frac{P}{A} = \frac{4P}{\pi d_m^2}$$ (3-39)

式中：R_c——混凝土芯样抗压强度，MPa，精确至 0.1 MPa；
  P——极限荷载，N；
  A——受压面积，mm^2；
  d_m——芯样截面的平均直径，mm。

圆柱体试件与方块试件抗压强度关系如表 3-16 所示。

表 3-16　圆柱体试件与方块试件抗压强度关系

混凝土强度等级	28 d 抗压强度/MPa	
	圆柱体 ϕ150 mm×300 mm	方块 150 mm×150 mm×150 mm
C2/2.5	2.0	2.5
C4/5	4.0	5.0
C6/7.5	6.0	7.5
C8/10	8.0	10.0
C10/12.5	10.0	12.5
C16/20	10.0	20.0
C20/25	20.0	25.0
C25/30	25.0	30.0
C30/35	30.0	35.0
C35/40	35.0	40.0
C40/45	40.0	45.0
C45/50	45.0	50.0
C50/55	50.0	55.0

注：上表遇中间值换算时，可直线插入。

5. 钻孔取芯法测定水泥混凝土路面劈裂抗拉强度

钻芯法测定混凝土路面劈裂抗拉强度的仪器设备有：压力机、钻孔取芯机、切割机、磨平机、劈裂夹具、木质三合板垫条等，如图 3-10 所示。

1) 芯样钻取及试件加工

要求及方法同前所述，但芯样长度与路面厚度相等。

2) 检查

(1) 外观检查：每个芯样应详细描述有关裂缝、接缝、分层、麻面或离析等不均匀性，必要时应记录以下事项。

① 集料情况。估计集料的最大颗粒、行状态及种类，粗细集料的比例和级配。

② 密实性。检查并记录存在的气孔、气孔的位置、尺寸与分布情况，必要时应拍下照片。

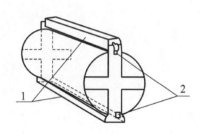

图 3-9　芯样劈裂试验装置示意图
1—定位架；2—垫条

(2) 测量。同前所述。

3) 劈裂抗拉强度检测步骤

(1) 试件制作、试件湿度控制均同前所述。

(2) 检测步骤。

① 将试件、劈裂夹具、垫条和垫层(见图 3-9)放在压力机上,借助夹具两侧杆,将试件对中。

② 开动压力机,当压力机压板与夹具垫条接近时,调整球座,使压力均匀接触试件。当压力加到 5 kN 时,将夹具的侧杆抽出,以 60 N/s 左右的速度连续、均匀加荷,直至试件劈裂为止,记下破坏荷载,精确至 0.1 N。

4) 检测结果计算

芯样劈裂抗拉强度 R_{ct} 为

$$R_{ct}=\frac{2p}{A\pi}=\frac{2P}{\pi d_m \times l_m} \tag{3-40}$$

式中：R_{ct}——芯样劈裂抗拉强度,MPa,精确至 0.1 MPa；

　　　P——极限荷载,N；

　　　A——芯样劈裂面面积,mm^2；

　　　d_m——芯样截面的平均直径,mm；

　　　l_m——芯样平均长度,mm。

课题 4　沥青混合料稳定性检测

沥青混合料是由矿料与沥青结合料拌和而成的混合料的总称。按材料组成及结构,分为连续级配混合料和间断级配混合料等两种。按矿料级配组成及空隙率大小,分为密级配混合料、半开级配混合料、开级配混合料等三种。按公称最大粒径的大小,可分为特粗式(公称最大粒径等于或大于 31.5 mm)、粗粒式(公称最大粒径 26.5 mm)、中粒式(公称最大粒径 16 mm 或 19 mm)、细粒式(公称最大粒径 9.5 mm 或 13.2 mm)、砂粒式(公称最大粒径小于 9.5 mm)等沥青混合料。按制造工艺,分为热拌沥青混合料、冷拌沥青混合料、再生沥青混合料等。

本章所介绍试验检测方法适用于在拌和厂以及道路施工现场采集热拌沥青混合料或常温沥青混合料试样,供施工过程中的质量检验或在实验室测定沥青混合料的各项物理力学性质。所取的试样应有充分的代表性。

一、沥青混合料热稳定度检测

我国现行规范规定,用马歇尔稳定度试验进行沥青混合料极配设计。对于高速公路、一级公路、城市快速路、主干路用沥青混合料,还应通过车辙试验动稳定度指标检验其抗车辙性能。

模块3 常用混合料强度检测

1. 车辙试验用试件制作

1) 试件

车辙试验用的试件是采用轮碾法制成,尺寸为 300 mm×300 mm×50 mm 的板块试件。

2) 试件制作器具

(1) 轮碾成形机:轮碾成形机具有 300 mm 圆弧形压轮,压实线荷载 300 N/cm,碾压行程等于试件长度,碾压后试件可达到马歇尔试验标准击实密度的(100±1)%。

当无轮碾成形机时,可用手动碾轮代替,手动碾轮与试件同宽。备有 10 kg 砝码 5 个,以调整载重(手动成形的试件厚度不大于 50 cm)。

(2) 实验室用沥青混合料搅拌机:能保证拌和温度并充分拌和均匀,可控制拌和时间,宜采用容量大于 30 L 的大型沥青混合料拌和机,也可采用容量大于 10 L 的小型拌和机。

(3) 试模:由高碳钢或工具钢制成,内部平面尺寸为 300 mm×300 mm,高为 50 mm。根据需要,试模深度及平面尺寸可以调节,以制备不同尺寸的块状试件。

(4) 手动碾压成形车辙试件的试模框:钢板制成,内部平面尺寸与试模边缘齐平。

(5) 烘箱:大型、中型各一台,装有湿度调节器。

(6) 台秤、天平或电子秤:称量 5 kg 以上的分度值 1 g 以下时,用于称量矿粉的分度值不大于 0.5 g,用于称量沥青的分度值不大于 0.1 g。

(7) 沥青运动黏度测定设备:毛细管黏度计或赛波特黏度计。

(8) 小心击实锤:钢制端部断面为 80 mm×80 mm。厚为 10 mm,带手柄,总质量为 0.5 kg 左右。

(9) 温度计:分度值不大于 1 ℃。

用于测量沥青混合料温度的温度计宜采用金属插杆的热电偶沥青温度计,金属插杆长度不小于 300 mm,量程为 0~300 ℃,数字显示或度盘指针的分度为 1 ℃,宜有留置读数功能。

(10) 其他:电炉或煤气炉、沥青熔化炉、拌和锅、标准筛、滤纸、胶布、卡尺、秒表、粉笔、垫木、棉纱等。

3) 制作方法

(1) 按马歇尔稳定度试件成形方法,确定沥青混合料的拌和湿度和压实湿度。

(2) 将金属试模及小型击实锤等置于约 100 ℃ 的烘箱中加热 1 h 备用。

(3) 称出制作一块试件所需要的各种材料的用量。先按试件体积(V)乘以马歇尔标准密实度密度 ρ_0,再乘以系数 1.03,即得材料总用量($m = v \times \rho_0 \times 1.03$),再按配合比计算出各种材料用量,分别将各种材料放入烘箱中预热备用。

(4) 将预热的试模从烘箱中取出,装上试模框架。在试模中铺一张普通纸(可用报纸),使底面及侧面均被纸隔离。将搅拌和好的全部沥青混合料,用小铲稍加拌和后均匀地沿试模由边至中按顺序装入试模,中部要略高于四周。

(5) 取下试模框架,用预热的小型击料锤由边至中压实一遍,整平成凸圆弧形。

(6) 插入温度计,待混合料冷却至规定的压实温度(为使冷却均匀,试模底下可用垫木支起)时,在表面铺一张普通纸。

(7) 当用轮碾机碾压时,宜将碾压轮预热至 100 ℃ 左右(如不加热,应铺牛皮纸)。然后,将盛有沥青混合料的试模置于轮碾机的平台上,轻轻放下碾压轮,调整总荷载为 9 kN(线荷载 300 N/cm)。

(8) 启动轮碾机,先在一个方向碾压 2 个往返(4 次),卸荷,再抬起碾压轮,将试件调转方向,再加相同荷载碾压至马歇尔标准密实度(100±1)%为止。试件正式压实前,应经试压,决定碾压次数,一般 12 个往返(24 次)左右可达要求。如试件厚度大于 100 mm 时必须分层碾压。

(9) 当手动碾压时,先用空碾碾压,然后逐渐增加砝码荷载,直至将 5 个砝码全部加上,进行压实至马歇尔标准密实度(100±1)%为止。碾压方法及次数由试压决定,并压至无轨迹为止。

(10) 压实成形后,揭去表面的纸,用粉笔在试件表上标明碾压方向。

(11) 盛有压料试件的试模,置室温下冷却,至少 12 h 后方可脱模。

2. 沥青混合料车辙试验

沥青混合料车辙试验是用一块碾压成形的板块试件(通常尺寸 300 mm×300 mm×50 mm)在规定温度条件(通常为 60 ℃)下,以一个轮压为 0.7 MPa 的实心橡胶轮胎在其上行走,测量试件在变形稳定期时,每增加 1 mm 变形需要行走的次数,即称为"动稳定度",以次/min 表示。

动稳定度是评价沥青混凝土路面高温稳定度的一个指标,也是沥青混合料配合比设计时的一个辅助性检验指标。

1) 试验仪具

(1) 车辙试验机主要由下列部分组成。

① 试件台:可牢固地安装两种宽度(300 mm 和 150 mm)的规定尺寸试件的试模。

② 试验轮:橡胶制的实心轮胎,外径为 ϕ200 mm,轮宽为 50 mm,橡胶层厚为 15 mm。橡胶硬度(国标标准硬度),20 ℃时为 84±4;60 ℃时为 78±2。试验轮行走距离为(230±10) mm,往返碾压速度为 42±1次/min(21 次往返/min)。允许采用曲柄连杆驱动试验运动(试验台不动)的任意一种方法。

③ 加载装置:试验轮与试件的接触压强 60 ℃时为(0.7±0.05) MPa,施加的总荷载为 78 kg 左右,根据需要可以调整。

④ 试模:钢板制成,由底板及侧板组成,试模内侧尺寸,长为 300 mm,宽为 300 mm,厚为 50 mm。

⑤ 变形测量装置:自动检测车辙变形并记录曲线的装置,通常有 LVDT、电测百分表或非接触位移计。

⑥ 湿度检测装置:自动控制检测并记录试件表面及恒温室内温度的温度传感器、温度计(精密度为 0.5 ℃)。

(2) 恒温室:车辙试验机必须整机安放在恒温室内,装有加热器、气流循环装置及自动温度控制设备,能保持恒温室温度(60±1) ℃(试件内部温度(60±0.5) ℃),根据需要也可为其他需要的温度。用于保温试件并进行检验,温度应能自动连续记录。

(3) 台秤:称量 15 kg,分度值不大于 5 g。

2) 试验方法

(1) 测定试验轮压强(应符合(0.7±0.05) MPa),将试件装于原试模中。

(2) 将试件连同试模一起,置于达到试验温度(60±1) ℃的恒温室中保温不少于 5 h,也不得多于 24 h。在试件的试验轮不行走的部位上,粘贴一个热电偶温度计,控制试件温度稳定在(60±0.5)℃上。

(3) 将试件连同试模置于车辙试验机的试件台上,试验轮在中央部位,其行走方向须与试件碾压方向一致。开动车辙变形自动记录仪,然后启动试验机,使试验轮往返行走,时间约 1 h,或最大变形达到 25 mm 为止。实验时,记录仪自动记录变形曲线(见图 3-10)及试件温度。对 300 mm 宽且实验时变形较小的试件,也可对一块在两侧 1/3 位置上进行两次实验取平均值。

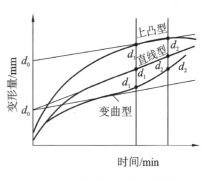

图 3-10 车辙试验变形曲线

(4) 结算计算:

① 从图 3-10 上读取 45 min(t_1)及 60 min(t_2)时的车辙变形 d_1 及 d_2,精确至 0.01 mm。如变形过大,在未到 60 min 变形已达 25 mm 时,则以达到 25 mm(d_2)时的时间为 t_2,将其前 15 min 为 t_1,此时的变形量为 d_1。

② 沥青混合料试件的动稳定度为

$$D_S = \frac{(t_1 - t_2) \times 42}{d_1 - d_2} \times C_1 \times C_2 \tag{3-41}$$

式中:D_S——沥青混合料的动稳定度,次/分;

d_1——时间 t_1(一般为 45 min)的变形量,mm;

d_2——时间 t_2(一般为 60 min)的变形量,mm;

42——实验轮每分钟行走次数,次/min;

C_1——实验机类类型修正系数,曲柄连杆驱动试件的变速行走方式的为 1.0,链驱动实验轮的等速方式的为 1.5;

C_2——试件系数,实验室制备的宽为 300 mm 的试件的系数为 1.0,从路面切割的宽为 150 mm 的试件的系数为 0.8。

(5) 数据处理。

① 同一沥青混合料或同一段的路面,至少取 3 个试件。当 3 个试件动稳定变异系数小于 20% 时,取其平均值作为实验结果。变异系数大于 20% 时应分析原因,并追加实验。如计算动稳定值大于 6000 次/min。

② 实验报告应注明实验温度、实验轮接地压强、试件密度、空隙率及试件制作方法等。重复性实验动稳定变异系数的允许值为 20%。

二、沥青混合料的水稳定度检测

由水引起的沥青路面损坏通常为水损坏。就评价沥青路面水稳度方面,通常采用的方法分为两大类:第一类的沥青与矿料的黏附性实验,这类实验方法主要是用于判断沥青与粗集料(不包含矿粉)的黏附性,属于这类的实验方法有水煮和静态浸水法;第二类是沥青混合料的水稳定实验,这类实验方法适用于级配矿料与适量沥青拌和成混合料,制成试样后,测定沥青混合料在水的作用下力学性质发生变化的程度,这类方法与沥青在路面中的使用状态较为接近。测试方法有浸水马歇尔实验、真空饱水马歇尔实验和冻裂劈裂实验等。

1. 沥青与矿料的黏附性检测

1)目的和适用范围

(1)沥青与矿料黏附性实验根据沥青黏附性在粗集料表面的薄膜在一定温度下,受水的作用产生的剥离的程度,以判断沥青与集料表面的黏附性能。

(2)本方法适用于测定沥青与矿料的黏附性及评定集料的抗水剥离能力。根据沥青混合料的最大集料途径,对于大于 13.2 mm 及小于或等于 13.2 mm 的集料,分别选用水煮法或水浸法进行实验。对于同一种料源,既有大于又有小于 13.2 mm 不同粒径的集料时,取大于 13.2 mm 水煮法实验为标准,对于细粒式沥青混合料,以水浸法实验为标准。

2)仪器与材料

(1)天平:称量 500 g,感量不大于 0.01 g。

(2)恒温水槽:能保持温度(80±1) ℃。

(3)拌和用小型容器:5 mL。

(4)烧杯:100 mL。

(5)实验架。

(6)细线:尼龙线或棉线、铜丝线。

(7)铁丝网。

(8)标准筛:9.5 mm、13.2 mm、19 mm 各 1 个(也可用 10 mm、15 mm、25 mm 圆孔筛代替)。

(9)烘箱:装有自动温度调节器。

(10)电炉、燃烧炉。

(11)玻璃板:200 mm×200 mm 左右。

(12)搪瓷盘:300 mm×400 mm 左右。

(13)其他:拌和铲、石棉网、纱布、手套等。

3)适用于大于 13.2 mm 粗集料的检测方法(水煮法)

(1)准备工作。

① 将集料用 13.2 mm、19 mm 标准筛(或 15 mm、25 mm 圆孔筛)过筛,取粒径为 13.2～19 mm(圆孔筛的为 15～25 mm)的形状接近立方体的规则集料 5 个,用洁净水洗净,置温度为(105±5) ℃ 的烘箱中烘干,然后放在干燥器中备用。

② 将大烧杯中盛水,并置加热炉的石棉网上煮沸。

(2)检测步骤。

① 将集料逐个用细线在中部系牢,再置于(105±5) ℃ 烘箱 1 h。准备沥青试样。

② 逐个取出加热的矿料颗粒用线提起,浸入预先加热的沥青(石油沥青温度 130～150 ℃、煤沥青温度 100～110 ℃)试样中 45 s 后,轻轻拿出,使集料颗粒完全为沥青膜所裹覆。

③ 将裹覆沥青的集料颗粒悬挂于实验架上,下面垫一张纸,使多余的沥青流掉,并在室温下冷却 15 min。

④ 待集料沥青颗粒冷却后,逐个用线提起,浸入有沸水的烧杯中央,调整加热炉,使浇杯与水保持微沸状态,但不允许有沸开的气泡(见图3-22)。

⑤ 浸煮3 min后,将集料从水中取出,观察集料颗粒上沥青膜的剥落程度,并按表3-17评定其黏附性等级。

⑥ 同一试样应平行试验5个集料颗粒,并由两名以上经验丰富的实验人员分别评定后,取出平均等级作为实验结果。

表3-17 沥青与集料黏附性的等级评定

实验后石料表面沥青剥落情况	黏附性等级
沥青膜完全保存,剥离面积率接近于0	5
沥青膜少部分被水所移动,厚度不均与,剥离面积百分率小于10%	4
沥青膜局部明显地被水所移动,基本保留在料表面上,剥离面积百分率小于30%	3
沥青膜大部分被水移动,局部保留在石料表面上,剥离面积百分率小于30%	2
沥青膜完全被水所移动,石料基本裸露,沥青全浮于水面上	1

4)适用于13.2 mm粗集料的检测方法(水浸法)

(1)准备工作。

① 将集料用9.5 mm、13.2 mm标准筛(或10 mm、15 mm圆孔筛)过筛,取粒径为9.5~13.2 mm(圆孔筛的为10~15 mm的)形状规则的集料200 g用洁净水洗净,并置温度为(105±5)℃的烘箱烘干,然后方在干燥器中备用。

② 准备沥青试样,加热至与矿料的拌和温度。

③ 将煮沸过的热水注入恒温水浴中,维持(80±1)℃恒温。

(2)检测步骤。

① 按四分法称取集料颗粒(9.5 mm、13.2 mm)100 g置于搪瓷盘中,连同搪瓷盘一起放入已升至沥青拌和温度以上5 ℃的烘箱中持续加热1 h。

② 按每100 g矿料加入沥青(5.5±0.2) g的比例称取沥青,精确至0.1 g,放入小型拌和容器中,一起置入同一烘箱中加热15 min。

③ 将搪瓷盘中的集料倒入拌和容器的沥青中,从烘箱中取出拌和容器,立即用金属铲均匀拌和1~1.5 min,使集料完全被沥青膜裹覆。然后,立即将裹有沥青的集料取20个,用小铲移至玻璃板上摊开,并置室温下冷却1 h。

④ 将放有集料的玻璃板浸入温度为(80±2)℃的恒温水槽的水中,保持30 min,并将剥离及浮于水面的沥青,用纸片捞出。

⑤ 从热水中小心取出玻璃板,再浸入冷水槽内的冷水中,仔细观察裹覆集料的沥青薄膜的剥落情况。由两名以上经验丰富的实验人员目测,评定剥离面积的百分率,评定后取平均值表示。

为使估计的剥离面积百分率较为正确,宜先制取若干个不同剥离率的样本,用比照法目测评定。不同剥离率的样本,可用加不同比例抗剥离剂的改性沥青与酸性集料拌和后浸水得到,也可由同一种沥青与不同集料品种拌和后浸水得到,样本的剥离面积百分率逐个仔细计算得出。

⑥ 由剥离面积百分率按表 3-17 评定沥青与集料黏附性的等级。

实验报告应写明采用的方法及集料黏附性的等级。

2. 浸水马歇尔实验方法

(1)浸水马歇尔实验方法是沥青混合料试件在规定温度(黏稠沥青混合料为(60±1) ℃)的恒温水槽中保持 48 h,然后测定其稳定度。其余方法与标准马歇尔实验方法相同。

(2)根据试件的浸水马歇尔稳定度和标准马歇尔稳定度,试件残留稳定度为

$$MS_0 = \frac{MS_1}{MS} \times 100 \qquad (3-42)$$

式中:MS_0——试件的浸水残留稳定度,%;

MS_1——试件的浸水 48 h 后的稳定度,kN;

MS——试件按标准实验方法的稳定度,kN。

3. 真空饱和马歇尔实验方法

(1)真空饱和马歇尔实验方法是将试件先放入真空干燥器中,关闭进水胶管,开动真空泵,使干燥器的真空度达到 97.3 kPa(730 mmHg)以上,并维持 15 min,然后打开进水胶管,靠负压进入冷水使试件全部浸水中。浸水 15 min 后恢复常压,取出试件在放入规定稳定度(黏稠度沥青混合料为(60±1) ℃)的恒温水槽保温 48 h,进行马歇尔实验,其余与标准马歇尔实验方法相同。

(2)根据试件的真空饱和水马歇尔稳定度和标准稳定度,试件真空饱和水残留稳定度为

$$MS'_0 = \frac{MS_2}{MS} \times 100 \qquad (3-43)$$

式中:MS'_0——试件的真空饱和水残留稳定度,%;

MS_2——试件真空饱和水后浸入水 48 h 的稳定度,kN;

MS——试件真空饱和水浸入水 48 h 的稳定度,kN。

4. 冻裂劈裂实验方法

冻裂劈裂实验方法是将标准件马歇尔试件分为两组,一组在 25 ℃水温中浸泡 2 h 后,测定劈裂抗拉强度;第二组真空饱和水试验:常温(约 25 ℃)下浸水 20 min,0.09 MPa 真空下浸水 15 min 后,恢复常压,-18 ℃冰箱中置放 16 h,60 ℃水浴中恒温 24 h,25 ℃水温中浸泡 2 h 后,测定劈裂抗拉强度。测定劈裂抗拉强度时可在马歇尔仪上各安装一根压条,压条宽度为 12.7 mm,内侧曲率半径为 50.8 mm,压条两端均应磨平,将两根压条对齐进行劈裂实验,其劈裂抗拉强度为

$$R_{T1} = 0.006287 P_{T1}/h_1 \qquad (3-44)$$

$$R_{T2} = 0.006287 P_{T2}/h_2 \qquad (3-45)$$

式中:P_{T1}——第一组试件的试验荷载的最大值,N;

P_{T2}——第二组试件的试验荷载的最大值,N;

h_1——第一组试件的高度,mm;
h_2——第二组试件的高度,mm;
R_{T1}——未进行冻融循环的第一组试件的劈裂抗拉强度,MPa;
R_{T2}——经受冻融循环的第二组试件的劈裂抗拉强度,MPa。

冻裂劈裂抗拉强度比 R_0 为

$$R_0 = \frac{R_2}{R_1} \times 100\% \tag{3-46}$$

其值越大,表示抗水害性能越好。

模块小结

无机结合料稳定材料包括水泥稳定土、石灰稳定土、水泥石灰综合稳定土、石灰粉煤灰稳定土、水泥粉煤灰稳定土和水泥石灰粉煤灰稳定土等。它们在公路工程施工所用的材料中占很大比重。对该部分混合料的性能和质量进行控制和评价是十分必要的。

了解无机集合料无侧限抗压强度试验的操作过程;了解水泥混凝土和水泥砂浆的强度检测试验的操作过程;了解结构混凝土强度的相关检测试验操作过程。掌握沥青混合料热稳定度和水稳定度相关检测试验操作规程,能对沥青混合料温度稳定度进行评定。

1. 试列表比较无机结合料稳定土无侧限抗压强度与抗弯(拉)强度试验器具的不同之处?
2. 查阅相关资料,想想为什么要对无机结合料抗弯(拉)强度试验数据进行变异系数是否满足要求的分析?
3. 进行混凝土抗压和抗弯强度试验时加载速度有何规定,想一想为什么要做如此规定?
4. 什么是无损检测?无损检测在哪些情况下比较适用?
5. 如何测定结构混凝土的碳化深度,测定其碳化深度的意义是什么?
6. 沥青混凝土的稳定度包括哪几方面的要求?
7. 沥青混凝土稳定度用什么参数评定?如何评定?

模块 4 路基路面几何尺寸及路面厚度检测

学习目标

☆ 知识目标

(1) 熟悉路基路面现场测试随机选点方法。
(2) 掌握路基路面几何尺寸检测方法。
(3) 掌握路面结构层厚度检测方法。

☆ 能力目标

(1) 熟悉测定断面的确定方法及测点位置的确定方法。
(2) 掌握几何尺寸检测仪器使用方法及检测方法。
(3) 掌握路面结构层厚度检测方法及其评定。

☆ 引例导入

对公路路基路面各个层次进行各种测定时,为使获取的试验数据具有代表性,往往采用随机取样选点的方法确定测点区间、测定断面、测点位置。随机取样选点是按照数理统计原理,在路基路面现场测定时决定测定区间、测定断面、测点位置的方法。

模块4 路基路面几何尺寸及路面厚度检测

 路基路面现场测试随机选点方法

随机取样选点法需要的仪器及材料包括如下几种。
①量尺:钢尺、皮尺等;②硬纸片:共28块,每块大小为2.5 cm×2.5 cm,并从1~28编号后装入一个布袋里;③骰子:2个;④其他还有毛刷、粉笔等。

一、测定区间或测定断面的确定方法

首先是路段的确定。根据路面施工或验收、质量评定方法等有关规范决定需要检测的路段。检测路段可以是一个作业段、一天完成的路段或路线全程。在路基路面工程检查验收时,通常取1 km的一段为一个检测路段。下面主要介绍测定断面的确定步骤(测定区间的确定与此相同)。

(1) 将检测路段划分为一定长度的区间或按桩号间距(一般20 m)划分成若干个断面,依次编号为1,2,3,…,n,总的区间数或断面数为 T 个。

(2) 从布袋中随机摸出一块硬纸片,硬纸片上的数字为表 4-1 的栏号(表中仅 1~5 栏),共 28 栏。从 1~28 栏中选出该栏号对应的一栏。

(3) 按照测定区间数、断面数检测频度的要求,确定测定断面的取样总数 n。依次找出与 A 列 01,02,03,…,n 对应的 B 列中值,共 n 对对应 A、B 值。当 $n>30$ 时,应分次进行。

(4) 将 n 个 B 值与总的区间数或断面数 T 相乘,四舍五入成整数,即得到 n 个断面的编号。

(5) 查断面编号对应的桩号,即为拟检测的断面。

【例 4-1】 拟从 K18+000~K19+000 的检测路段中选择 20 个断面测定路面宽度、高程、横坡度等外形尺寸,确定断面桩号。

【解】 断面桩号决定方法如下。

(1) 1 km 总的断面数 $T=1000/20=50$,编号 1~50。

(2) 从布袋中摸出一块硬纸片,其编号为 5,栏号为 5,即使用表 4-1 中的第 5 栏。

(3) 从第 5 栏中 A 列中挑出小于 20 所对应的 B 列数值,将 B 与 T 相乘,取整,四舍五入得到 20 个编号,并得到 20 个断面的桩号。计算过程列于表 4-2 中。

表 4-1 一般取样的随机数

栏号1			栏号2			栏号3			栏号4			栏号5		
A	B	C	A	B	C	A	B	C	A	B	C	A	B	C
15	0.033	0.578	05	0.048	0.879	21	0.013	0.220	18	0.089	0.716	17	0.024	0.863
21	0.101	0.300	17	0.074	0.156	30	0.036	0.853	10	0.102	0.330	24	0.060	0.032
23	0.129	0.916	18	0.102	0.191	10	0.052	0.746	14	0.111	0.925	26	0.074	0.639

续表

栏号1			栏号2			栏号3			栏号4			栏号5		
A	B	C	A	B	C	A	B	C	A	B	C	A	B	C
30	0.158	0.434	06	0.105	0.257	25	0.061	0.954	28	0.127	0.840	07	0.167	0.512
24	0.177	0.397	28	0.179	0.447	29	0.062	0.507	24	0.132	0.271	28	0.194	0.776
11	0.202	0.271	26	0.187	0.844	18	0.087	0.887	19	0.285	0.089	03	0.219	0.166
16	0.204	0.012	04	0.188	0.482	24	0.105	0.849	01	0.326	0.037	29	0.264	0.284
08	0.208	0.418	02	0.208	0.577	07	0.139	0.159	30	0.344	0.938	11	0.282	0.262
19	0.211	0.798	03	0.218	0.402	01	0.175	0.647	22	0.405	0.295	14	0.379	0.994
29	0.233	0.070	07	0.245	0.808	23	0.196	0.873	05	0.421	0.282	13	0.394	0.405
07	0.260	0.073	15	0.248	0.831	26	0.240	0.981	13	0.451	0.212	06	0.410	0.157
17	0.262	0.308	29	0.261	0.037	14	0.255	0.374	02	0.461	0.023	15	0.438	0.700
25	0.271	0.180	30	0.302	0.883	06	0.310	0.043	06	0.487	0.539	22	0.453	0.635
06	0.302	0.672	21	0.318	0.088	11	0.316	0.653	08	0.497	0.396	21	0.472	0.824
01	0.409	0.406	11	0.376	0.936	13	0.324	0.585	25	0.503	0.893	05	0.488	0.118
13	0.507	0.693	14	0.430	0.814	12	0.351	0.275	15	0.594	0.603	01	0.525	0.222
02	0.575	0.654	27	0.438	0.676	20	0.371	0.535	27	0.620	0.894	12	0.561	0.980
18	0.591	0.318	08	0.467	0.205	08	0.409	0.495	21	0.629	0.841	08	0.652	0.508
20	0.610	0.821	09	0.474	0.138	16	0.445	0.740	17	0.691	0.583	18	0.668	0.271
12	0.631	0.597	10	0.492	0.474	03	0.494	0.929	09	0.708	0.689	30	0.736	0.634
27	0.651	0.281	13	0.498	0.892	27	0.543	0.387	07	0.709	0.012	02	0.763	0.253
04	0.661	0.953	19	0.511	0.520	17	0.625	0.171	11	0.714	0.049	23	0.804	0.140
22	0.692	0.089	23	0.591	0.770	02	0.699	0.073	23	0.720	0.695	25	0.828	0.425
05	0.779	0.346	20	0.604	0.730	19	0.702	0.934	03	0.748	0.413	10	0.843	0.849
09	0.787	0.173	24	0.654	0.330	22	0.816	0.802	20	0.781	0.603	16	0.858	0.849
13	0.818	0.837	12	0.728	0.523	04	0.838	0.166	26	0.830	0.384	04	0.903	0.327
14	0.905	0.631	16	0.753	0.344	15	0.904	0.116	04	0.843	0.002	09	0.912	0.382
26	0.912	0.376	01	0.806	0.134	28	0.969	0.742	12	0.884	0.582	27	0.935	0.162
28	0.920	0.163	22	0.878	0.884	09	0.974	0.046	29	0.926	0.700	20	0.970	0.582
03	0.945	0.140	25	0.930	0.162	05	0.977	0.494	16	0.951	0.601	19	0.975	0.327

注：此表共28个栏号，第6~28栏号中的A、B、C值可参照有关规程、规范或标准。

模块4 路基路面几何尺寸及路面厚度检测

表 4-2　路面宽度、高程、横坡度检测断面随机选点计算

断面序号	5栏A列	B列	B×T	断面编号	桩号
1	17	0.024	1.20	1	K18+020
2	07	0.167	8.35	8	K18+160
3	03	0.219	10.95	11	K18+220
4	11	0.282	14.10	14	K18+280
5	14	0.739	36.95	19	K18+380
6	13	0.394	19.70	20	K18+400
7	06	0.410	20.50	21	K18+420
8	15	0.438	21.90	22	K18+440
9	05	0.488	24.40	24	K18+440
10	01	0.525	26.25	26	K18+520
11	12	0.561	28.05	28	K18+560
12	08	0.652	32.60	33	K18+660
13	18	0.668	33.40	33	K18+680
14	02	0.763	38.00	38	K18+700
15	10	0.843	42.15	42	K18+840
16	16	0.858	42.90	43	K18+860
17	04	0.903	45.15	42	K18+840
18	09	0.912	45.60	46	K18+920
19	20	0.970	48.50	49	K18+980
20	19	0.975	48.75	49	K19+000

二、测点位置的确定方法

（1）从布袋中任意取出一个纸片，纸片上的号即为表4-1中的栏号。从1~28栏中选出该栏号的一栏。

（2）按照测点数的频率要求（取样总数为 n），依次找出栏号的取样位置数，每个栏号均有 A、B、C 三列。根据检验数据 n（当 $n>30$ 时应分次进行），依次在所定栏号的 A 列找出等于所需取样位置的全部数，如 01,02,03,…,n。

（3）确定取样位置的纵向距离。找出与 A 列中相对应的 B 列中数值，以此数值乘以检测区间的总长度，并加上该段的起点桩号，即得出取样位置距该段起点的距离或桩号。

（4）确定取样位置的横向距离。找出与 A 列中相对应的 C 列中数值。以此数值乘以检测路段（路基或路面）的宽度，再减去宽度的一半，即得出取样位置距路中心线的距离。如差值为

正值,表示在中心线的右侧;如差值为负值,表示在中心线的左侧。

【例 4-2】 拟从 K18+000~K19+000 的检测路段中选择共 6 个测点进行钻孔取样检测压实度、结构层的厚度等,确定钻孔位置。

【解】 钻孔位置决定方法如下。

(1) 选定随机数编号为 3,即采用表 4-1 中的第 3 栏。

(2) 从第 3 栏 A 列中选小于 6 的数为 01、06、03、02、04、05。

(3) 从 B 列中挑出与 A 列中 6 个数相对应的 6 个数,分别为 0.175、0.310、0.494、0.699、0.838、0.977,填于表 4-3 中。

(4) 取样路段长为 1000 m,乘以 B 列的 6 个数,列于表中,加上起点的桩号即为测点纵向距离。

(5) 从 C 列中挑出与 A 列相对应的数值列于表 4-3 中。

(6) 路面宽度为 10 m,用路面宽度分别乘以 C 列数值再减去路面宽度的一半即为测点的横向位置。计算结果如表 4-3 所示。

表 4-3 钻孔位置取样选点计算表

测点编号	A	B	距测点距离	桩号	C	两边缘距离	距中线距离
1	01	0.175	175	K18+175	0.647	6.47	1.47
2	06	0.310	310	K18+310	0.043	0.43	−4.57
3	03	0.494	494	K18+494	0.929	9.29	4.29
4	02	0.699	699	K18+699	0.073	0.73	−4.27
5	04	0.838	838	K18+838	0.166	1.66	−3.34
6	05	0.977	977	K18+977	0.494	4.94	−0.06

课题 2 路基路面几何尺寸检测

一、检测项目与要求

在路基路面施工过程、交工验收期间及旧路调查中,都有必要检测路基路面各部分的几何尺寸,以保证其符合规定的要求。几何尺寸检测所使用的仪器与材料有,钢尺、经纬仪、全站仪、水准仪、塔尺、粉笔等。几种结构层的几何尺寸检测项目的要求如表 4-4 所示。其他结构层检测项目的要求参见《公路工程质量检测评定标准》(JTG F80/1—2004),主要有纵断面高程、中线偏位、宽度、横坡等。

表 4-4 几何尺寸检测要求

结构名称	检查项目	规定值或容许偏差		检查方法和频率
		高速、一级公路	其他公路	
土方路基	纵断面高程/mm	+10、-15	+10、-20	水准仪:每 200 m 测 4 个断面
	中线偏位/mm	50	100	经纬仪:每 200 m 测 4 点,弯道加 HY、YH 两点
	宽度/mm	符合要求		米尺:每 200 m 测 4 处
	横坡/(%)	±0.3	±0.5	水准仪:每 200 m 测 4 个断面
	边坡	符合要求		尺量:每 200 m 测 4 处
水泥混凝土面层	纵横缝顺直度/mm	10		纵缝 20 m 拉线,每 200 m 4 处;横缝沿板宽拉线,每 200 m 4 条
	中线偏位/mm	20		经纬仪:每 200 m 测 4 点
	宽度/mm	±20		尺量:每 200 m 测 4 处
	纵断面高程/mm	±10	±20	水准仪:每 200 m 测 4 个断面
	横坡/(%)	±0.15	±0.25	水准仪:每 200 m 测 4 个断面
沥青混凝土和沥青碎石面层	纵段高程/mm	±15	±20	水准仪:每 200 m 测 4 个断面
	中线偏位/mm	20	30	经纬仪:每 200 m 测 4 点
	宽度/mm	±15	±20	尺量:每 200 m 测 4 处
	横坡/(%)	±0.3	±0.5	水准仪:每 200 m 测 4 处

二、准备工作

(1) 在路基或路面上准确恢复桩号。

(2) 按随机取样的方法,在一个检测路段内选取测定的断面位置及里程桩号,在测定断面做上标记。通常将路面宽度、横坡、高程及中线偏位选取在同一断面位置,且宜在整数桩号上测定。

(3) 根据道路设计的要求,确定路基路面各部分的设计宽度的边界位置,在测定位置上用粉笔做上记号。

(4) 根据道路设计的要求,确定设计高程的纵断面位置,在测定位置上用粉笔做上记号。

(5) 根据道路设计的要求,在与中线垂直的横断面上确定成形后路面的实际中线位置。

(6) 根据道路设计的路拱形状,确定曲线与直线部分的交界位置及路面与路肩(或硬路肩)的交界处作为横坡检验标准;当有路缘石或中央分隔带时,以两侧路缘石边缘作为横坡测定的基准点,用粉笔做上记号。

三、纵断高程测定

(1) 将水准仪架设在路面平顺处整平,以路线附近的水准点高程为基准,依次将塔尺竖立在中线的测定位置上,记录测定点的高程读数。以 m 为单位,精确至 0.001 m。

(2) 连续测定全部测点并与水准点闭合。

各测点的实测高程 H_i 与设计高程 H_{0i} 之差为 ΔH_i:

$$\Delta H_i = H_i - H_{0i} \tag{4-1}$$

四、路面横坡测定

(1) 无中央分隔带的公路路面横坡是指路拱两侧直线部分的坡度,以%表示。测定方法如下:将水准仪架设在路面平顺处整平,将塔尺分别竖在路拱曲线与直线部分的交界位置 d_1 处以及路面与路肩交界位置 d_2 处,d_1 和 d_2 两测点必须在同一横断面上,测量 d_1 和 d_2 处的高程,记录高程读数,以 m 为单位,精确至 0.001 m。

(2) 有中央分隔带的公路路面横坡是指路面与中央分隔带交界处及路面边缘与路肩交界处两点的高程差与水平距离的比值,以%表示。测定方法如下:将水准仪架设在路面平顺处整平,将塔尺分别竖在路面与中央分隔带分界的路缘带边缘 d_1 处以及路面与路肩交界(或外侧路缘石边缘)的标记 d_2 处,d_1 和 d_2 两测点必须在同一横断面上,测量 d_1 和 d_2 处的高程,记录高程读数,以 m 为单位,精确至 0.001 m。

(3) 用钢尺测量两测点的水平距离 B_i,以 m 为单位。对于高速、一级公路,精确至 0.005 m;对于其他等级公路,精确至 0.01 m。

(4) 各断面横坡坡度为两点的高程差与两点水平距离之比。

各测点断面的横坡坡度 i_i 为

$$i_i = \frac{h_{d_1} - h_{d_2}}{B_i} \times 100 \tag{4-2}$$

式中:h_{d_1}、h_{d_2}——各测点断面两测点 d_1 和 d_2 的高程读数。精确至 1 位小数。实测横坡坡度 i_i 与设计横坡坡度 i_{0i} 之差 Δi_i 为

$$\Delta i_i = i_i - i_{0i} \tag{4-3}$$

五、路基路面宽度及中线偏位测定

路基宽度指行车道与路肩宽度之和,以 m 为单位,当设有中间带、变速车道、爬坡车道、紧急停车带时,还应包括这些部分的宽度。路面宽度包括行车道、路缘带、变速车道、爬坡车道、硬路肩和紧急停车带的宽度以 m 计。其测定方法如下。

用钢尺沿中心线垂直方向水平量取路基路面各部分的宽度,以 m 表示,对于高速公路及一

级公路，精确至 0.005 m；对于其他等级公路，精确至 0.01 m。

测量时量尺应保持水平，不得将尺紧贴路面量取，路面宽度必须是水平宽度，如果尺子贴地面量，测定的是斜面，这是不正确的。另外测定时不得使用皮尺，必须使用钢尺。

各测定断面的实测宽度 B_i 与设计宽度 B_{0i} 之差 ΔB_i 为

$$\Delta B_i = B_i - B_{0i} \tag{4-4}$$

实测宽度与设计宽度的差应符合规定值。

路基路面实际中心线偏离设计中心线的距离为路基路面中线偏位，以 mm 为单位。中线偏位的测定方法如下。

(1) 对于有中线坐标的道路，首先从设计资料中查出待测点 P 的设计坐标，用经纬仪对该设计坐标进行放样，并对放样点 P' 做好标记，量取 PP' 的长度，即为中线平面偏位 Δ_{CL}，以 mm 表示。对于高速公路及一级公路，精确至 5 mm；对于其他等级公路，精确至 10 mm。

(2) 对于无中线坐标的低等级道路，首先恢复交点或转点，实测偏角和距离，然后采用链距法、切线支距法或偏角法等传统方法敷设道路中线的设计位置，量取设计位置与施工位置之间的距离，即为中线平面偏位 Δ_{CL}，以 mm 表示，精确至 10 mm。

六、检测路段数据整理

根据检测的数据，计算一个评定路段内测定值的平均值、标准差、变异系数等质量特征值，计算测定值与设计值之差，并按照数理统计原理计算一个评定路段内测定值的代表值。

实测值 X_i 与设计值 X_0 之差为

$$\Delta X_i = X_i - X_0 \tag{4-5}$$

式中：X_i——各个测点的实测值；

X_0——设计值；

ΔX_i——实测值 X_i 与设计值 X_0 之差。

测定值的平均值、标准差、变异系数、绝对误差、精度分别为

$$\overline{X} = \frac{\sum X_i}{N} \tag{4-6}$$

$$S = \sqrt{\frac{\sum (X_i - \overline{X})^2}{N-1}} \tag{4-7}$$

$$C_v = \frac{S}{\overline{X}} \times 100 \tag{4-8}$$

$$m_x = \frac{S}{\sqrt{N}} \tag{4-9}$$

$$p_x = \frac{m_x}{\overline{X}} \times 100 \tag{4-10}$$

式中：X_i——各个测点的测定值；

N——一个评定路段内的测点数；

$\overline{X}$——一个评定路段内测定值的平均值;

C_v——一个评定路段内测定值的变异系数,%;

m_x——一个评定路段内测定值的绝对误差;

p_x——一个评定路段内测定值的试验精度,%。

计算一个评定路段内测定值的代表值时,对于单侧检验有

$$X' = \overline{X} \pm S \frac{t_a}{\sqrt{N}} \tag{4-11}$$

对于双侧检验有

$$X' = \overline{X} \pm S \frac{t_{a/2}}{\sqrt{N}} \tag{4-12}$$

式中:X'——一个评定路段内测定值的代表值;

t_a 或 $t_{a/2}$——t 分布表中随自由度($N-1$)和置信水平 α(保证率)的变化而变化的系数。

单边或双边置信水平 α 即保证率为 95%、90% 时的 $t_a/\sqrt{N}$ 或 $t_{a/2}/\sqrt{N}$ 的值可按《公路路基路面现场测试规程》(JTG E60—2008)附表 2 中的《t 分布概率系数表》选取。

当无特殊规定时,可疑数据的舍弃宜按照 K 倍标准差作为舍弃标准,即在资料分析中,应舍弃那些在 $\overline{x} \pm KS$ 范围以外的测定值,然后再重新计算整理。当试验数据 N 为 3、4、5、6 个时,K 值分别为 1.15、1.46、1.67、1.82;N 等于或大于 7 时,可选 $K=3$。

课题 3 路面结构层厚度检测

在路面工程中,各个层次的厚度是和道路整体强度密切相关的。在路面设计中,路面的厚度是按设计荷载及荷载的作用次数计算出来的。厚度不够,就不能抵抗荷载作用下的应力,或者说就不能保证路面的使用寿命。不管是刚性路面还是柔性路面,各个层次的厚度是至关重要的。只有在保证厚度的情况下,路面的各个层次及整体的强度才能得到保证。除了保证强度外,严格控制各结构层的厚度,还能对路面的标高起到一定的控制作用,因此,路面厚度是一个非常重要的质量控制指标,路面各层次施工完成后及工程交工验收时,必须进行厚度检测。

路面各结构层厚度的检测一般与压实度同时进行,当用灌砂法进行压实度检查时,可量取挖坑灌砂深度即为结构层的厚度。当用钻芯取样法检查压实度时,可用直接量取芯样高度的方法确定路面厚度。结构层厚度也可以采用水准仪量测法求得,即在同一测点量出结构层底面及顶面的高程,然后求其差值。这种方法无须破坏路面,测试精度高。目前,国内外还可用雷达、超声波等方法检测路面结构层厚度。

路面各结构层厚度的检测方法与结构层的层位和种类有关,对于基层或砂石路面的厚度可用挖坑法测定,沥青面层与水泥混凝土路面板的厚度应用钻芯法和雷达、超声波法测定。

一、检测要求

1. 路面厚度代表值与极值的允许偏差

几种常用的路面结构层厚度的代表值与极值的允许偏差如表 4-5 所示。

表 4-5　几种常用的路面结构层厚度的代表值与极值的允许偏差

类型与层位		厚度/mm			
		代表值		合格值	
		高速、一级公路	其他公路	高速、一级公路	其他公路
水泥混凝土面层		−5	−5	−10	−10
沥青混凝土、沥青碎石面层		总厚度：设计值 −5% H；上面层：设计值的 10%	−8% H	总厚度：设计值 −10% H；上面层：设计值的 20%	−15% H
沥青贯入式面层		—	−8% H 或 −5	—	−15% H 或 −10
水泥稳定类粒料	基层	−8	−10	−15	−20
	底基层	−10	−12	−25	−30
石灰土	基层		−10		−25
	底基层	−10	−12	−25	−30

2. 抽检频率

对于水泥混凝土面层，每 200 m 每车道检查 2 处；对于沥青混凝土、沥青碎石及沥青贯入式面层，每 200 mm 每车道检查 1 处；对于水泥稳定粒料基层及石灰稳定土底基层，每 200 m 每车道检查 1 处。

二、挖坑及钻芯法测定路面厚度

1. 仪具与材料技术要求

（1）挖坑用的镐、铲、凿子、锤子、小铲、毛刷等。

（2）取样用路面取芯钻机及钻头、冷水机。钻头的标准直径为 $\phi100$ mm，如芯样仅供测量厚度，不做其他试验时，对于沥青面层与水泥混凝土板，也可用直径 $\phi50$ mm 的钻头；对于基层材料有可能损坏的试件，也可用直径 $\phi50$ mm 的钻头，但钻孔深度均必须达到层厚。

（3）量尺：钢尺、钢卷尺、卡尺。

（4）补坑材料：与检查层位的材料相同。

（5）补坑用具：夯、热夯、水等。

(6)其他:搪瓷盘、棉纱等。

2. 挖坑法

(1)根据现行相关规范的要求,随机取样决定挖坑检查的位置。如为旧路,该点有坑洞等显著缺陷或接缝时,可在其旁边检测。

(2)选一块约 40 cm×40 cm 的平坦表面作为试验地点,用毛刷将其清扫干净。

(3)根据材料坚硬程度,选择镐、铲、凿子等适当的工具,开挖这一层材料,直至层位底面。在便于开挖的前提下,开挖面积应尽量缩小,坑洞大体呈圆形,边开挖边将材料铲出,置于搪瓷盘中。

(4)用毛刷将坑底清扫,确认坑底面为下一层的顶面为止。

(5)将钢尺平放横跨于坑的两边,用另一把钢尺或卡尺等量具在坑的中部位置垂直伸至坑底,测量坑底至钢尺的距离,即为检查层的厚度,以 mm 计,精确至 1 mm。

3. 钻孔取样法

(1)根据现行相关规范的要求,随机取样决定挖坑检查的位置。如为旧路,该点有坑洞等显著缺陷或接缝时,可在其旁边检测。

(2)按钻取芯样的方法用路面取芯机钻孔。

(3)仔细取出芯样,清除底面灰尘,找出与下层的分界面。

(4)用钢尺或卡尺沿圆周对称的十字方向四处量取表面至上下层界面的高度,取其平均值即为该层的厚度,以 mm 计,精确至 1 mm。

4. 施工过程中的简易方法

在沥青路面施工过程中,当沥青混合料尚未冷却时,可根据需要随机选择测点,用大号螺丝刀插入至沥青层底面深度后用尺读数,量取沥青层的厚度,以 mm 计,精确至 1 mm。

5. 填补挖坑或钻孔方法

用与取样层相同的材料填补挖坑或钻孔,具体步骤如下。

(1)适当清理坑中残留物,钻孔时留下的积水应用棉纱吸干。

(2)对于无机结合料稳定层及水泥混凝土路面板,应按相同配合比用新拌的材料分层填补并用小锤压实。水泥混凝土中宜掺加少量快凝早强剂。

(3)对于无结合料粒料基层,可用挖坑时取出的材料,适当加水拌和后分层填补,并用小锤压实。

(4)对正在施工的沥青路面,用相同级配的热拌沥青混合料分层填补并用加热的铁锤或热夯压实,旧路钻孔也可用乳化沥青混合料修补。

(5)所有补坑结束时,宜比原面层略鼓出少许,用重锤或压路机压实平整。

特别注意的是,补坑工序如有疏忽、遗留或补得不好,易成为隐患而导致开裂,所有挖坑、钻孔均应仔细做好。

三、路面结构层厚度评定

对路段内路面结构层厚度,按代表值的允许偏差和单个测定值的允许偏差进行评定,厚度的代表值为厚度的算术平均值的下置信界限值,即

$$h_L = \bar{h} - S \cdot t_a / \sqrt{n} \tag{4-13}$$

式中:h_L——厚度代表值;

$\bar{h}$——厚度平均值;

S——标准差;

n——检查数量;

t_a——t 分布中随测点数和保证率(置信度 α)而变的系数,查《公路路基路面现场测试规程》(JTG E60—2008)中附表2确定。

采用的保证率如下。

高速公路、一级公路:基层、底基层的为99%;面层的为95%。

其他公路:基层、底基层的为95%;面层的为90%。

当厚度代表值大于或等于设计厚度减去代表值允许偏差时,则按单个检查值的偏差不超过单点合格值来计算合格率;当厚度代表值小于设计厚度减去代表值允许偏差时,相应分项工程评为不合格。

代表值和单点合格值的允许偏差参见实测项目表。

沥青面层一般按沥青铺筑层总厚度进行评定,但高速公路和一级公路分2~3层铺筑时,还应进行上面层厚度检查和评定。

【例 4-3】 某路段水泥混凝土路面板厚度检测数据如表4-6所示。保证率为95%,设计厚度为25 cm。代表值容许偏差为5 mm。试对该路段的板厚进行评价。

表 4-6 水泥混凝土路面板厚度检测结果   单位:cm

序号	1	2	3	4	5	6	7	8	9	10	11	12	13	14	15
厚度	25.1	24.8	25.1	24.6	24.7	25.4	25.2	25.3	24.7	24.9	24.8	25.3	25.3	25.2	24.9
序号	16	17	18	19	20	21	22	23	24	25	26	27	28	29	30
厚度	25.0	25.1	24.8	25.0	25.1	24.7	24.9	25.0	25.4	25.2	25.1	25.0	25.0	25.5	25.4

【解】 经计算得 $\bar{h}=25.05$ cm,$S=0.24$ cm,根据 $n=30$,保证率为95%,查《公路路基路面现场测试规程》(JTG E60—2008)中附表2得:$t_a/\sqrt{n}=0.310$。

厚度代表值为算术平均值的下置信界限,即

$$h_L = \bar{h} - S \cdot t_a / \sqrt{n} = (25.05 - 0.310 \times 0.24) \text{ cm} = 24.98 \text{ cm}$$

因为代表值 $h_L > h_d - \Delta h = (25-0.5)$ cm $= 24.5$ cm,所以该路段的板厚满足要求。

又因为该路段最小实测厚度为24.6 cm,规范要求的高速公路水泥混凝土面层合格值容许偏差为 -10 mm,即最小实测厚度 $\geq 25-1=24$ cm。所以该路段板厚合格率为100%。

模块小结

随机取样选点是按照数理统计原理,在路基路面现场测定时决定测定区间、测定断面、测点位置的方法。熟悉路基路面现场测试随机选点方法。掌握路基路面几何尺寸检测和路面结构层厚度检测。

知道测定断面的确定方法及测点位置的确定方法,掌握几何尺寸检测仪器使用方法及检测方法和路面结构层厚度检测方法及评定。

1. 拟从 K11+000～K12+000 的检测路段中选择 9 个点检测压实度、结构层厚度,试确定测点的位置(假定随机号为 5,路面宽度 10 m)。

2. 基层和砂石路面、沥青面层及水泥混凝土板的厚度分别用什么方法检测?

3. 某一级公路稳定粒料基层设计厚度为 20 cm,该评定路段的检测值为 21、22、19、19、20、21、21、22、19(单位为 cm),评定其厚度是否满足要求(已知厚度代表值容许偏差为 −8 mm,单值容许偏差为 −15 mm,$t_{0.99}/\sqrt{10}=0.892$)。

4. 某一级公路水泥稳定砂砾基层厚度检测值分别为 21.5、22.6、20.3、19.7、18.2、20.6、21.3、21.8、22.0、20.3、23.1、22.4、19.0、19.2、17.6、22.6(单位为 cm),请按保证率 99% 计算其厚度代表值。

模块 5

路基路面压实度检测

学习目标

☆ **知识目标**

(1) 了解压实度在路基路面施工质量检测中的地位和意义。
(2) 掌握跟压实度有关的参数——最大干密度的确定试验方法。
(3) 掌握压实度的几种主要检测方法。

☆ **能力目标**

(1) 能指出最大干密度的确定方法,以及最大干密度与压实度的关系。
(2) 能熟练运用挖坑灌砂法、环刀法和钻芯法测定压实度。
(3) 必要时能够正确安全地运用核子密度仪测定压实度。
(4) 会进行压实度的评定。

☆ **引例导入**

现拟建某立交桥,工程所处地方路基土方为普通土,路面工程拟采用水泥稳定碎石基层和沥青混凝土面层。请问在施工过程中分别需要或可以采用什么样的方法来进行压实度的检测?

课题 1 认识压实度

随着近年来公路交通事业的飞速发展,公路的路基路面在使用质量要求上不断地提高,怎么才能让快速、科学和先进的路基路面压实度检测技术,以数据的形式来有效控制和评价路基的施工质量与使用性能?本章根据我国目前路基路面压实度检测技术的现状,介绍几种常用的压实度检测方法。

一、什么是压实度

压实度是路基路面施工质量检测的关键指标之一,表征路基路面现场压实后的密实状况。碾压技术越好,现场压实度越大,越密实,材料的整体性能就越好。所以,路基路面的碾压工艺是施工质量控制的关键工序。

对于路基土、路面半刚性基层及粒料类柔性基层而言,压实度是指工地实际达到的干密度与室内标准击实试验所得的最大干密度的比值;对沥青面层、沥青稳定基层而言,压实度是指现场实际达到的密度与室内标准密度的比值。因此,压实度的测定主要包括室内标准密度(最大干密度)确实和现场密度试验。

二、标准密度(最大干密度)确定

室内试验得出的标准密度(最大干密度)是压实度评定的基准值,直接决定结果的可靠性,因此,标准密度(最大干密度)的室内试验确定方法应原理科学、数据重视性高、操作简单,且实验条件应与实际压实条件相接近。近年来逐渐被引起重视的振动击实、大型马歇尔击实等均是考虑到目前施工中广泛使用振动压路机进行碾压成形而对试验条件进行改进的成果。

由于筑路材料类型不同,标准密度(最大干密度)的室内确定试验方法也有所不同。

1. 路基土最大干密度确定试验方法

根据路基土类别与性质的不同,路基土最大干密度试验方法主要有击实法、振动法和表面振动压实仪法,适用范围如表 5-1 所示。

表 5-1 路基土最大干密度确定方法比较

试验方法	使用范围	土的粒组
轻型、重型击实法	小试筒适用于粒径不大于 25 mm 的土； 大试筒适用于粒径不大于 38 mm 的土	细粒土 粗粒土
振动台法	① 本实验规定采用振动台法测定无黏性自由排水粗粒土和巨粒土（包括堆石料）的最大干密度； ② 本试验方法适用于通过 0.074 mm 标准筛的土颗粒质量百分数不大于 15% 的无黏性自由排水粗粒土和巨粒土； ③ 对于最大颗粒大于 60 mm 的巨粒土，因受试筒允许最大粒径的限制，宜按相似级配法的规定处理	粗粒土 巨粒土
表面振动压实仪法	同上	粗粒土 巨粒土

击实试验是我国路基土最大干密度确定的主要方法，通过试验得出的击实曲线，确定最佳含水量的最大干密度。根据击实功的不同，可分为重型和轻型击实，两个试验的原理和基本规律相似，但重型击实试验的击实功提高了 4.5 倍。按采集土样的含水量，又分湿土法和干土法等两种；按土能否重复使用，分为土能重复使用和不能重复使用等两种。根据工程的具体要求，按击实试验方法的规定，选择轻型或重型试验方法；根据土的性质选用干土法或湿土法，对于高含水量土，宜选用湿土法，对于非高含水量土，则选用干土法；除易击碎的试样，试样可以重复使用。

振动法与表面振动压实法均采用振动方法测定土的最大干密度。前者整个土样同时受到垂直方向的振动作用，而后者振动作用自土体表面垂直向下传递。研究结果表明，对于无黏聚性自由排水土，这两种方法最大干密度试验的测定结果基本一致，但前者试验设备及操作较复杂，后者相对容易，且更接近于现场振动碾压的实际状况。因此，使用时可根据试验设备拥有情况择其一即可，但推荐优先采用表面振动压实法。

已有国内外研究结果表明，对于砂石、卵石、漂石及堆石料等无黏聚性自由排水土而言，一致公认采用振动方法而不是普通击实法。因此，建议采用振动方法测定无黏聚性自由排水土的最大干密度。

各试验方法的仪器设备、试验步骤等参见《公路土工试验规程》(JTG F40—2007)。

2. 路面基层材料标准密度（最大干密度）确实试验方法

路面基层主要包括半刚性基层和柔性基层两类，其中柔性基层主要有以级配碎石为代表的粒料类基层和以沥青稳定碎石为代表沥青稳定类基层。

1) 半刚性基层材料

半刚性基层材料最大干密度目前主要按照《公路工程无机结合料稳定材料试验规程》(JTG E51—2009)标准击实法确定，但当粒料质量分数高（50% 以上）时，由于击实筒空间的限制，现行方法就不能得出真正的最大干密度。若以此为准，按施工规范要求的压实度成形，所测得的强度和有关参数偏小，据此进行设计，势必造成浪费。同样，如以此为准进行施工质量控制，容易使控制要求偏低，不能保证施工质量。同时，随着振动碾压的大面积应用，标准击实试验无法反映实际施工中的振动压实状态。因此,比理论计算法、振动击实法更为科学的最大干密度确定方法——理论计算法被研究应用。

理论计算法主要根据半刚性基层材料的体积组成,利用结合料和粒料级配组成与密度综合确定混合料最大干密度,主要用于无机结合料稳定粒料类材料的密度确定。

(1) 石灰土、二灰稳定粒料。

根据室内试验测得结合料的最大干密度 ρ_1 和集料的相对密度 γ,把已确定的结合料与集料的质量比换算为体积比 $V_1:V_2$,则混合料的最大干密度 ρ_0 为

$$\rho_0 = V_1\rho_1 + V_2\gamma \tag{5-1}$$

石灰土、二灰稳定粒料的最佳含水量 w_0 是结合料的最佳含水量 w_1 和集料饱水裹覆含水量 w_2 的加权值,即

$$w_0 = w_1 A + w_2 B \tag{5-2}$$

式中:A、B——结合料和集料的质量百分比,以小数计。

饱水裹覆含水量是指把集料浸水饱和后取出,不擦去表面裹覆水时的含水量。除吸水率特大的集料外,此值对于砾石,可取3%,对于碎石,可取4%。

(2) 水泥稳定粒料。

此类材料的最大干密度 ρ_0 与集料的最大干密度 ρ_G 与水泥硬化后的水泥质量有关,即

$$\rho_0 = \frac{\rho_G}{1 - \frac{(1+k)w_a}{100}} \tag{5-3}$$

式中:ρ_G——集料在振动台加载振动而得到的最大干密度,g/cm³;

w_a——水泥含水量,%;

k——水泥水化时水的增量,视水泥品种不同而异,一般为水泥质量的10%~25%,以小数计。

水泥加水拌匀后,在105 ℃烘箱中烘干,称试验前水泥质量和烘干后硬化的水泥质量,即可求得水泥水化的水增量。

因水泥中含有水化水,故用烘箱法不能正确测出水泥稳定粒料的最佳含水量。根据对比试验,水泥稳定粒料的最佳含水量 w_0 由水泥的水化水、集料的饱水裹覆含水量和拌和水泥所需要的水(水灰比为0.5)三者组成,即

$$w_0 = (0.5+k)a + w_2\left(1 - \frac{a}{100}\right) \tag{5-4}$$

式中:w_a——水泥含水量,%;

w_2——集料饱水裹覆含水量,%,同式(5-2)中规定;

k——水泥水化水增量,以小数计,同式(5-3)中规定。

2)以级配碎石为代表的粒料类基层

粒料类基层材料最大干密度确定试验方法有重型击实法和振动法等两种,重型击实法参照《公路土工试验规程》(JTG E—2007)击实试验。振动法参考粗粒土、巨粒土的振动法,以振动台法或表面振动压实法确定最大干密度。

目前国内外对级配碎石等粒料类材料重型击实法和振动法开展了许多对比研究,表明振动法与重型击实法具有很好的相关性,都能够很好地反映级配碎石的密实度。但考虑到目前振动试验尚未形成标准,振动参数不是很统一,且重型击实设备一般施工单位都有,试验方法简单易

操作,因此,国内外仍以重型击实试验为主。

3)沥青稳定碎石基层

沥青稳定碎石基层材料标准的试验方法主要有标准马歇尔击实法、大型马歇尔击实法、旋转压实法和振动法等。我国主要采用马歇尔击实法,对于公称最大粒径等于或大于 31.5 mm 的混合料采用大型马歇尔击实法。

标准密度取值有三种情况可以选择:以沥青拌和厂每天取样实测的马歇尔试件密度,取平均值作为该批混合料铺筑路段压实度的标准密度;以每天真空法测的最大理论密度作为标准密度;以实验密度作为标准密度。可以根据工程需要与实际情况,选择其中一个或两个作为标准密度。

密度可以采用蜡封法、体积法和表干法进行测定。

3. 沥青面层混合料

沥青面层混合料标准密度试验方法与沥青稳定碎石基层的相同,我国仍以马歇尔击实法为主,有三个标准密度可供选择。

密度测定,根据混合料本身的特点,可采用下列方法之一。

（1）水中重法:本法仅适用于密实的Ⅰ型沥青混凝土试件,不适用于采用了吸水性大的集料的沥青混合料试件。

（2）表干法:本法适用于测定吸水率不大于 2% 的各种沥青混合料试件。

（3）蜡封法:本法适用于吸水率大于 2% 的沥青混凝土试件及沥青碎石混合料试件。

（4）体积法:本法适用于空隙率较大的沥青碎石混合料及大空隙透水性开级配沥青混合料试件。

具体的试验方法见《公路工程沥青及沥青混合料试验规程》(JTG E20—2011)。

三、现场密度试验检测方法

现场密度主要检测方法及各方法的适用范围如表 5-2 所示。

表 5-2　现场密度检测方法及适用范围比较

试验方法	适用范围
挖坑灌砂法	适用于现场测定基层(或底基层)、砂石路面及路基土的各种材料压实层的密度和压实度检测,但不适用于填石路堤等有大孔洞或大孔隙材料压实层的压实度检测
环刀法	适用于测定细粒土及无机结合料稳定细粒土的密度。但对于无机结合料稳定细粒土,其龄期不宜超过 2 d,宜用于施工过程中的压实度检验
核子法	适用于现场用核子密度仪以散射法测定路基或路面材料的密度和含水量,并计算施工压实度
钻芯法	适用于检验从压实的沥青路面上钻取的沥青混合料芯样试件的密度,以评定沥青面层的施工压实度

课题 2 T 0921-2008 挖坑灌砂法测定压实度试验方法

1. 目的和适用范围

（1）本方法适用于在现场测定基层（或底基层）、砂石路面及路基土的各种材料压实层的密度和压实度，但不适用于填石路堤等有大孔洞或大孔隙材料的压实度检测。

（2）用挖坑灌砂法测定密度和压实度时，应符合下列规定：

① 当集料的最大粒径小于 13.2 mm、测定层的厚度不超过 150 mm 时，宜采用 φ100 mm 的小型灌砂筒测试。

② 当集料的最大粒径等于或大于 13.2 mm，但不大于 31.5 mm，测定层的厚度不超过 200 mm 时，应用 φ150 mm 的大型灌砂筒测试。

2. 仪具与材料技术要求

本方法需要下列仪具与材料。

（1）灌砂筒：有大、小两种，根据需要采用。主要尺寸如图 5-1 和表 5-3 所示。当尺寸与表中要求不一致，但不影响使用时，亦可使用。上部为储砂筒，筒底中心有一个圆孔。下部装一倒置的圆锥形漏斗，漏斗上端面开口，直径与储砂筒的圆孔相同，漏斗焊接在一块铁板上，铁板中心有一圆孔与漏斗上开口相接。在储砂筒筒底与漏斗顶端铁板之间设有开关。开关为一薄铁板，一端与筒底及漏斗铁板铰接在一起，另一端伸出筒身外，开关铁板上也有一个相同直径的圆孔。

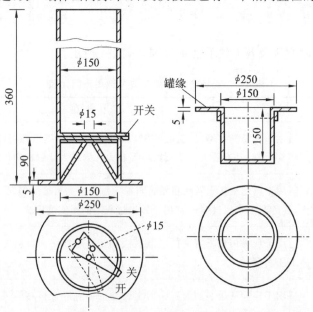

图 5-1 T0921 灌砂筒和标定罐（尺寸单位：mm）

(2) 金属标定罐:用薄铁板制作的金属罐,上端周围有一罐缘。
(3) 基板:用薄铁板制作的金属方盘,盘的中心有一个圆孔。
(4) 玻璃板:边长 500~600 mm 的方形板。
(5) 试样盘:小筒挖出的试样可用饭盒存放,大筒挖出的试样可用 300 mm×500 mm×40 mm 的搪瓷盘存放。
(6) 天平或台秤:称量 10~15 kg,感量不大于 1 g。用于含水率测定的天平精度,对于细粒土、中粒土、粗粒土,宜分别为 0.01 g、0.1 g、1.0 g。
(7) 含水率测定器具:如铝盒、烘箱等。
(8) 量砂:粒径 0.30~0.60 mm,清洁干燥的砂,20~40 kg。使用前须洗净、烘干,并放置足够的时间,使其与空气的湿度达到平衡。
(9) 盛砂的容器:塑料桶等。
(10) 其他:凿子、螺丝刀、铁锤、长把勺、长把小簸箕、毛刷等。

表 5-3　T0921 灌砂仪的主要尺寸要求

结　　构		小型灌砂筒	大型灌砂筒
储砂筒	直径/mm	100	150
	容积/cm³	2120	4600
流沙孔	直径/mm	10	15
金属标定罐	内径/mm	100	150
	外径/mm	150	200
金属方盘基板	边长/mm	350	400
	深/mm	40	50
中孔	直径/mm	100	150

注:如集料的最大粒径超过 31.5 mm,则应相应地增大灌砂筒和标定罐的尺寸;如集料的最大粒径超过 53 mm,灌砂筒和现场试洞的直径应为 200 mm。

3. 方法与步骤

(1) 按现行试验方法对检测对象试样用同种材料进行击实试验,得到最大干密度 ρ_c 及最佳含水率。

(2) 按第 1 项中的第(2)条的规定选用适宜的灌砂筒。

(3) 按下列步骤标定灌砂筒下部圆锥体内砂的质量。

① 在灌砂筒筒口高度上,向灌砂筒内装砂至距筒顶的距离 15 mm 左右为止。称取装入筒内砂的质量 m_1,精确至 1 g。以后每次标定及试验都应该维持装砂高度与质量不变。

② 将开关打开,使灌砂筒筒底的流砂孔、圆锥形漏斗上端开口圆孔及开关铁板中心的圆孔上下对准重叠在一起,让砂自由流出,并使流出砂的体积与工地所挖坑内的体积相当(或等于标定罐的容积),然后关上开关。

③ 不晃动储砂筒的砂,轻轻地将罐砂筒移至玻璃板上,将开关打开,让砂流出,直到筒内砂不再下流时,将开关关上,并细心地取走灌砂筒。

④ 收集并称量留在玻璃板上的砂或称量筒内的砂,精确至 1 g。玻璃板上的砂就是填满筒下部圆锥体的砂(m_2)。

⑤ 重复上述测量三次,取其平均值。

(4) 按下列步骤标定量砂的松方密度 ρ_s(g/cm³):

① 用水确定标定罐的容积 V,精确至 1 mL。

② 在储砂筒中装入质量为 m_1 的砂,并将灌砂筒放在标定罐上,将开关打开,让砂流出。在整个流砂过程中,不要碰动灌砂筒,直到储砂筒内的砂不再下流时,将开关关闭。取下灌砂筒,称取筒内剩余砂的质量 m_3,精确至 1 g。

③ 填满标定罐所需砂的质量 m_a(g)为

$$m_a = m_1 - m_2 - m_3 \tag{5-5}$$

式中:m_a——标定罐中砂的质量,g;

m_1——装入灌砂筒内砂的总质量,g;

m_2——灌砂筒下部圆锥体内砂的质量,g;

m_3——灌砂入标定罐后,筒内剩余砂的质量,g。

④ 重复上述测量三次,取其平均值。

⑤ 量砂的松方密度 ρ_s 为

$$\rho_s = \frac{m_a}{V} \tag{5-6}$$

式中:ρ_s——量砂的松方密度,g/cm³;

V——标定罐的体积,cm³。

(5) 试验步骤。

① 在试验地点,选一块平坦表面,并将其清扫干净,其面积不得小于基板面积。

② 将基板放在平坦表面上。当表面粗糙度较大时,则将盛有量砂(m_5)的灌砂筒放在基板中间的圆孔上。将灌砂筒的开关打开,让砂流入基板的中孔内,直到储砂筒内的砂不再下流时关闭开关。取下灌砂筒,并称量筒内砂的质量 m_6,精确至 1 g。

③ 取走基板,并将留在试验地点的量砂收回,重新将表面清扫干净。

④ 将基板放回清扫干净的表面上(尽量放在原处),沿基板中孔凿洞(洞的直径与灌砂筒一致)。在凿洞过程中,应注意不使凿出的材料丢失,并随时将凿松的材料取出装入塑料袋中,不使水分蒸发,也可放在大试样盒内。试洞的深度应等于测试层厚度,但不得有下层材料混入,最后将洞内的全部凿松材料取出。对于土基或基层,为防止试样盘内材料的水分蒸发,可分几次称取材料的质量,全部取出材料的总质量为 m_w,精确至 1 g。

注:当需要检测厚度时,应先测量厚度后再进行这一步骤。

⑤ 从挖出的全部材料中取有代表性的样品,放在铝盒或洁净的搪瓷盘中,测定其含水率(w,以%计)。样品的数量如下:用小型灌砂筒测定时,对于细粒土,不少于 100 g;对于各种中粒土,不少于 500 g。用大型灌砂筒测定时,对于细粒土,不少于 200 g;对于各种中粒土,不少于 1000 g;对于粗粒土或水泥、石灰、粉煤灰等无机结合料稳定材料,宜将取出的全部材料烘干,且不少于 2000 g,称其质量 m_d。

⑥ 将基板安放在试坑上,将灌砂筒安放在基板中间(储砂筒内放满砂到要求质量 m_1),使灌砂筒的下口对准基板的中孔及试洞,打开灌砂筒的开关,让砂流入试坑内,在此期间,应注意勿碰动灌

砂筒。直到储砂筒内的砂不再下流时,关闭开关。仔细取走灌砂筒,并称量筒内剩余砂的质量 m_4,精确至 1 g。

⑦ 如清扫干净的平坦表面的粗糙度不大,也可省去②和③的操作。在试坑挖好后,将灌砂筒直接对准放在试坑上,中间不需要放基板。打开筒的开关,让砂流入试坑内。在此期间,应注意勿碰动灌砂筒。直到储砂筒内的砂不再下流时,关闭开关。仔细取走灌砂筒,并称量剩余砂的质量 m_4',精确至 1 g。

⑧ 仔细取出试筒内的量砂,以备下次试验时再用。若量砂的湿度已发生变化或量砂中混有杂质,则应该重新烘干、过筛,并放置一段时间,使其与空气的湿度达到平衡后再用。

4. 计算

(1) 计算填满试坑所用的砂的质量 m_b(g):

灌砂时,试坑上放有基板:

$$m_b = m_1 - m_4 - (m_5 - m_6) \tag{5-7}$$

灌砂时,试坑上不放基板:

$$m_b = m_1 - m_4' - m_2 \tag{5-8}$$

式中:m_b——填满试坑的砂的质量,g;

m_1——灌砂前灌砂筒内砂的质量,g;

m_2——灌砂筒下部圆锥体内砂的质量,g;

m_4、m_4'——灌砂后,灌砂筒内剩余砂的质量,g;

$(m_5 - m_6)$——灌砂筒下部圆锥体内及基板和粗糙表面间砂的合计质量,g。

(2) 按式(5-9)计算试坑材料的湿密度 ρ_w(g/cm³):

$$\rho_w = \frac{m_w}{m_b} \times \rho_s \tag{5-9}$$

式中:m_w——试坑中取出的全部材料的质量,g;

ρ_s——量砂的松方密度,g/cm³。

(3) 按式(5-10)计算试坑材料的干密度 ρ_d(g/cm³):

$$\rho_d = \frac{\rho_w}{1 + 0.01w} \tag{5-10}$$

式中:w——试坑材料的含水率,%。

(4) 当为水泥、石灰、粉煤灰等无机结合料稳定土的场合,可按式(5-11)计算干密度 ρ_d(g/cm³)。

$$\rho_d = \frac{m_d}{m_b} \times \rho_s \tag{5-11}$$

式中:m_d——试坑中取出的稳定土的烘干质量,g。

(5) 按式(5-12)计算施工压实度。

$$K = \frac{\rho_d}{\rho_c} \times 100 \tag{5-12}$$

式中:K——测试地点的施工压实度,%;

ρ_d——试样的干密度,g/cm³;

ρ_c——由击实试验得到的试样的最大干密度,g/cm³。

注:当试坑材料组成与击实试验的材料有较大差异时,可以试坑材料做标准击实,求取实际的

最大干密度。

5. 报告

各种材料的干密度均应精确至 0.01 g/cm³。

课题 3　T 0923-1995 环刀法测定压实度试验方法

1. 目的与适用范围

（1）本方法规定在公路工程现场用环刀法测定土基及路面材料的密度及压实度。

（2）本方法适用于测定细粒土及无机结合料稳定细粒土的密度，但对无机结合料稳定细粒土，其龄期不宜超过 2 天，且宜用于施工过程中的压实度检验。

2. 仪具与材料技术要求

本方法需要下列仪具与材料。

（1）人工取土器：如图 5-2 所示，包括环刀、环盖、定向筒和击实锤系统（导杆、落锤、手柄）。环刀内径为 6～8 cm，高为 2～3 cm，壁厚为 1.5～2 mm。

（2）电动取土器：如图 5-3 所示，由底座、行走轮、立柱、齿轮箱、升降机构、取芯头等组成。

① 底座：由底座平台 16、定位销 15、行走轮 14 组成。平台是整个仪器的支撑基础；定位销供

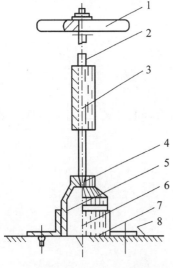

图 5-2　T0923-1 人工取土器
1—手柄；2—导杆；3—落锤；
4—环盖；5—环刀；6—定向筒；
7—定向筒齿钉；8—试验地面地表

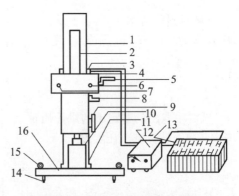

图 5-3　T0923-2 电动取土器
1—立柱；2—升降轴；3—电源输入；4—直流电机；5—升降手柄；
6，7—电源指示；8—锁紧手柄；9—升降手轮；10—取芯头；11—立柱套；
12—调速器；13—蓄电池；14—定位销；15—行走轮；16—底座平台

操作时仪器定位用;行走轮供换点取芯时仪器近距离移动用,当定位时四只轮子可扳起离开。

② 立柱:由立柱1与立柱套11组成,装在底座平台上,作为升降机构、取芯机构、动力和传动机构的支架。

③ 升降机构:由升降手轮9、锁紧手柄8组成,供调整取芯机构高低用。松开锁紧手柄,转动升降手轮,取芯机构即可升降,到所需位置时拧紧手柄定位。

④ 取芯机构:由取芯头10、升降轴2组成。取芯头为金属圆筒,下口对称焊接两个合金钢切削刀头,上端面焊有平盖,其上焊螺母,靠螺旋接与升降轴上。取芯头有三种规格,即50 mm×50 mm、70 mm×70 mm、100 mm×100 mm,取芯头为可换式。另配有相应的取芯头套筒、扳手、铝盒等。

⑤ 动力和转动机构:主要由直流电机4、调速器12、齿轮箱组成,另配蓄电池13和充电器。当电机工作时,通过齿轮箱的齿轮将动力传给取芯机构,升降轴旋转,取芯头进入旋切工作状态。

⑥ 电动取土器主要技术参数:工作电压 DC 24 V(36 A·h);转速50~70 r/min,无级调速;整机质量约35 kg。

(3) 天平:感量0.1 g(用于取芯头内径小于70 mm样品的称量),或1.0 g(用于取芯头内径100 mm样品的称量)。

(4) 其他:镐、小铁锹、修土刀、毛刷、直尺、钢丝锯、凡士林、木板及测定含水率设备等。

3. 方法与步骤

(1) 按有关试验方法对检测对象用同种材料进行击实试验,得到最大干密度及最佳含水率。

(2) 用人工取土器测定黏性土及无机结合料稳定细粒土密度的步骤:

① 擦净环刀,称取环刀质量m_2,精确至0.1 g。

② 在试验地点,将面积约30 cm×30 cm的地面清扫干净,并将压实层铲去表面浮动及不平整的部分,达到一定深度,使环刀打下后,能达到要求的取土深度,但不得将下层扰动。

③ 将定向筒齿钉固定于铲平的地面上,顺次将环刀、环盖放入定向筒内与地面垂直。

④ 将导杆保持垂直状态,用取土器落锤将环刀打入压实层中,至环盖顶面与定向筒上口齐平为止。

⑤ 去掉击实锤和定向筒,用镐将环刀及试样挖出。

⑥ 轻轻取下环盖,用修土刀自边至中削去环刀两端余土,用直尺检测直至修平为止。

⑦ 擦净环刀外壁,用天平称取出环刀及试样合计质量m_1,精确至0.1 g。

⑧ 自环刀中取出试样,取具有代表性的试样,测定其含水量w。

(3) 用人工取土器测定砂性土或砂层密度时的步骤:

① 如为湿润的砂土,试验时不需使用击实锤和定向筒,在铲平的地面上,细心挖出一个直径较环刀外径略大的砂土柱,将环刀刃口向下,平置于砂土柱上,用两手平稳地将环刀垂直压下,直至砂土柱突出环刀上端约2 cm时为止。

② 削掉环刀口上的多余砂土,并直尺刮平。

③ 在环刀上口盖一块平滑的木板,一手按住木板,另一手用小铁锹将试样从环刀底部切断,然后将装满试样的环刀反转过来,削去环刀口上部的多余砂土,并用直尺刮平。

④ 擦净环刀外壁,称环刀与试样合计质量m_1,精确至0.1 g。

⑤ 自环刀中取具有代表性的试样测定其含水率w。

⑥ 干燥的砂土不能挖成砂土柱时,可直接将环刀压入或打入土中。

(4) 用电动取土器测定无机结合料细粒土和硬塑土密度的步骤:

① 装上所需规格的取芯头。在施工现场取芯前,选择一块平整的路段,将四只行走轮打起,四根定位销钉采用人工加压的方法,压入路基土层中。松开锁紧手柄,旋动升降手轮,使取芯头刚好与土层接触,锁紧手柄。

② 将电瓶与调速器接通,调速器的输出端接入取芯机电源插口。指示灯亮,显示电路已通;启动开关,电动机工作,带动取芯机构转动。根据土层含水率调节转速,操作升降手柄,上提取芯机构,停机,移开机器。由于取芯头圆筒外表有几条螺旋状突起,切下的土屑排在筒外顺螺纹上旋抛出地表,因此,将取芯套筒套在切削好的土芯立柱上摇动即可取出样品。

③ 取出样品,立即按取芯套筒长度用修土刀或钢丝锯修平两端,制成所需规格土芯,如拟进行其他实验项目,装入铝盒,送实验室备用。

④ 用天平称量土芯带套筒质量 m_1,从土芯中心部分取样测定含水率 ω。

(5) 本试验须进行两次平行测定,其平行差值不得大于 0.03 g/cm^3。求其算术平均值。

4. 计算

(1) 计算试样的湿密度及干密度。

$$\rho = \frac{4 \times (m_1 - m_2)}{\pi d^2 h} \tag{5-13}$$

$$\rho_d = \frac{\rho}{1 + 0.01 w} \tag{5-14}$$

式中:ρ——试样的湿密度,g/cm^3;
  ρ_d——试样的干密度,g/cm^3;
  m_1——环刀或取芯套筒与试样合计质量,g;
  m_2——环刀或取芯套筒质量,g;
  d——环刀或取芯套筒直径,cm;
  h——环刀或取芯套筒高度,cm;
  w——试样的含水率,%。

(2) 按式(5-15)计算施工压实度。

$$K = \frac{\rho_d}{\rho_c} \times 100 \tag{5-15}$$

式中:K——测试地点的施工压实度,%;
  ρ_d——试样的干密度,g/cm^3;
  ρ_c——由击实试验得到的试样的最大干密度,g/cm^3。

5. 报告

试验应报告土的鉴别分类、含水率、湿密度、干密度、最大干密度、压实度等。

课题 4　钻芯法测定沥青路面面层压实度

T 0924—2008 钻芯法测定沥青面层压实度试验方法

1. 目的与适用范围

（1）沥青混合料面层的压实度是按施工规范规定的方法测定的混合料试样的毛体积密度与标准密度之比值，以百分率表示。

（2）本方法适用于检验从压实的沥青路面上钻取的沥青混合料芯样试件的密度，以评定沥青面层的施工压实度。

2. 仪具与材料技术要求

本方法需要下列仪具与材料。①路面取芯钻机；②天平：感量不大于 0.1 g；③水槽；④吊篮；⑤石蜡；⑥其他：卡尺、毛刷、小勺、取样袋（容器）、电风扇。

3. 方法与步骤

（1）钻取芯样

按本规程"T 0901 取样方法"钻取路面芯样，芯样直径不宜小于 ϕ100 mm。当一次钻孔取得的芯样包含有不同层位的沥青混合料时，应根据结构组合情况用切割机将芯样沿各层结合面锯开分层进行测定。

（2）测定试件密度

① 将钻取的试件在水中用毛刷轻轻刷净黏附的粉尘。如试件边角有浮松颗粒，应仔细清除。

② 将试件晾干或用电风扇吹干不少于 24 h，直至恒重。

③ 按现行《公路工程沥青及沥青混合料试验规程》（JTG E20—2011）的沥青混合料试件密度试验方法测定试件密度 ρ_s。通常情况下采用表干法测定试件的毛体积相对密度；对吸水率大于 2% 的试件，宜采用蜡封法测定试件的毛体积相对密度；对吸水率小于 0.5% 特别致密的沥青混合料，在施工质量检验时，允许采用水中重法测定表观相对密度。

（3）根据《公路沥青路面施工技术规范》（JTG F40—2004）附录 E 的规定，确定计算压实度的标准密度。

4. 计算

（1）当计算压实度的标准密度采用每天试验室实测的马歇尔击实试件密度或试验路段钻孔取样密度时，沥青面层的压实度按式(5-16)计算。

$$K = \frac{\rho_s}{\rho_0} \times 100 \qquad (5\text{-}16)$$

式中：K ——沥青面层某一测定部位的压实度，%；
 ρ_s ——沥青混合料芯样试件的实际密度，g/cm³；
 ρ_0 ——沥青混合料的标准密度，g/cm³。

(2) 计算压实度的标准密度采用最大理论密度时，沥青面层的压实度按式(5-17)计算。

$$K = \frac{\rho_s}{\rho_t} \times 100 \qquad (5\text{-}17)$$

式中：ρ_s ——沥青混合料芯样试件的实际密度，g/cm³；
 ρ_t ——沥青混合料的最大理论密度，g/cm³。

(3) 按《公路路基路面现场测试规程》(JTG E60—2008)附录 B 的方法，计算一个评定路段检测的压实度的平均值、标准差、变异系数，并计算代表压实度。

5. 报告

压实度试验报告应记载压实度检查的标准密度及依据，并列表表示各测点的试验结果。

课题 5　核子与无核密实度仪测定压实度

T 0922—2008 核子密温度仪测定压实度试验方法

1. 目的与适用范围

(1) 本方法适用于现场用核子湿密度仪以散射法或直接透射法测定路基或路面材料的密度和含水率，并计算施工压实度。

(2) 核子湿密度仪是现场检测压实度较常用的一种方法，仪器按规定方法标定后，其检测结果可作为工程质量评定与验收的依据。本方法可检测土壤、碎石、土石混合物、沥青混合料和非硬化水泥混凝土等材料。

(3) 本方法属非破坏性检测，允许对同一个测试位置进行重复测试，并监测密度和压实度的变化，以确定合适的碾压方法，达到所要求的压实度。

2. 干扰因素

(1) 核子湿密度仪对靠近表层材料的密度最为敏感，当测试材料的表面与仪器底部之间存在空隙时，测试结果可能存在表面偏差(仅对散射法)。如果采用直接透射法测试，表面偏差不明显。

(2) 材料的粒度、级配、均匀度以及组成成分等因素对密度的测试结果影响较小。但是对一些含有结晶水或有机物的材料，如高岭土、云母、石膏、石灰等可能会对水分的测试有明显的影响，检测时需要与其他可靠的方法进行对比，对检测结果进行调整。

(3) 对刚铺筑完的热沥青混合料路面标测时，仪器不能长时间放置在路面上，测试完成后仪器应该从路面上移走冷却，避免影响测试结果。

(4) 测量进行时，在周围 10 m 之内不能存在其他核子仪和任何其他放射源。

3. 仪器的标定

（1）每 12 个月以内要对核子湿密度仪进行一次标定。标定可以由仪器生产厂家或独立的有资质的服务机构进行。

（2）对新出产的仪器事先已经标定过的，可以不标定。对现存仪器如果经过维修后，可能影响仪器的结构，必须进行新的标定后才能使用。现存仪器如果在标定核实过程中被发现不能满足规定的限值，也必须重新标定。

（3）标定后的仪器密度（或含水率）值应达到要求，所有标定块上的每一测试深度上的标定响应应该在 $\pm 16 \text{ kg/m}^3$。

4. 仪器与材料技术要求

本方法需要下列仪具与材料。

（1）核子密湿度仪：符合国家规定的关于健康保护和安全使用标准，密度的测定范围为 1.2～2.73 g/cm³，测定误差不大于 ±0.03 g/cm³；含水率测量范围为 0～0.64 g/cm³，测定误差不大于 ±0.015 g/cm³。它主要包括下列部件。

① Y 射线源：双层密封的同位素放射源，如铯-137、钴-60 或镭-226 等。

② 中子源：如镅(241)-铍等。

③ 探测器：Y 射线探测器，如 G-M 计数管；热中子探测器，如氦-3 管。

④ 读数显示设备：如液晶显示器、脉冲计数器、数率标或直接读数标。

⑤ 标准计数块：密度和含氢量都均匀不变的材料块，用于标验仪器运行状况和提供射线计数的参考标准。

⑥ 钻杆：用于打测试孔以便插入探测杆。

⑦ 安全防护设备：符合国家规定要求的设备。

⑧ 刮平板、钻杆、接线等。

（2）细砂：0.15～0.3 mm。

（3）天平或台秤。

（4）其他：毛刷等。

5. 方法与步骤

（1）本方法用于测定沥青混合料面层的压实密度或硬化水泥混凝土等难以打孔材料的密度时宜使用散射法；用于测定土基、基层材料或非硬化水泥混凝土等可以打孔材料的密度及含水率时，应使用直接透射法。

（2）在表面用散射法测定时，所测定沥青面层的层厚应根据仪器的性能决定最大厚度。用于测定土基或基层材料的压实密度及含水率时，打洞后用直接透射法所测定的厚度不宜大于 30 cm。

（3）准备工作。

① 每天使用前或者对测试结果有怀疑的时候，按下列步骤用标准计数块测定仪器的标准值：

a. 进行标准值测定时的地点至少不会离开其他放射源 10 m 的距离，地面必须经压实而且平整。

b. 接通电源，按照仪器使用说明书建议的预热时间，预热测定仪。

c. 在测定前，应检查仪器性能是否正常。将仪器在标准计数块上放置平稳，按照仪器使用说明书的要求进行标准化计数并判断仪器标准化计数值必须符合要求。如标准化计数值超过规定的限值时,应确认标准计数的方法和环境是否符合要求,并重复进行标准化计数;若第二次标准化计数仍超出规定的限界时,需视作故障并进行仪器检查。

② 在进行沥青混合料压实层密度测定前,应用核子密湿度仪与钻孔取样的试件进行标定;测定其他材料密度时,宜与挖坑灌砂法的结果进行标定。标定步骤如下:

a. 选择压实的路表面,与试验段测定时的条件一致,对纹理较大的路面必须用细砂填平,然后将仪器放置在测试点上转动几下,或者在测试点上用刮平板平刮几下,以达到测试条件。按要求的测定步骤用核子密湿度仪测定密度,读数。

b. 在测定的同一位置用钻机钻孔法或挖坑灌砂取样,量测厚度,按相关规范规定的标准方法测定材料的密度。

c. 对同一种路面厚度及材料类型,在使用前至少测定 15 处,求取两种不同的方法测定的密度的相关关系,其相关系数 R 应不小于 0.95。

③ 测试位置的选择。

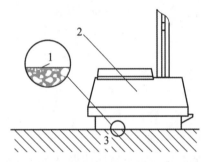

图 5-4 T 0922-1 用细砂填平测试位置的方法
1—细砂;2—核子密湿度仪;3—沥青混凝土

a. 按照《公路路基路面现场测试规程》(JTG E60—2008)附录 A 的方法确定测试位置,但距路面边缘或其他物体的最小距离不得小于 30 cm。核子密湿度仪距其他放射源的距离不得少于 10 cm。

b. 当用散射法测定时,应按图 5-4 的方法用细砂填平测试位置路表结构凹凸不平的空隙,使路表面平整,能与仪器紧密接触。

c. 当使用直接透射法测定时,应按图 5-5 的方法用导板和钻杆打孔。在拟测试材料的表面打一个垂直的测试孔,测试孔要以插进探测杆后仪器在测点表面上不倾斜为准。孔深必须大于探测杆达到的测试深度。再按图 T5 的方法将探测杆放下插入已打好的测试孔内,前后或左右移动仪器,使之安放稳固。

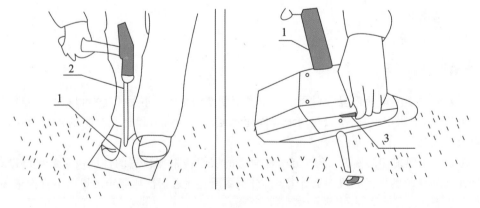

图 5-5 T0922 在路表面上打孔的方法
1—导板;2—钻杆;3—凸起

(4) 测试步骤。

① 如用散射法测定沥青混合料压实层密度时,应按图 5-6 的方法将核子仪平稳地置于测试位置上。测点应随机选择,测定温度应与实验段测定时一致,一组不少于 13 点,取平均值。检

测精度通过实验路段与钻孔试件比较评定。

② 如用直接透射法测定时,应按图 5-7 的方法将放射源棒放下插入已预先打好的孔内。

③ 打开仪器,测试员退至距仪器 2 m 以外,按照选定的测定时间进行测量,到达测定时间后,读取显示的各项数值,并迅速关机。

注:有关各种型号的仪器在具体操作步骤上略有不同,可按照仪器使用说明书进行。

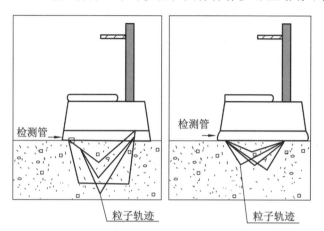

图 5-6　T 0922-3 用散射法测定的方法　　　　图 5-7　T 0922-4 用直接投射法测定的方法

6. 计算

按式(5-18)、式(5-19)计算施工干密度及压实度。

$$\rho_d = \frac{\rho_w}{1+\omega} \tag{5-18}$$

$$K = \frac{\rho_d}{\rho_c} \times 100 \tag{5-19}$$

式中:K——测试地点的施工压实度,%;

ω——含水率,以小数表示;

ρ_w——试样的密度,g/cm³;

ρ_d——由核子湿密度仪测定的压实沥青混合料的实际密度,g/cm³,一组不少于 13 个点,取平均值;

ρ_c——沥青混合料的标准密度,g/cm³,按照《公路沥青路面施工技术规范》(JTG F40—2004)附录 E 的规定选用。

7. 报告

测定路面密度及压实度的同时,应同时记录温度、材料类型、路面的结构层厚度及测试深度等数据和资料。

8. 使用安全注意事项

(1) 仪器工作时,所有人员均应退至距离仪器 2 m 以外的地方。

(2) 仪器不使用时,应将手柄置于安全位置,仪器应装入专用的仪器箱内,放置在符合核辐射安全规定的地方。

(3) 仪器应由经有关部门审查合格的专人保管,专人使用。从事仪器保管及使用的人员,应符合有关核辐射检测的有关规定。

T 0925-2008 无核密度仪测定压实度试验方法

1. 目的与适用范围

(1) 本方法适用于现场无核密度仪快速测定沥青路面各层沥青混合料的密度,并计算施工压实度,但测定结果不宜用于评定验收或仲裁。

(2) 无核密实度仪可用于检测铺筑完工的沥青路面、现场沥青混合料铺筑层密度及快速检查混合料的离析。

(3) 应用无核密度仪时,必须严格标定,通过对比试验检验,确认其可靠性。

(4) 每 12 个月要将无核密度仪送到授权服务中心进行标定和检查。

2. 仪具与材料技术要求

本方法需要下列仪具与材料。

(1) 无核密度仪:内含电子模块和可充电电池。

① 探头:无核,无电容,用于野外测量。

② 探测深度:≥4.0 cm。

③ 测量时间:1 s。

④ 精度:0.003 g/cm³。

⑤ 操作环境温度:0~70 ℃。

⑥ 测试材料表面最高温度:150 ℃。

⑦ 湿度:98%且不结露。

(2) 标准密度块:供密度标准计数用。

(3) 交流充电器或直流充电器。

(4) 打印机:用于打印测试数据。

3. 方法与步骤

1) 准备工作

(1) 所测定沥青面层的层厚应不大于该仪器性能探测的最大深度。在进行沥青混合料压实层密度测定前,应用无核密度仪与钻孔取样的试件进行标定。

(2) 第一次使用前需要对软件进行设置。仪器存储了软件的设置后,操作者无须每次开机后都进行软件的设置。

(3) 按照仪器使用说明书的要求综合标定仪器的测量精度。

(4) 按照不同的需要选择想要的测量模式。

(5) 按照仪器使用说明的规定,进行修正值设置。

2) 测试步骤

(1) 为了保证测量精度,在正式测量前应正确选择测量场地。

(2) 把仪器放置平稳,保证仪器不晃动。

(3) 为了确保精确测量,仪器应与测量面紧密接触。

(4) 在开始测量前应检查仪器的工作状态,如电池电压、内部温度、选择的测量单位、运行参考读数的日期和时间等。

(5) 根据需要选择测量模式进行测试。

4. 计算

按式(5-20)计算压实度。

$$K = \frac{\rho_d}{\rho_c} \times 100 \tag{5-20}$$

式中:K——测试地点的施工压实度,%;

ρ_d——由无核密度仪测定的压实沥青混合料的实际密度,g/cm³,一组不少于13个点取平均值;

ρ_c——沥青混合料的标准密度,g/cm³,按照《公路沥青路面施工技术规范》(JTG F40—2004)附录E的规定选用。

5. 报告

测定路面密度及压实度的同时,应记录气温、路面的结构深度、沥青混合料类型、面层结构及测定厚度等数据和资料。

课题 6 压实度评定

(1) 路基和路面基层、底基层的压实度以重型击实标准为准。沥青层压实度以《公路沥青路面施工技术规范》(JTG F40—2004)的规定为准。

对于特殊干旱、潮湿地区或过湿土,以路基设计施工规范规定的压实度标准进行评定。

(2) 标准密度应做平行试验,求其平均值作为现场检验的标准值。对于均匀性差的路基土质和路面结构层材料,应根据实际情况增补标准密度试验,求得相应的标准值,以控制和检验施工质量。

(3) 路基、路面压实度以1～3 km长的路段为检验评定单元,按《公路工程质量检验评定标准》各有关章节要求的检测频率进行现场压实度抽样检查,求算每一测点的压实度K_i。细粒土现场压实度检查可以采用灌砂法或环刀法;粗粒土及路面结构层压实度检查可以采用灌砂法、水袋法或钻孔取样蜡封法。应用核子密度仪时,须经对比试验检验,确认其可靠性。检验评定段的压实度代表值K(算术平均值的下置信界限)为

$$K = \bar{k} - \frac{t_a}{\sqrt{n}} S \geq K_0$$

式中:$\bar{k}$——检验评定段内务测点压实度的平均值;

t_α——t 分布表中随测点数和保证率(或置信度 α)而变的系数,t_α 见《公路沥青路面施工技术规范》(JTG F40—2004)中附表 E.0.4;

采用的保证率——

　　　　高速公路、一级公路:基层、底基层为 99%,路基、路面面层为 95%

　　　　其他公路:基层、底基层为 95%,路基、路面面层为 90%

S——检测值的标准差;

n——检测点数;

K_0——压实度标准值。

路基、基层和底基层:当 $K \geqslant K_0$ 且单点压实度 K_i 全部大于等于规定值减 2 个百分点时,评定路段的压实度合格率为 100%;当 $K \geqslant K_0$ 且单点压实度全部大于等于规定极值时,按测定值不低于规定值减 2 个百分点的测点数计算合格率。

当 $K < K_0$ 或某一单点压实度 K_i 小于规定极值时,该评定路段压实度为不合格,相应分项工程评为不合格。

路堤施工较短时,分层压实度应点点符合要求,且样本数不少于 6 个。

沥青面层:当 $K \geqslant K_0$ 且全部测点大于等于规定值减 1 个百分点时,评定路段的压实度合格率为 100%;当 $K \geqslant K_0$ 时,按测定值不低于规定值减 1 个百分点的测点数计算合格率;当 $K < K_0$ 时,评定路段的压实度为不合格,相应分项工程评为不合格。

模块小结

压实度是路基路面施工质量检测的关键指标之一,表征了路基路面现场压实后的密实状况。压实度的测定主要包括室内标准密度(最大干密度)确定和现场密度试验。了解跟压实度有关的参数——最大干密度的确定试验方法及最大干密度与压实度的关系。能运用挖坑灌砂法、环刀法、钻芯法、核子密度仪测定压实度,并会进行压实度的评定。

1. 请简述路基路面压实度常见的几种测试方法,及它们的适用范围,和测试过程中要注意的事项。

2. 试述灌砂法测现场压实度的要点。并考虑,若挖洞上大下小或上小下大,对结果会有什么影响?量砂的时候要注意什么细节?

3. 现某二级公路路基工程需进行交工验收。测得其中一段压实度分别为 93.6%、95.5%、94.5%、93.5%、94.0%、95.5%、90.5%、92.5%、93.5%、95.0%,请对该段压实度检测结果进行评定。

模块 6

路基路面平整度检测

学习目标

☆ 知识目标

(1) 了解平整度对路基路面日常使用的影响。
(2) 掌握路基路面平整度常见的几种测试方法,以及它们各自的特点。

☆ 能力目标

(1) 能指出平整度各个测试方法的特点。
(2) 能熟练运用 3 m 直尺测定路面或成型后的路基表面平整度。
(3) 能选用正确的测试方法对路面或路基平整度进行测试。

☆ 引例导入

现有某一级公路旧路,路面有少量的坑槽、车辙等病害。请考虑,采用什么样的方法来进行平整度的检测?

 认识平整度

平整度是路面施工质量与服务水平的重要指标之一。它是指以规定的标准量规,间断地或连续地量测路表面的凹凸情况,即不平整度的指标。路面的平整度与路面各结构层次的平整状况有着一定的联系,即各层次的平整效果将积累反映到路面表面上,路面面层由于直接与车辆接触,不平整的表面将会增大行车阻力,将使车辆产生附加振动作用。这种振动作用会造成行车颠簸,影响行车的速度和安全及驾驶的平稳和乘客的舒适。同时,振动作用还会对路面施加冲击力,从而加剧路面和汽车机件损坏,轮胎的磨损,并增大油耗。而且,不平整的路面会积滞雨水,加速路面的破坏。因此,平整度的检测与评定是公路施工与养护的一个非常重要的环节。

平整度的测试设备分为断面类及反应类两大类。断面类实际上是测定路面表面凹凸情况,如最常用的 3 m 直尺及连续式平整度仪,还可用精确测定高程得到;反应类测定路面凹凸引起车辆振动的颠簸情况。反应类指标是司机和乘客直接感觉到的平整度指标,因此它实际上是舒适性能指标,最常用的测试设备是车载式颠簸积累仪。现已有更新型的自动化测试设备,如断面分析仪、路面平整度数据采集系统测定车等。常见几种平整度测试方法的特点及技术指标比较见表 6-1。国际上通用国际平整度指数 IRI 衡量路面行驶舒适性或路面行驶质量,可通过标定试验得出 IRI 与标准差 σ 或单向累计值 VBI 之间关系。

表 6-1 平整度测试方法比较

方　　法	特　　点	技术指标
3 m 直尺法	设备简单,结果直观,间断测试,工作效率低,反映凹凸程度	最大间隙/mm
连续式平整度仪法	设备较复杂,连续测试,工作效率高,反映凹凸程度	标准差 σ/mm
颠簸累积仪	设备复杂、工作效率高,连续测试,反映舒适性	单向累计值 VBI/(cm/km)

 3 m 直尺测定平整度

T 0931-2008 3 m 直尺测定平整度试验方法

1. 目的和适用范围

(1) 本方法规定用 3 m 直尺测定路表面的平整度,定义 3 m 直尺基准面距离路表面的最大

间隙表示路基路面的平整度,以 mm 计。

(2) 本方法适用于测定压实成型的路面各层表面的平整度,以评定路面的施工质量,也可用于路基表面成型后的施工平整度检测。

2. 仪具与材料技术要求

本方法需要下列仪具与材料。

(1) 3 m 直尺:测量基准面长度为 3 m,基准面应平直,用硬木或铝合金钢等材料制成。

(2) 最大间隙测量器具。

① 楔形塞尺:硬木或金属制的三角形塞尺,有手柄。塞尺的长度与高度之比不小于 10,宽度不大于 15 mm,边部有高度标记,刻度读数分辨率小于或等于 0.2 mm。

② 深度尺:金属制的深度测量尺,有手柄。深度尺测量杆端头直径不小于 10 mm,刻度读数分辨率小于或等于 0.2 mm。

③ 其他:皮尺或钢尺、粉笔等。

3. 方法与步骤

1) 准备工作

(1) 按有关规范规定选择测试路段。

(2) 测试路段的测试地点选择:当为沥青路面施工过程中的质量检测时,测试地点应选在接缝处,以单杆测定评定;除高速公路以外,可用于其他等级公路路基路面工程质量检查验收或进行路况评定,每 200 m 测 2 处,每处连续测量 10 尺(约合 3.3 米)。除特殊需要外,应以行车道一侧车轮轮迹(距车道线 0.8~1.0 m)作为连续测定的标准位置。对旧路已形成车辙的路面,应取车辙中间位置为测定位置,用粉笔在路面上做好标记。

(3) 清扫路面测定位置处的污物。

2) 测试步骤

(1) 施工过程中检测时,根据需要确定的方向,将 3 m 直尺摆在测试地点的路面上。

(2) 目测 3 m 直尺底面与路面之间的间隙情况,确定最大间隙的位置。

(3) 用有高度标线的塞尺塞进间隙处,量测其最大间隙的高度(mm);或者用深度尺在最大间隙位置测量直尺上顶面距地面的深度,该深度减去尺高即为测试点的最大间隙的高度,精确至 0.2 mm。

4. 计算

单杆检测路面的平整度计算,以 3 m 直尺与路面的最大间隙为测定结果。连续测量 10 尺时,判断每个测定值是否合格,根据要求,计算合格百分率,并计算 10 个最大间隙的平均值。

5. 报告

单杆检测的结果应随时记录测试位置及检测结果。连续测量 10 尺时,应报告平均值、不合格尺数、合格率。

课题 3　连续式平整度仪测定平整度

（一）T 0932—2008　连续式平整度仪测定平整度试验方法

1. 目的与适用范围

（1）本方法规定用连续式平整度仪量测路面的不平整度的标准差 σ，以表示路面的平整度，以 mm 计。

（2）本方法适用于测定路表面的平整度，评定路面的施工质量和使用质量，但不适用于在已有较多坑槽、破损严重的路面上测定。

2. 仪具与材料技术要求

本方法需要下列仪具与材料。

（1）连续式平整度仪。

① 整体结构：连续式平整度仪构造如图 6-1 所示。除特殊情况外，连续式平整度仪的标准长度为 3 m，其质量应符合仪器标准的要求；中间为一个 3 m 长的机架，机架可缩短或折叠，前后各四个行走轮，前后两组轮的轴间距离为 3 m。

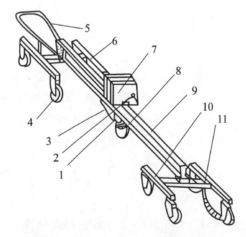

图 6-1　T 0932-1 连续式平整仪构造图
1—测量架；2—离合器；3—拉簧；4—脚轮；5—牵引架；6—前架；
7—记录针；8—测定轮；9—纵梁；10—后架；11—软轴

② 标准差测量传感器：安装在机架中间，可以是能起落的测定轮，或非接触式位移传感器，如激光或超声位移测量传感器。

③ 其他辅助机构：蓄电池电源，距离传感器，与数据采集、处理、存储、输出部分配套的采集

控制箱及计算机、打印机等。

④ 测定间距为 10 cm,每一计算区间的长度为 100 m 并输出结果。

⑤ 可记录测试长度(m)、曲线振幅大于某一定值(如 3 mm、5 mm、8 mm、10 mm 等)的次数、曲线振幅的单向(凸起或凹下)累计值及以 3 m 机架为基准的中点路面偏差曲线图,计算并打印结果。

⑥ 机架装有一牵引钩及手拉柄,可用人力或汽车牵引。

(2) 牵引车:小面包车或其他小型牵引汽车。

(3) 皮尺或测绳。

3. 方法与步骤

1) 准备工作

(1) 选择测试路段。

(2) 当为施工过程中质量检测需要时,测试地点根据需要决定;当为路面工程质量检查验收或进行路况评定需要时,通常以行车道一侧车轮轮迹带作为连续测定的标准位置。对旧路已形成车辙的路面,取一侧车辙中间位置为测定位置。按"1. 目的与适用范围"中第(2)条的规定在测试路段路面上确定测试位置,当以内侧轮迹带(IWP)或外侧轮迹带(OWP)作为测定位置时,测定位置距车道标线 80~100 m。

(3) 清扫路面测定位置处的脏物。

(4) 检查仪器,检测箱各部分应完好、灵敏,并将各连接线接妥,安装好记录设备。

2) 测试步骤

(1) 将连续式平整度仪平置于测试路段路面起点上。

(2) 在牵引汽车的后部,将连续式平整仪与牵引汽车连接好,按照仪器使用手册一次完成各项操作。

(3) 确定连续式平整仪工作正常。牵引连续式平整仪的速度应保持匀速,速度宜为 5 km/h,最大不得超过 12 km/h。

在测试路段较短时,亦可用人力拖拉平整度仪测定路面的平整度,但拖拉时应保持匀速前进。

4. 计算

(1) 连续式平整度仪测定后,可按每 10 cm 间距采集的位移值自动计算得到每 100 cm 计算区间的平整度标准差(mm),还可记录测试长度(m)。

(2) 每一计算区间的路面平整度以该区间测定结果的标准差表示,按式(6-1)计算:

$$\sigma_i = \sqrt{\frac{\sum d_i^2 - \left(\sum d_i\right)^2 / N}{N-1}} \tag{6-1}$$

式中:σ_i——各计算区间的平整度计算值,mm;

d_i——以 100 m 为一个计算区间,每隔一定距离(自动采集间距为 10 cm,人工采集间距为 1.5 m)采集的路面凹凸偏差位移值,mm;

N——计算区间用于计算标准差的测试数据个数。

(3)按《公路路基路面现场测试规程》(JTG E60—2008)附录 B 的方法计算一个评定路段内各区间的平整度标准差,各评定路段平整度的平均值、标准差、变异系数以及不合格区间数。

(二)T 0933—2008 车载式颠簸累积仪与激光平整度仪测定平整度

1. 目的与适用范围

(1)本方法适用于各类颠簸累积仪在新建、改建路面工程质量验收和无严重坑槽、车辙等病害的正常行车条件下连续采集路段平整度数据。

(2)本方法的数据采集、传输、记录和处理分别由专用软件自动进行。

2. 仪具与材料技术要求

1)测试系统

测试系统由承载车辆、距离测量装置、颠簸累积值测试装置和主控制系统组成。主控制系统对测试装置的操作实施控制,完成数据采集、传输、存储与计算过程。

2)设备承载车要求

根据设备供应商的要求选择测试系统承载车辆。

3)测试系统基本技术要求和参数

(1)测试速度:30~80 km/h。

(2)最大测试幅度:±20 cm。

(3)垂直位移分辨率:1 mm。

(4)距离标定误差:<0.5%。

(5)系统工作环境温度:0~60 ℃。

(6)系统软件能够依据相关关系公式自动对颠簸累积值进行换算,间接输出国际平整度指数 IRI。

3. 方法与步骤

1)准备工作

(1)测试车辆具备下列条件之一时,都应进行仪器测值与国际平整度指数 IRI 的相关性标定,相关系数 R 应不低于 0.99:在正常状态下行驶超过 2000 km;标定的时间间隔超过 1 年;减震器、轮胎等发生更换、维修。

(2)检查测试车轮胎气压,应达到车辆轮胎规定的标准气压;车胎应清洁,不得黏附杂物;车上载重、人数以及分部应与仪器相关性标定试验时一致。

(3)距离测量系统需要现场安装的,根据设备手册说明进行安装,确保紧固装置安装牢固。

(4)检查测试系统,各部分应符合测试要求,不应有明显的可视性破损。

(5)打开系统电源,启动控制程序,检查系统各部分的工作状态。

2)测试步骤

(1)测试开始之前应让测试车以测试速度行驶 5~10 km,按照设备操作手册规定的预热时间对测试系统进行预热。

（2）测试车停在测试起点前300～500处，启动平整度测试系统程序，按照设备操作手册的规定和测试路段的现场技术要求设置完毕所需的测试状态。

（3）驾驶员在进入测试路段前应保持车速在规定的测试速度范围内，沿正常行车轨迹驶入测试路段。

（4）进入测试路段后，测试人员启动系统的采集和记录程序，在测试过程中必须及时精确地将测试路段的起点、终点和其他需要特殊标记的位置输入测试数据记录中。

（5）当测试车辆驶出测试路段后，仪器操作人员停止数据采集和记录，并恢复仪器各部分至初始状态。

（6）操作人员检查数据文件，文件应完整，数据应正常，否则需要重新测试。

（7）关闭测试系统电源，结束测试。

4. 计算

颠簸累积仪直接测试输出的颠簸累积值VBI，要按照相关性标定试验得到相关关系式，并以100 m为计算区间换算成IRI(以m/km计)。

5. 颠簸累积仪测值与国际平整度指数IRI相关关系对比试验

1）基本要求

由于颠簸累积仪测值受测试速度等因素影响，因此测试系统的每一种实际采用测试速度都应单独进行标定，建立相关关系公式。标定过程及分析结果应详细记录并存档。

2）试验条件

（1）按照每段IRI值变化幅度不小于1.0的范围选择不少于4段不同平整度水平的路段，且有足够加速或减速长度的路段。根据实际测试道路IRI的分布情况，可以增加某些范围内的标定路段。

（2）每路段长度不小于300 m。

（3）每一段内的平整度应均匀，包括路段前50 m的引道。

（4）选择坡度变化较小的直线路段，路段交通量小，便于疏导。

（5）标定宜选择在车道的正常行驶轮迹上进行，明确标出标定路段的轮迹、起终点。

3）试验步骤

（1）距离标定：

① 依据设备供应商建议的长度，选择坡度变化较小的平坦直线路段，标出起终点和行驶轨迹。

② 标定开始之前应让测试车以测试速度行驶5～10 km，按照设备操作手册规定的预热时间对测试系统进行预热。

③ 将测试车的前轮对准起点线，启动距离校准程序，然后令车辆沿着路段轨迹直线行驶，避免突然加速或减速，接近终点时，看指挥人员手势减速停车，确保测试车的前轮对准终点线，结束距离校准程序。重复过程，确保距离传感器脉冲当量的精确性，应在允许误差范围之内。

（2）参照本节"3.方法与步骤"中的"测试步骤"，令颠簸累积仪按选定的测试速度测试每个标定路段的反应值，重复测试至少5次，取平均值作为该路段的反应值。

(3) IRI 值的确定：

① 以精密水准仪作为标准仪具,分别测量标定路段两个轮迹的纵断高程,要求采样间隔为 250 mm,高程测试精度为 0.5 mm；然后用 IRI 标准计算程序对每个轮迹的纵断面测量值进行模型计算,得到该轮迹的 IRI 值。两个轮迹 IRI 值的平均值即为该路段的 IRI 值。

② 其他符合世界银行一类平整度测试标准纵断面测试仪具也可以作为确定标定路段标准 IRI 值的仪具。

4) 试验数据处理

用数据统计的方法将各标定路段的 IRI 值和相应的颠簸累积仪测值进行回归分析,建立相关关系方程式,相关系数 R 不得小于 0.99。

6. 报告

(1) 平整度测试报告应包括颠簸累积值 VBI、国际平整度 IRI 平均值和现场测试速度。

(2) 提供颠簸累积值 VBI 与国际平整度指数 IRI 在选定测试条件下的相关关系式及相关系数。

(三) T 0934—2008 车载式激光平整度仪测定平整度试验方法

1. 目的与适用范围

(1) 本方法适用于各类车载式激光平整度仪在新建、改建路面工程质量验收和无严重坑槽、车辙等病害及无积水、积雪、泥浆的正常通车条件下连续采集路段平整度数据。

(2) 本方法的数据采集、传输、记录和处理分别由专用软件自动进行。

2. 仪具与材料技术要求

1) 测试系统

测试系统由承载车辆、距离测量装置、颠簸累积值测试装置和主控制系统组成。主控制系统对测试装置的操作实施控制,完成数据采集、传输、存储与计算过程。

2) 设备承载车要求

根据设备供应商的要求选择测试系统承载车辆。

3) 测试系统基本技术要求和参数

(1) 测试速度:30～100 km/h。
(2) 采样间隔:≤500 mm。
(3) 传感器测试精度:≤0.5 mm。
(4) 距离标定误差:<0.1%。
(5) 系统工作环境温度:0～60 ℃。

3. 方法与步骤

1) 准备工作

(1) 设备安装到承载车上以后应按本方法第 5 点的规定进行相关性试验。
(2) 根据设备操作手册的要求对测试系统各传感器进行校准。

(3) 检查测试车轮胎气压,应达到车辆轮胎规定的标准气压,车胎应清洁,不得黏附杂物。

(4) 距离测量装置需要现场安装的,根据设备操作手册说明进行安装,确保机械紧固装置安装牢固。

(5) 检查测试系统各部分应符合测试要求,不应有明显的可视性破损。

(6) 打开系统电源,启动控制程序,检查各部分的工作状态。

2) 测试步骤

(1) 测试开始之前应让测试车以测试速度行驶 5～10 km,按照设备使用说明规定的预热时间对测试系统进行预热。

(2) 测试车停在测试起点前 50～100 m 处,启动平整度测试系统程序,按照设备操作手册的规定和测试路段的现场技术要求设置完毕所需的测试状态。

(3) 驾驶员应按照设备操作手册要求的测试速度范围驾驶测试车,宜在 50～80 km/h 之间,避免急加速和急减速,急弯路段应放慢车速,沿正常行车轨迹驶入测试路段。

(4) 进入测试路段后,测试人员启动系统的采集和记录程序,在测试过程中必须及时精确地将测试路段的起终点和其他需要特殊标记的位置输入测试数据记录中。

(5) 当测试车辆驶出测试路段后,测试人员停止数据采集和记录,并恢复仪器各部分至初始状态。

(6) 检查测试数据文件,文件应完整,内容应正常,否则需要重新测试。

(7) 关闭测试系统电源,结束测试。

4. 计算

激光平整度仪采集的数据是路面相对高程值,应以 100 m 为计算区间长度用 IRI 的标准计算程序计算 IRI 值,以 m/km 计。

5. 激光平整度仪测值与国际平整度指数 IRI 相关关系对比试验

1) 试验条件

(1) 按照每段 IRI 值变化幅度不小于 1.0 的范围选择不少于 4 段不同平整度水平的路段,且有足够加速或减速长度的路段。根据实际测试道路 IRI 的分布情况,可以适当增加某些范围内的标定路段。

(2) 每路段长度不小于 300 m。

(3) 每一段内的平整度应均匀,包括路段前 50 m 的引道。

(4) 选择坡度变化较小的直线路段,路段交通量小,便于疏导。

(5) 有多个激光测头的系统需要分别标定。

(6) 标定宜选择在车道的正常行驶轮迹上进行,明确画出轮迹带测线和起终点位置。

2) 试验步骤

(1) 距离标定:

① 依据设备供应商建议的长度,选择坡度变化较小的平坦直线路段,标出起终点和行驶轨迹。

② 标定开始之前应让测试车以测试速度行驶 5～10 km,按照设备操作手册规定的预热时间对测试系统进行预热。

③将测试车的前轮对准起点线,启动距离校准程序,然后令车辆沿着路段轨迹直线行驶,避免突然加速或减速,接近终点时,看指挥人员手势减速停车,确保测试车的前轮对准终点线,结束距离校准程序。重复此过程,确保距离传感器测试结果的精确性,应在允许误差范围之内。

(2)参照本节"3.方法与步骤"中"测试步骤",令所标定的纵断面高程传感器对准测线重复测试5次,取其IRI计算值的平均值作为该路段的测试值。

(3)IRI值的确定:

①以精密水准仪作为标准仪具,测量标定路段上测线的纵断高程,要求采样间隔为250 mm,高程测试精度为0.5 mm;然后用IRI标准计算程序对纵断面测量值进行模型计算,得到标定线路的IRI值。

②其他符合世界银行一类平整度测试标准的纵断面测试仪具也可以作为确定标定路段IRI值的仪具。

3)试验数据处理

用数理统计的方法将各标定路段的IRI值和相应的平整度仪测值进行回归分析,建立相关关系方程式,相关系数R不得小于0.99。

6. 报告

平整度检测报告应包括以下内容:

(1)国际平整度指数IRI平均值。

(2)提供激光平整度仪测值与国际平整度指数IRI在选定测试条件下的相关关系式及相关系数。

模块小结

平整度是路面施工质量与服务水平的重要指标之一。平整度的检测与评定是公路施工与养护的一个非常重要的环节。

平整度的测试设备分为断面类及反应类两大类。运用3 m直尺测定路面或成型后的路基表面平整度,以评定路面的施工质量。运用连续式平整度仪量测路面的不平整度的标准差,以表示路面的平整度,评定路面的施工质量和适用质量。了解车载式激光平整度仪测定平整度试验方法。能选用正确的测试方法对路面或路基平整度进行测试。

1.请考虑,若路面平整度达不到要求,对使用者会产生一些什么不利的影响?

2.平整度测试方法有哪几种?各有何特点?

3.简述3 m直尺测定路面平整度的主要步骤。

4.颠簸累积仪、连续平整度仪检测结果分别是什么?它们能否互换?

模块 7 路面抗滑性能检测

学习目标

☆ 知识目标

（1）掌握路面构造深度检测方法。
（2）掌握路面摩擦系数检测方法。

☆ 能力目标

（1）了解手工铺砂法和电动铺砂法。
（2）了解摆式摩擦系数测定仪的使用方法。

☆ 知识链接

图 7-1 和图 7-2 都是由于路滑使汽车失去控制而引起的交通事故。可以看出，道路抗滑性能是关系到国家和个人生命、财产安全的大事，应引起高度重视。通过本章的学习，即可掌握需如何进行道路的抗滑性能检测及有关注意事项。

图 7-1　路滑引起的交通事故（一）

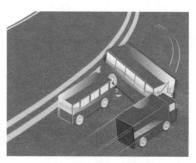

图 7-2　路滑引起的交通事故（二）

课题 1 概述

一、路面抗滑性能

路面抗滑性能通常是指路面的表面特性,是指与路面直接接触的车辆轮胎受到制动时沿道路表面抵抗滑移产生的力,并用路面与轮胎间的摩阻系数来表示。

道路表面特性包括道路表面微观构造与宏观构造。影响抗滑性能的因素有路面表面特性、路面潮湿程度和行车速度。

道路表面微观构造是指集料表面的粗糙度,它随车轮的反复磨耗而渐被磨光。通常采用石料磨光值(PSV)表征抗磨光的性能。宏观构造是指一定面积的路表面凹凸不平的开口孔隙的平均深度。道路路面宏观构造功能是使车轮下的路表水迅速排除,以避免形成水膜。宏观构造由构造深度表征。

微观构造在低速(30~50 km/h 以下)时对路表抗滑性能起决定作用。而高速时对路表抗滑性能起主要作用的是宏观构造。

路面抗滑性能测试方法有:制动距离法(摩阻系数 f)、摆式仪法(摩阻摆值 BPN)、偏转轮拖车法(横向力系数 SFC)、手工铺砂法、电动铺砂法(构造深度 TD)、激光构造深度仪法(构造深度 TD)等。

二、路面抗滑要求

高速、一级公路的路面应具有良好的抗滑性能,二级和三级公路应根据各路段的具体情况采取必要的技术措施,以提高路面抗滑性能。

1. 沥青路面的抗滑要求

在设计高速、一级公路的沥青表面层时,应选用抗滑、耐磨石料,其石料磨光值应大于 42。高速、一级公路的摩擦系数宜在竣工后第一个夏季用摩擦系数测定车,以(50±1)km/h 的车速测定横向力系数(SFC);宏观构造深度应在竣工后第一个夏季用铺砂法或激光构造深度仪测定,测定值应符合规定的竣工验收值的要求,如表 7-1 所示。

表 7-1 沥青路面竣工验收值

公路等级	竣工验收值		
	横向力系数 SFC	摩阻摆值 BPN	构造深度 TD/mm
高速、一级	≥54	≥45	≥0.55

2. 水泥混凝土路面的抗滑要求

高速、一级公路,构造深度 TD 不小于 0.7 mm 且不大于 1.1 mm;对于其他公路,构造深度 TD 不小于 0.5 mm 且不大于 1.0 mm。

课题 2 路面构造深度检测

一、手工铺砂法

1. 目的与适用范围

本方法适用于测定沥青路面及水泥混凝土路面表面构造深度,用于评定路面表面的宏观粗糙度、路面表面抗滑性能及路面的排水性能。

2. 仪器与耗材

(1) 人工铺砂仪:由圆筒、量砂筒、推平板和刮平尺组成。

① 量砂筒:一端是封闭的,容积为(25±0.15) mL,可通过称量砂筒中水的质量来确定其容积 V,并调整其高度,使其容积符合要求,如图 7-3 所示。

② 推平板:推平板应为木制或铝制,直径 50 mm,底面粘一层厚 1.5 mm 的橡胶片,上面有一圆柱把手,如图 7-4 所示。

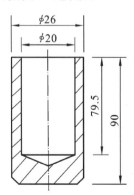

图 7-3 人工铺砂仪(量砂筒构造简图)

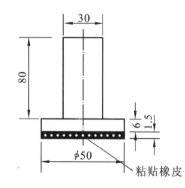

图 7-4 人工铺砂仪(推平板构造简图)

③ 刮平尺:可用 30 cm 钢尺代替,主要用做将筒口量砂刮平。

(2) 量砂:足够数量的干燥洁净的匀质砂,粒径为 0.15~0.30 mm。

(3) 量尺:采用将直径换算成构造深度作为刻度单位的专用的构造深度尺,也可用钢板尺或钢卷尺代替。

(4)其他:装砂容器(带小铲)、扫帚或毛刷、挡风板等。

3. 检测方法与步骤

1)准备工作

(1)量砂准备:取粒径为 0.15～0.3 mm 洁净的细砂晾干、过筛,并置于适当的容器中备用。量砂只能在路面上使用一次,不宜重复使用。回收砂必须经干燥、过筛处理后方可使用。

(2)对测试路段按随机取样选点的方法,决定测点所在横断面位置。测点应选在行车道的轮迹带上,距路面边缘不应小于 1 m。

2)检测步骤

(1)用扫帚或毛刷子将测点附近的路面清扫干净;面积不小于 30 cm×30 cm。

(2)用小铲装砂沿筒向圆筒中注满砂,手提圆筒上方,在硬质路面上轻轻地叩打 3 次,使砂密实,补足砂面用钢尺一次刮平。不可直接用量砂筒装砂,以免影响量砂密度的均匀性。

(3)将砂倒在路面上,用底面粘有橡胶片的推平板,由里向外重复做摊铺运动,稍用力、细心地将砂尽可能地向外摊开,使砂填入凹凸不平的路表面的空隙中,尽可能将砂摊成圆形,并不得在表面上留有浮动余砂。注意摊铺时不可用力过大或向外推挤。

(4)用钢板尺测量所构成圆的两个垂直方向的直径,取其平均值,精确至 5 mm。

(5)按以上方法,同一处平行测定不少于 3 次,3 个测点均位于轮迹带上,测点间距 3～5 m。该处的测定位置以中间测点的位置表示。

4. 结果计算

(1)计算路面表面构造深度测定结果,可按公式(7-1)计算

$$TD = \frac{1000V}{\pi D^2/4} \approx \frac{31831}{D^2} \tag{7-1}$$

式中:TD——路面表面构造深度,mm;

V——砂的体积(25 cm^3);

D——摊平砂的平均直径,mm。

(2)每一处均取 3 次路面构造深度的测定结果的平均值作为检测结果,精确至 0.1 mm。

(3)计算每一个评定区间路面构造深度的平均值及 3 次测定的平均值、标准差及变异系数。

5. 检测报告

(1)列表逐点报告路面构造深度的测定值及 3 次测定的平均值,当平均值小于 0.2 mm 时,检测结果以"<0.2 mm"表示。

(2)检测报告中还应包括每一个评定区间路面构造深度的平均值、标准差及变异系数。

6. 误差分析

一般来说,手动铺砂法误差有装砂方法无标准、摊平板无标准、摊开程度无明确规定等类型。

为了克服手工铺砂掌握不统一、测量不准的缺点,可采用电动铺砂法或激光构造深度仪法。

7. 检测报告实例

表7-2即为某工程路面构造深度检测记录(手工铺砂法)。

表7-2 某工程路面构造深度检测记录

承包单位:			合同号:	
监理单位:		桩号:	编 号:	
检测方法		手动铺砂法		
桩号	测点序号	铺砂圆直径 D/mm	构造深度 $TD=\dfrac{31831}{D^2}$/mm	平均值
K7+000	1	180	0.98	1.00
	2	173	1.10	
	3	176	1.00	
K7+200	1	181	0.97	0.99
	2	179	0.99	
	3	176	1.00	
K7+400	1	178	1.00	1.03
	2	174	1.05	
	3	175	1.04	
⋮	⋮	⋮	⋮	⋮
K8+200	1	172	1.08	1.05
	2	175	1.04	
	3	177	1.02	

该路段构造深度平均值 $TD=1.00$ mm,标准差 $S=0.02$,变异系数 $C=0.02$

二、电动铺砂法

1. 目的与适用范围

本方法适用于测定沥青路面及水泥混凝土路面表面构造深度,用以评定路面表面的宏观粗糙度及路面表面的排水性能和抗滑性能。

2. 仪器与耗材

(1)电动铺砂仪:利用可充电的直流电源将量砂通过砂漏铺设成宽度为5 cm、厚度均匀一致的器具,如图7-5所示。

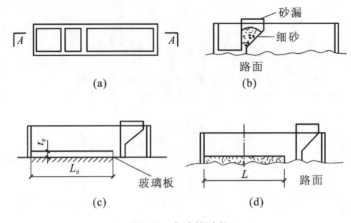

图 7-5 电动铺砂仪
(a)平面图；(b)A—A 断面；(c)标定；(d)测定

(2) 量砂：粒径为 0.15～0.3 mm，足够数量干燥洁净的匀质砂。
(3) 标准量筒：容积为 50 mL。
(4) 玻璃板：面积大于铺砂器，厚为 5 mm。
(5) 其他：直尺、扫帚、毛刷等。

3. 检测方法与步骤

1) 准备工作

(1) 量砂准备：取粒径为 0.15～0.3 mm 洁净的细砂晾干、过筛，并置于适当的容器中备用。量砂只能在路面上使用一次，不宜重复使用。回收砂必须经干燥、过筛处理后方可使用。

(2) 对测试路段按随机取样选点的方法，决定测点所在横断面位置。测点应选在行车道的轮迹带上，距路面边缘不应小于 1 m。

2) 电动铺砂仪标定

(1) 将铺砂器平放在玻璃板上，将砂漏移至铺砂器端部。

(2) 将灌砂漏斗口和量筒口大致齐平。通过漏斗向量筒中缓缓注入准备好的量砂至高出量筒成尖顶状，用直尺沿筒口一次刮平，其容积为 50 mL。

(3) 将漏斗口与铺砂器砂漏上口大致齐平。将砂通过漏斗均匀倒入砂漏，漏斗前后移动，使砂的表面大致齐平。但不得用任何其他工具刮动砂。

(4) 开动电动马达，使砂漏向另一端缓缓运动，量砂沿砂漏底部铺成宽为 5 cm 带状，待砂全部漏完后停止马达。

(5) 根据图 7-6 及式(7-2)计算 L_1 及 L_2 的平均值决定量砂的摊铺长度 L_0，精确至 1 mm。

$$L_0 = \frac{L_1 + L_2}{2} \tag{7-2}$$

式中：L_0——量砂的摊铺长度，mm；

L_1、L_2——见图 7-6。

(6) 重复标定 3 次，取平均值决定 L_0，精确至 1 mm。标定应在每次测试前进行，用同一种量砂，由同一检测员承担测试。

3)检测步骤

(1)将测试地点用毛刷刷净,面积大于铺砂仪。

(2)将铺砂仪沿道路纵向平稳地放在路面上,将砂漏移至端部。

(3)按上述电动铺砂器标定(2)~(5)相同的步骤,在测试地点摊铺 50 mL 量砂,按图 7-6 的方法量取摊铺长度 L_1 及 L_2。由公式(7-3)计算 L,精确至 1 mm。

$$L = \frac{L_1 + L_2}{2} \qquad (7\text{-}3)$$

式中:L——量砂的摊铺长度,mm,其余符号意义同前。

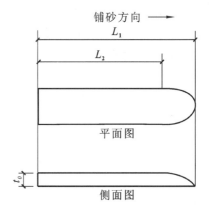

图 7-6 确定 L_0 及 L 的方法

(4)按以上方法,同一处平行测定不少于 3 次,3 个测点均位于轮迹带上,测点间距 3~5 m,该处的测定位置以中间测点的位置表示。

4. 结果计算

(1)按公式(7-4)计算铺砂仪在玻璃板上摊铺的量砂厚度 t_0。

$$t_0 = \frac{V}{B \times L_0} \times 1000 = \frac{1000}{L_0} \qquad (7\text{-}4)$$

式中:t_0——量砂在玻璃板上摊铺的标定厚度,mm;

V——砂的体积(50 mL);

B——量砂仪摊铺砂的宽度(50 mm);

L_0——玻璃板上 50 mL 量砂的摊铺长度,mm。

(2)按公式(7-5)计算路面构造深度 TD。

$$TD = \frac{L_0 - L}{L} \times t_0 = \frac{L_0 - L}{L \times L_0} \times 1000 \qquad (7\text{-}5)$$

式中:TD——路面的构造深度,mm;

L——路面上 50 mL 量砂的摊铺长度,mm,其余符号意义同前。

(3)每一处均取 3 次路面构造深度的测定结果的平均值作为检测结果,精确至 0.1 mm。

(4)计算每一个评定区间路面构造深度的平均值及 3 次测定的平均值、标准差及变异系数。

5. 检测报告

(1)列表逐点报告路面构造深度的测定值及 3 次测定的平均值,当平均值小于 0.2 mm 时,检测结果以"<0.2 mm"表示。

(2)检测报告中还应包括每一个评定区间路面构造深度的平均值、标准差及变异系数。

三、激光构造深度仪

激光构造深度仪是一种小型手推式路面构造深度测定仪,能够快速实时的检测各等级公路的路面平整度、构造深度等技术特性,可为竣工验收、预防性养护以及路面管理系统提供综合高效的数据支持。激光构造深度仪具有运输方便、操作快捷、费用低廉、可靠性好等优点。近几年构造深度的快速激光检测技术已发展的较为成熟,在应用上已开始普及,大大提高了路面构造深度的检测技术水平。

激光构造深度仪使用进口高精度激光位移传感器,通过检测该传感器与路面不同形状骨料间的深度,并根据人工铺砂原理进行相关数据处理后,在显示器上精确地读出路面的构造深度。该仪器克服了人工铺砂法存在的检测速度慢、人工劳动强度大、检测结果因人而异、并受风力影响等缺点,其操作简单,测量精确、直观,既能检测某一地点的构造深度,又能对某一路段的平均构造深度进行检测,还可以自动对检测的数据进行存储和查询。

课题 3 路面摩擦系数检测

一、路面抗滑值测定

1. 目的与适用范围

本方法适用于以摆式摩擦系数测定仪(摆式仪)测定沥青路面及水泥混凝土路面的抗滑值,用以评定路面在潮湿状态下的抗滑能力。

2. 仪器与耗材

(1) 摆式摩擦系数测定仪(摆式仪):其形状及结构如图7-7所示。摆及摆的连接部分总质量为(1500±30) g,摆动中心至摆的重心距离为(410±5) mm,测定时摆在路面上滑动长度为(126±1) mm,摆在橡胶片端部距摆动中心的距离为508 mm,橡胶片对路面的正向静压力为(22.2±0.5) N。

(2) 橡胶片:尺寸为 6.35 mm×25.4 mm×76.2 mm,橡胶质量应符合表7-3的要求。当橡胶片使用后,端部在长度方向上磨耗超过1.6 mm或边缘在宽度方向上磨耗超过3.2 mm,或有油污染时,即应更换新橡胶片。新橡胶片应先在干燥路面上试测10次后再用于正式测试。橡胶片的有效使用期限为1年。

(3) 标准量尺:长为126 mm。

(4) 洒水壶。

(5) 橡胶刮板。

(6) 路面温度计:分度不大于1 ℃。

(7) 其他:皮尺式钢卷尺、扫帚、粉笔等。

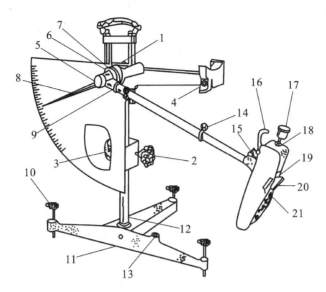

图 7-7　摆式摩擦系数测定仪结构

1、2—紧固把手；3—升降把手；4—释放开关；5—转向节螺盖；6—调节螺母；7—针簧片或毡垫；
8—指针；9—连接螺母；10—调平螺栓；11—底座；12—垫块；13—水准泡；14—卡环；15—定位螺钉；
16—举升柄；17—平衡锤；18—并紧螺母；19—滑溜块；20—橡胶片；21—止滑螺钉

表 7-3　橡胶物理性质技术要求

性能指标	温度/℃				
	0	10	20	30	40
弹性/(%)	43~49	58~65	66~73	71~77	74~79
硬度	55±5				

3. 检测方法与步骤

1）准备工作

（1）检查摆式仪的调零灵敏情况，并定期进行仪器的标定。当用于路面工程检查验收时，仪器必须重新标定。

（2）对测试路段按随机取样方法，决定测点所在横断面位置。测点应选在行车道的轮迹带上，距路面边缘不应小于 1 m，并用粉笔做出标记。测点位置宜紧靠铺砂法测定构造深度的测点位置，并与其一一对应。

2）检测步骤

（1）仪器调平：

① 将仪器置于路面测点上，并使摆的摆动方向与行车方向一致。

② 转动底座上的调平螺栓，使水准泡居中。

（2）调零，允许误差为±1 BPN。

（3）校核滑动长度，橡胶片两次同路面接触点的距离应在 126 mm（即滑动长度）左右。

（4）用喷壶的水浇洒测试路面，并用橡胶刮板刮除表面泥浆。

(5) 再次洒水，并按下释放开关，使摆在路面滑过，指针即可指示出路面的摆值。但第 1 次测定，不记录。当摆杆回落时，用左手按住摆，右手提起举长柄使滑溜块升高，将摆向右运动，并使摆杆和指针重新置于水平释放位置。

(6) 重复步骤(5)的操作测定 5 次，读记每次摆值，最大值与最小值的差值不得大于 3 BPN。如差数大于 3 BPN 时，应检查产生的原因，并再次重复上述各项操作，直至符合规定位置。取 5 次测定的平均值作为每个测点路面的抗滑值，取整数，以 BPN 表示。

(7) 在测点位置上用路表温度计测记潮湿路面的温度，精确至 1 ℃。

(8) 按以上方法，同一处平行测定不少于 3 次，3 个测点均位于轮迹带上，测点间距 3~5 m。测定位置以中间测点位置表示。每一处均取 3 次平均值作为试验结果，精确至 1 BPN。

3) 抗滑值的温度修正

当路面温度为 T 时测得的值为 F_{BT}，必须按式(7-6)换算成标准温度 20 ℃ 的摆值 F_{B20}。

$$F_{B20} = F_{BT} + \Delta F \tag{7-6}$$

式中：F_{B20}——换算成标准温度 20 ℃ 时的摆值，BPN；

F_{BT}——路面温度为 T 时测得的摆值，BPN；

T——测定的路表潮湿状态下的温度，℃；

ΔF——温度修正值，按表 7-4 取用。

表 7-4 温度修正值

温度/℃	0	5	10	15	20	25	30	35	40
温度修正值	−6	−4	−3	−1	0	+2	+3	+5	+7

二、路面横向力系数测定

1. 目的与适用范围

本方法适用于以标准的摩擦系数测定车测定沥青路面或水泥混凝土路面的横向力系数。路面横向摩擦力系数既表示车辆在路面上制动时的路面抗力，还表征车辆在路面上发生侧滑时的路面抗力，因此它是路面纵横向摩擦系数的综合指标，反映较高速度下路面抗滑能力。测试结果可作为竣工验收或使用期评定路面抗滑能力的依据。

2. 仪器与耗材

(1) 摩擦系数测定车：SCRIM 型，主要组成如图 7-8 所示，由车辆底盘、测量机构、供水系统、荷载传感器、仪表及操作记录系统、标定装置等组成。

测定车应符合下列要求。

① 测量机构：可以为单侧或双侧各安装一套，测试轮与车辆行驶方向成 0°角，作用于测试轮上的静态标准荷载为 2 kN。测试轮胎应为 3.0 MPa(0~20 的光面轮胎，其标准气压为 0.35 MPa±0.01 MPa)。当轮胎直径减少达 6 mm 时(每个测试轮约测 350~400 km 需更换)，需要换新轮胎。

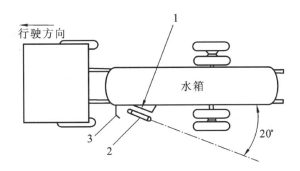

图 7-8 横向力系数检测原理示意图
1—侧向摩阻力；2—测试轮；3—洒水口

② 测定车辆轮胎气压应符合所使用汽车规定的标准气压范围。

③ 能控制洒水量，使路面水膜厚度不得小于 1 mm。通常测量速度为 50 km/h 时，水阀开启量宜为 50%，测量速度为 70 km/h 时，宜为 70%，以此类推。

(2) 备用轮胎等备件。

3. 检测方法与步骤

1) 准备工作

(1) 按照仪器设备技术手册或使用说明书对测定系统进行标定。仪器设备进行标定、检查时，必须在关闭发动机的情况下进行。标定按 SFC 值 10、20、30、…、100 的不同挡次进行，满量程为 100 时的示数误差不得超过±2。

(2) 检查横向摩擦系数测定车系统的各项参数是否符合要求，检查外部警告标示是否正常。

(3) 贮存罐灌水。

(4) 将测试轮安装牢固且保持在升起的位置上。

(5) 将记录装置处于正常使用状态，安装足够的打印纸。打开记录系统预热不少于 10 min。

(6) 根据需要确定采用连续测定或断续测定，以及每公里测定的长度。选择并设定"计算区间"，即输出一个测定数据的长度。标准的计算区间为 20 m，根据要求也可选为 5 m 或 10 m。

(7) 根据要求设定为单轮测试或双轮测试。

(8) 输入所需的说明性预设数据，如测试日期、路段编号、里程桩号等。

(9) 发动车辆驶向测试地段。

2) 检测步骤

(1) 在测试路段起点前约 500 m 处停住，开机预热不少于 10 min。

(2) 降下测试轮，打开水阀检查水流情况是否正常及水流是否符合需要，检查仪表各项指数是否正常，然后升起测试轮。

(3) 将车辆驶向测试路段，提前 100~200 m 处降下测试轮。测定车的车速可根据公路等级的需要选择。除特殊情况下，标准车速为 50 km/h，测试过程中必须保持匀速。

(4) 进入测试段后，按开始键，开始测试。在显示器上监视测试运行变化情况，检查速度、距离有无反常波动，当需要标明特征（如桥位、路面变化等）时，操作功能键插入到数据流中，整公里里程桩上也应做相应的记录。

4. 结果计算

测试数据处理测定的摩擦系数数据存储在磁盘或磁带中，摩擦系数测定车 SCRIM 系统配有专门数据处理程序软件，可计算和打印出每一个计算区间的摩擦系数值、行程距离、行驶速度、统计个数、平均值及标准差，同时还可打印出摩擦系数的变化图。根据要求将摩擦系数在 0～100 范围内分成若干区间，作出各区间的路段长度占总测试里程百分比的统计表。

5. 检测报告

（1）测试路段名称及桩号、公路等级、测试日期、天气情况、路面在潮湿状态下的路表温度，描述路面结构类型及外观等。

（2）测试过程中交叉口、转弯等特殊路段及里程桩号的记录。

（3）数据处理打印结果，包括各测点路面摩擦系数值、行程距离、行驶速度，每一个评定路段路面摩擦系数值统计个数、平均值、标准差、变异系数。

（4）公路沿线摩擦系数的变化图，不同摩擦系数区间的路段长度占总测试里程百分比的统计表。

具体检测报告见表 7-5。

表 7-5　路面抗滑值检测记录

承包单位：　　　　　　　　　　　　　　　　　　　合同号：
监理单位：　　　　　　　　　桩号：　　　　　　　　编　号：

桩号		测点序号	摆值/BPN	平均值	修正值	平均值
K10+300	1	1	49	48	50	50
		2	47			
		3	48			
		4	49			
		5	48			
	2	1	46	47	49	
		2	46			
		3	47			
		4	48			
		5	48			
	3	1	48	48	50	
		2	49			
		3	47			
		4	47			
		5	47			
⋮	⋮	⋮	⋮	⋮	⋮	⋮

模块7 路面抗滑性能检测

续表

承包单位:				合同号:	
监理单位:		桩号:		编 号:	
桩号	测点序号	摆值/BPN	平均值	修正值	平均值
K16+300	1	1	48		
		2	47		
		3	47	47	49
		4	48		
		5	46		
	2	1	46		
		2	47		
		3	46	46	48	49
		4	47		
		5	46		
	3	1	48		
		2	47		
		3	47	48	50
		4	48		
		5	48		

该路段平均值 $\overline{F}_{B20}=49$,标准差 $S=1$,$C_V=0.02$

| 检测人: | | 监理: | | 年 月 日 |

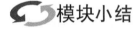

模块小结

本章主要讲述路面抗滑系数的检测方法,包括路面构造深度检测与路面摩擦系数检测。路面构造深度检测包含手工铺砂法、电动铺砂法与激光构造深度仪检测;路面摩擦系数检测包含路面抗滑值测定与路面横向力系数测定。需掌握各项检测的检测目的、检测方法与步骤、检测结果计算和检测注意事项。

1. 沥青、水泥混凝土路面的抗滑要求是什么?
2. 路面构造深度检测都有哪些方法?
3. 路面摩擦系数检测都有哪些方法?
4. 手工铺砂法有哪些检测过程?
5. 摆式摩擦系数测定仪如何使用?

模块 8 路基路面强度指标检测

学习目标

☆ 知识目标

（1）熟悉弯沉的概念。
（2）掌握贝克曼梁法测定路基路面回弹弯沉的测试步骤。
（3）掌握路基面施工或验收时回弹模量（承载板法）检测步骤。
（4）熟悉 CBR 的概念。
（5）掌握 CBR 试验步骤。

☆ 能力目标

（1）会采用贝克曼梁法进行回弹弯沉测试。
（2）会对回弹弯沉值进行修正。
（3）会进行回弹弯沉评定。
（4）会进行回弹模量检测。
（5）会进行 CBR 试验。

☆ 引例导入

某地区一级公路混凝土路面工程 K5+000～K7+000 段已于 2010 年 11 月 28 日施工完毕，施工方及质量监督部门需要对该路面的施工质量进行评定。而路基路面强度指标作为路面工程施工的质量检测的重点，是公路主体结构安全的关键所在。本章主要介绍路基路面强度指标检测的方法及应用。

模块8 路基路面强度指标检测

 路基路面回弹弯沉测试

一、弯沉的基本概念

目前工程上广泛采用回弹弯沉值来表征路基路面的承载能力,回弹弯沉值越大,承载能力则越小,反之越大。通常所说的回弹弯沉值是指标准后轴双轮组轮隙中心处的最大回弹弯沉值。在路表测试的回弹弯沉值可以反映路基路面的综合承载能力。

1. 弯沉

弯沉是指在规定的标准轴载作用下,路基或路面表面轮隙位置产生的总垂直变形(总弯沉)或垂直回弹变形值(回弹弯沉),以 0.01 mm 为单位。

2. 设计弯沉值

根据设计年限内一个车道上预测通过的累计当量轴次、公路等级、面层和基层类型而确定的路面弯沉设计值。

3. 竣工验收弯沉值

竣工验收弯沉值是检验路面是否达到设计要求的指标之一。当路面厚度计算以设计弯沉值为控制指标时,则验收弯沉值应小于或等于设计弯沉值;当厚度计算以层底拉应力为控制指标时,应根据拉应力计算所得的结构厚度,重新计算路面弯沉值,该弯沉值即为竣工验收弯沉值。

二、熟悉路基路面回弹弯沉的测试方法

弯沉值的测试方法,参见表8-1。

弯沉值的测试方法较多,目前用得最多的是贝克曼梁法,在我国已有成熟的经验,但由于其测试速度等因素的限制,各国都对快速连续或动态测定进行了研究。现在用得比较普遍的有法国洛克鲁瓦式自动弯沉仪、丹麦等国家发明并几经改进形成的落锤式弯沉仪(falling weight deflectometer,FWD)、美国的振动弯沉仪等。

表 8-1 弯沉值的测试方法

方　法	特　点
贝克曼梁法	传统方法,速度慢,静态测试,比较成熟,目前属于标准方法
自动弯沉仪法	利用贝克曼梁原理快速连续,属于静态测试范畴,但测定的是总弯沉,因此使用时应用贝克曼梁进行标定换算
落锤式弯沉仪法	利用重锤自由落下的瞬间产生的冲击荷载测定弯沉,并能反算路面的回弹模量,快速连续,使用时应用贝克曼梁法进行标定换算

使用贝克曼梁弯沉仪,故现着重介绍贝克曼梁弯沉仪的使用方法,从标准车、弯沉仪的选择、温度修正及弯沉计算等方面提出有关要点和注意事项。

三、试验一　贝克曼梁测定路基路面回弹弯沉试验方法

1. 试验目的

（1）测定各类路基路面的回弹弯沉,用以评定其整体承载能力,供路面结构设计使用。

（2）沥青路面的弯沉以路表温度 20 ℃时为准,在其他温度测试时,对厚度大于 5 cm 的沥青路面,弯沉值应予温度修正。

2. 试验原理

利用杠杆原理制成的杠杆式弯沉仪测定轮隙弯沉。前后臂长度比例为 2∶1,前臂接触地面（3.6 m 贝克曼梁(2.4+1.2)、5.4 m 贝克曼梁(3.6+1.8)）如图 8-1 所示。

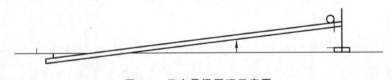

图 8-1　贝克曼梁原理示意图

3. 仪具与材料

（1）标准车:双轴、后轴双侧 4 轮的载重车,其标准轴荷载、轮胎尺寸、轮胎间隙及轮胎气压等主要参数应符合表 8-2 的要求。测试车可根据需要按公路等级选择,高速公路、一级及二级公路应采用后轴 100 kN 的 BZZ－100 标准车,其他等级公路可采用后轴 60 kN 的 BZZ－60 标准车。

模块 8 路基路面强度指标检测

表 8-2　测定弯沉用得标准车参数

标准轴载等级	BZZ－100	BZZ－60
后轴标准轴载 P/kN	100±1	60±1
一侧双轮荷载/kN	50±0.5	30±0.5
轮胎充气压力/MPa	0.70±0.05	0.50±0.05
单轮传压面当量圆直径/cm	21.30±0.5	19.50±0.5
轮隙宽度	应满足能自由插入弯沉仪测头的测试要求	

（2）路面弯沉仪：由贝克曼梁、百分表及表架组成，如图 8-2 所示。贝克曼梁由合金铝制成，上有水准泡，其前臂（接触路面）与后臂（装百分表）长度比为 2∶1。弯沉仪长度有两种：一种长 3.6 m，前后臂分别为 2.4 m 和 1.2 m；另一种加长的弯沉仪长 5.4 m，前后臂分别为 3.6 m 和 1.8 m。当在半刚性基层沥青路面或水泥混凝土路面上测定时，宜采用长度为 5.4 m 的贝克曼梁弯沉仪，并采用 BZZ－100 标准车。弯沉采用百分表量得，也可用自动记录装置进行测量。

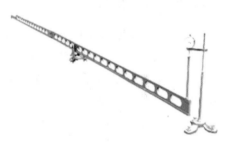

图 8-2　贝克曼梁弯沉仪示意图

（3）接触式路表温度计：端部为平头，分度不大于 1 ℃。

（4）其他：皮尺、口哨、白油漆或粉笔、指挥旗等。

4. 试验方法

1) 准备工作

（1）检查并保持测定用标准车况及刹车性能良好，轮胎内胎符合规定充气压力。

（2）向汽车车槽中装载（铁块或集料），并用地磅秤量后轴总质量，符合要求地轴重规定。汽车行驶及测定过程中，轴载不得变化。

（3）测定轮胎接地面积：在平整光滑地硬质路面上用千斤顶将汽车后轴顶起，在轮胎下方铺一张新的复写纸，轻轻落下千斤顶，即在方格纸印上轮胎印痕，用求积仪或数方格的方法测算轮胎接地面积，精确至 0.1 cm²。

（4）检查弯沉仪百分表测量灵敏情况。

（5）当在沥青路面上测定时，用路表温度计测定试验时气温及路表温度（一天中气温不断变化，应随时测定），并通过气象台了解前 5 d 的平均气温（日最高气温与最低气温的平均值）。

（6）记录沥青路面修建或改建时材料、结构、厚度、施工及养护等情况。

2) 测试步骤

（1）在测试路段布置测点，其距离随测试需要而定。测点应在路面行车车道的轮迹带上，并用白油漆或粉笔画上标记。

(2) 将试验车后轮轮隙对准测点后 3~5 cm 处的位置上。

(3) 将弯沉仪插入汽车后轮之间的缝隙处，与汽车方向一致，梁臂不得碰到轮胎，弯沉仪测头置于测点上（轮迹中心前方 3~5 cm 处），并安装百分表于弯沉仪的测定杆上。百分表调零，用手指轻轻叩打弯沉仪，检查百分表是否稳定回零。

弯沉仪可以是单侧测定，也可以是双侧同时测定。

(4) 测定者吹哨发令指挥汽车缓慢前进，百分表随路面变形的增加而持续向前移动。当表针转动到最大值时，迅速读取初读数 L_1。汽车仍在继续前进，表针反向回转，待汽车驶出弯沉影响半径（约 3 cm 以上）后，吹口哨或挥动指挥红旗，汽车停止。待表针回转稳定后，再次读取终读数 L_2。汽车前进的速度宜为 5 km/h 左右。

5. 弯沉仪的支点变形修正

(1) 当采用长度为 3.6 m 的弯沉仪对半刚性基层沥青路面、水泥混凝土路面等进行弯沉测定时，有可能引起弯沉仪支座处变形，因此测定时应检验支点有无变形，此时应用另一台检验用的弯沉仪安装在测定用弯沉仪的后方，将其架于测定用弯沉仪的支点旁。当汽车开出时，同时测定两台弯沉仪的弯沉读数，如检验用弯沉仪百分表有读数，即应该记录并进行支点变形修正。当在同一结构层上测定时，可在不同位置测定 5 次，求取平均值，以后每次测定时以此作为修正值。支点变形修正的原理如图 8-3 所示。

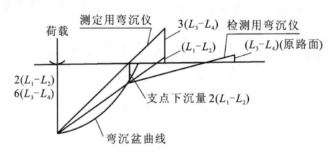

图 8-3 支点变形修正的原理图

(2) 当采用长度为 5.4 m 的弯沉仪测定时，可不进行支点变形修正。

6. 结果计算及温度修正

(1) 路面测点的回弹弯沉值依下式计算：

$$L_T = (L_1 - L_2) \times 2$$

式中：L_T——在路面温度 T 时的回弹弯沉值，0.01 mm；
　　　L_1——车轮中心临近弯沉仪测头时百分表的最大读数，0.01 mm；
　　　L_2——汽车驶出弯沉影响半径后百分表的终读数，0.01 mm。

(2) 当需要进行弯沉仪支点变形修正时，路面测点的回弹弯沉值按下式计算：

$$L_T = (L_1 - L_2) \times 2 + (L_3 - L_4) \times 6$$

式中：L_1——车轮中心临近弯沉仪测头时测定用弯沉仪的最大读数，0.01 mm；
　　　L_2——汽车驶出弯沉影响半径后测定用弯沉仪的最终读数，0.01 mm；

L_3——车轮中心临近弯沉仪测头时检验用弯沉仪的最大读数,0.01 mm;

L_4——汽车驶出弯沉影响半径后检验用弯沉仪的最终读数,0.01 mm。

注:此式适用于测定用弯沉仪支座处有变形,但百分表架处路面已无变形的情况。

(3) 沥青面层厚度大于 5 cm 的沥青路面,回弹弯沉值应进行温度修正,温度修正及回弹弯沉的计算宜按下列步骤进行。

① 测定时的沥青层平均温度按下式计算:

$$T=(T_{25}+T_m+T_e)/3$$

式中:T——测定时沥青层平均温度,℃;

T_{25}——根据 T_0 由图 8-4 决定的路表下 25 mm 处的温度,℃;

T_m——根据 T_0 由图 8-4 决定的沥青层中间深度的温度,℃;

T_e——根据 T_0 由图 8-4 决定的沥青层底面处的温度,℃。

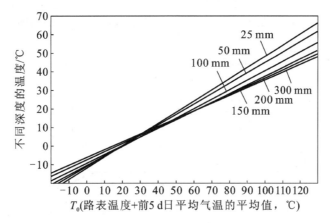

图 8-4 沥青层平均温度的决定

注:线上的数字表示路表下的不同深度(mm)

图 8-4 中 T_0 为测定时路表温度与测定前 5 d 日平均气温的平均值之和(℃),日平均气温为日最高气温与最低气温的平均值。

② 采用不同基层的沥青路面弯沉值的温度修正系数 K,根据沥青面层平均温度 T 及沥青层厚度,分别由图 8-5 及图 8-6 求取。

③ 沥青路面回弹弯沉按下式计算:

$$L_{20}=L_T \times K$$

式中:K——温度修正系数;

L_{20}——换算为 20 ℃的沥青路面回弹弯沉值,0.01 mm;

L_T——测定时沥青面层内平均温度为 T 时的回弹弯沉值,0.01 mm。

④ 按下式计算每一个评定路段的代表弯沉:

$$L_r=L+Z_a S$$

式中:L_r——一个评定路段的代表弯沉,0.01 mm;

L——一个评定路段内经各项修正后的各测点弯沉的平均值,0.01 mm;

S——一个评定路段内经各项修正后的全部测点弯沉的标准差,0.01 mm;

Z_a——与保证率有关的系数,采用下列数值:

高级公路、一级公路 $Z_a=2.0$,

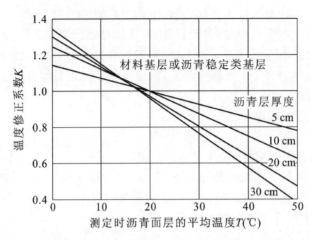

图 8-5　路面弯沉温度修正系数曲线（适用于粒料基层及沥青温度基层）

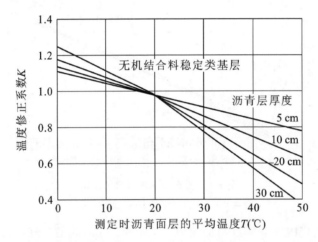

图 8-6　路面弯沉温度修正系数曲线（适用于无机结合料温度的半刚性基层）

二级公路 $Z_a=1.645$，

二级以下公路 $Z_a=1.5$。

7. 报告

报告应包括下列内容：

(1) 弯沉测定表、支点变形修正值、测试时的路面温度及温度修正值；

(2) 每一个评定路段的各测点弯沉的平均值、标准差及代表弯沉。

四、试验二　自动弯沉仪测定路面弯沉试验方法

利用贝克曼梁测定路面回弹弯沉值操作简便，应用广泛，我国路面设计及检测的标准方法和基本参数都是建立在这种试验方法基础之上的，但是，这种试验方法整个测试过程全是人工操作，测试结果受人为因素的影响较大，而且测速慢。自动弯沉仪是测定路面弯沉值的高效自动化设备，

可对路面进行高密集点的强度测量,适用于路面施工质量控制、验收及路面养护管理。

1. 试验目的

(1) 采用自动弯沉仪在标准条件下每隔一定距离连续测试路面的总弯沉,以及测定路段的总弯沉值的平均值。

(2) 用于尚无坑洞等严重破坏的道路验收检查及旧路面强度评价,可为路面养护管理系统提供数据,经过与贝克曼梁测定值进行换算后,也可用于路面结构设计。

2. 工作原理

自动弯沉仪的基本工作原理与贝克曼梁弯沉仪的原理是相同的,都是采用简单的杠杆原理。自动弯沉仪测定车在检测路段以一定速度行驶,将安装在测试车前后轴之间底盘下面的弯沉测定梁放到车辆底盘的前端并支于地面保持不动,当后轴双轮隙通过测头时,弯沉通过位移传感器等装置被自动记录下来,这时测定梁被拖动,以两倍的汽车速度拖到下一测点,周而复始地向前连续测定。通过计算机可输出路段弯沉检测统计计算结果。

3. 仪具与材料

自动弯沉仪测定车:洛克鲁瓦型,由测试汽车、测量机构、数据采集处理系统三部分组成。测量机构如图8-7、图8-8所示,它安装在测试车底盘下面,测臂夹在后轴轮隙中间。汽车运行时测量机构提起,离开路面。

图 8-7 测量机构 1

图 8-8 测量机构 2

自动弯沉仪测定车的主要技术参数如下：

测试车轴距　　　　　　　　6.75 m；

测臂长度　　　　　　　　　1.75～2.40 m；

后轴荷载　　　　　　　　　100 kN；

测定轮对路面的压强　　　　0.7 MPa；

最小测试步距　　　　　　　4～10 m；

测试精度　　　　　　　　　0.01 mm；

测试车速度　　　　　　　　1.5～4.0 km/h。

4. 方法与步骤

(1) 将自动弯沉仪测定车开到检测路段的测定车道(一般为行车道)上，测点应在路面行车道的轮迹带上。

(2) 汽车到达测试地点第一个测点位置后，按下列步骤放下测量机构：

① 关闭汽车发动机；

② 松开离合器转盘；

③ 放下测量头，测量头位于测定梁(后轴)前方的一定距离上；

④ 放下后支点，勾好把手；

⑤ 放下测量架，销好把手；

⑥ 放下导向机构；

⑦ 插上仪器与汽车的连接销杆或开动液压转向同步系统；

⑧ 检查钢丝绳一定要在离合器的槽内；

⑨ 启动汽车发动机，在操作键盘上按动离合器开关，竖测量机构于最前端。

(3) 开始测试时，汽车以一定速度行进，测量头连续检测汽车后轴左右轮隙下产生的路面瞬间弯沉。通过测定梁支点的位移传感器将位移转换为电信号，并传送到数据记录器，待汽车后轮通过测量头后，显示器上显示弯沉盆或弯沉峰值，打印机输出弯沉峰值及测定距离。当第一点测定完毕后，车辆前面的牵引装置以两倍于汽车行进速度的速度把测量机构拉到测定轮前方，汽车继续行进，到达下一测点时，开始第二点测定。周而复始地向前测定，汽车在整个测试过程中应保持在规定的速度范围内稳定行驶，标准的行车速度应为 3.0～3.5 km/h。在标准速度下的测试步距不应大于 10 m。

(4) 数据采集。

① 显示器显示弯沉盆或弯沉峰值。测定过程中按相应的功能键，显示器屏幕即可显示每一测点的总弯沉盆。当测定一段距离后，再按此键，将显示路段总弯沉均匀程度的弯沉峰值柱状图。

② 打印机输出。在测定车测定工作时，应打印出测点位置和左右弯沉峰值。

(5) 测定结束后，汽车停止前进，按下列步骤收起测量机构。

① 先收起导向机构。

② 提起测量架机构。

③ 提起后支点。

④ 最后挂起测头。

(6) 数据处理。

① 测定结构应按计算区间输出计算结果。计算区间长度要根据公路等级和测试要求确定，标准的计算区间为 100 m。

② 在测定时，随着打印机输出的同时，应将数据用文件方式同时记录在磁带或硬盘上，长期保存。通过计算机输出计算结果，包括每一个计算区间的平均总弯沉值、标准差、代表总弯沉值，示例如表 8-3 所示。其中代表总弯沉值按 $L_r = L + Z_a S$ 计算。如已进行过自动弯沉仪总弯沉与贝克曼梁回弹弯沉对比试验，则可据此计算出相应的回弹弯沉值。

③ 计算一个评定路段的平均总弯沉值、标准差、代表总弯沉值。

(7) 自动弯沉仪与贝克曼梁弯沉对比试验步骤。

① 针对不同地区选择某种路面结构的代表性路段，进行两种测定方法的对比试验，以便将自动弯沉仪测定的总弯沉换算成贝克曼梁测定的回弹弯沉值。测定路段的长度为 300～500 m，并应使测定的弯沉值有一定的变化幅度。

表 8-3　按计划区间列出的总弯沉测定示例表

记录号	路线号	公里桩	百米桩	平均总弯沉值 /0.01 mm	标　准　差 /0.01 mm	代表总弯沉 /0.01 mm
1	107	1376	100	41	19.256	79
2	107	1376	200	45	9.916	65
3	107	1376	300	55	18.442	92
4	107	1376	400	57	12.739	82
5	107	1376	500	42	9.096	60

注：本表计算区间为 100 m，代表总弯沉按平均总弯沉加两倍标准差计算。

② 对比试验步骤：

a. 采用同一辆自动弯沉仪测定车，使测定车型、荷载大小和轮胎作用面积完全相同；

b. 用油漆标记对比路段起点位置；

c. 用自动弯沉仪按前述的方法进行测定，同时仔细用油漆标出每一测点的位置；

d. 在每一标记位置用贝克曼梁定点测定回弹弯沉，测点范围精确至 10 cm² 以内；

e. 逐点对应计算两者的相关关系，得出回归方程式 $L_B = a + bL_A$，式中 L_B、L_A 分别为贝克曼梁和自动弯沉仪测定的弯沉值。相关系数不得小于 0.90。

注：由于不同路面结构和材料、路基状况、温度、水文条件、路面使用状况不同，对比关系也有所不同，为了提高数据的精确性，应分别情况进行此项对比试验。

应当注意，自动弯沉仪测定的是总弯沉，因而与贝克曼梁测定的回弹弯沉有所不同。可通过自动弯沉仪总弯沉与贝克曼梁回弹弯沉对比试验，得到两者相关关系式，换算为回弹弯沉，用于路基、路面强度评定。

关于自动弯沉仪测定路面弯沉试验方法可详见《公路路基路面现场测试规程》(JTG E60—2008)。

(8) 报告。

① 报告应包括下列内容。

a. 按一个计算区间列出总弯沉测定表及弯沉峰值柱状图。

b. 每一个评定路段的全部测点总弯沉的平均值、标准差、变异系数及代表弯沉。

② 如与贝克曼梁弯沉仪进行了对比试验,还应列出相关关系式、相关系数及换算的回弹弯沉。

五、试验三 落锤式弯沉仪测定路面弯沉试验方法

落锤式弯沉仪具有无破损、测速快、精度高等优点,并很好地模拟了行车荷载作用,检测结果为弯沉盆数据,因此在国际上的应用也日益广泛,其应用范围主要是在路面养护管理方面。

1. 试验目的

用于在落锤式弯沉仪标准质量的重锤落下一定高度发生的冲击荷载的作用下,测定路基和路面所产生的瞬时变形,即测定在动态荷载作用下产生的动态弯沉及弯沉盆,并可由此反算路基路面各层材料的动态弹性模量,作为设计参数使用。所测结果也可用于评定道路承载能力,调查水泥混凝土路面的接缝的传力效果,探查路面板下的空洞等。

2. 工作原理

落锤式弯沉仪由拖车(包括加载系统和位移传感器)与微机控制系统(包括控制及数据采集处理部分)组成,见图8-9。

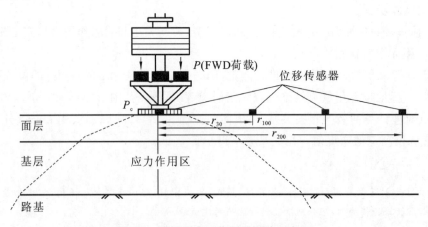

图8-9 落锤式弯沉仪测量系统示意图

其工作原理是:在计算机控制下,把一定质量的重锤由液压传动装置提升至一定高度后自由落下,冲击力作用于承载板上并传递到路面,从而对路面施加脉冲荷载,导致路面表面产生瞬时变形,分布于距测点不同距离的传感器检测结构层表面的变形,记录系统将信号传输至计算机,即测定在动态荷载作用下产生的动态弯沉及弯沉盆。测试数据可用于反算路面结构层模量,从而科学地评价路面的承载能力。

3. 仪器设备

落锤式弯沉仪由荷载发生装置、弯沉检测装置、运算控制系统与牵引装置等组成。

(1) 荷载发生装置:重锤的质量及落高根据使用目的与道路等级选择,荷载由传感器测定,如无特殊需要,重锤的质量为 $200±10$ kg,可采用 $50±2.5$ kg 的冲击荷载。承载板宜为十字对称分开4个部且底部固定有橡胶片的承载板,承载板的直径为 300 mm。

(2) 弯沉检测装置:由一组高精度位移传感器组成,传感器可为差动变压器式位移计(LVDT)。自中心开始,承载板沿道路纵向设置,隔开一定距离布设一组传感器,传感器总数可为5~7个,根据需要及设备性能决定。

(3) 运算控制装置:能在冲击荷载作用的瞬间内,记录冲击荷载及各个传感器所在位置测点的动态变形。

(4) 牵引装置:牵引落锤式弯沉仪并安装有运算及控制装置的车辆。

4. 评定道路承载能力的方法与步骤

1) 准备工作

(1) 调整重锤的质量及落高,使重锤的质量及产生的冲击荷载符合前述仪器的要求。

(2) 在测试路段的路基路面各层表面布置测点,其位置或距离随测试需要而定。当在路面表面测定时,测点宜布置在行车车道的轮迹带上。测试时,还可利用距离传感器定位。

(3) 检查落锤式弯沉仪的车况及使用性能,用手动操作检查,各项指标符合仪器规定要求。

(4) 将落锤式弯沉仪牵引至测定地点,将仪器打开,进入工作状态。牵引落锤式弯沉仪行驶的速度不应超过 50 km/h。

(5) 对位移传感器按仪器使用说明书进行标定,使之达到规定的精度要求。

2) 测定方法

(1) 承载板中心位置对准测点,承载板自动落下,放下弯沉装置的各个传感器。

(2) 启动落锤装置,落锤瞬即落下,冲击力作用于承载板上,又立即自动提升至原来位置固定。同时,各个传感器检测结构层表面变形,记录系统将位移信号输入计算机,并得到路面弯沉峰值,同时得到弯沉盆。每一测点重复测定应不少于 3 次,除去第一个测定值,取以后几次测定值的平均值为计算依据。

(3) 提起传感器及承载板,牵引车向前移动至下一个测点,重复上述步骤,进行测定。

5. 落锤式弯沉仪与贝克曼梁弯沉仪对比试验步骤

1) 路段选择

选择结构类型完全相同的路段,针对不同地区选择某种路面结构的代表性路段,进行两种测定方法的对比试验,以便将落锤式弯沉仪测定的动弯沉换算成贝克曼梁弯沉仪测定的回弹弯沉值。选择的对比路段长度300~500 m,弯沉值应有一定的变化幅度。

2) 对比试验步骤

(1) 采用与实际使用相同且符合要求的落锤式弯沉仪及贝克曼梁弯沉仪测定车。落锤式弯沉仪的冲击荷载应与贝克曼梁弯沉仪测定车的后轴双轮荷载相同。

(2) 用油漆标记对比路段起点位置。

(3) 布置测点位置,用贝克曼梁定点测定回弹弯沉,测定车开走后,用粉笔以测点为圆心,在周围画一个半径为15 cm的圆,标明测点位置。

(4) 将落锤式弯沉仪的承载板对准圆圈,位置偏差不超过30 mm,按前述"三"的方法进行测定。两种仪器对一点弯沉测试的时间间隔不应超过10 min。

(5) 逐点对应计算两者的相关关系。

通过对比试验得出回归方程 $L_B=a+bL_{FWD}$,式中 L_{FWD}、L_B 分别为落锤式弯沉仪及贝克曼梁弯沉仪测定的弯沉值。回归方程式的相关系数应不小于0.90。

> **注**:由于不同路面结构的材料、路基状况、温度、水文条件、路面使用状况不同,对比关系也有所不同,为了提高数据的精确性,应分情况做此项对比试验。

6. 水泥混凝土路面板调查的方法与步骤

(1) 在测试路段的水泥混凝土路面板表面布置测点,当为调查水泥混凝土路面接缝的传力效果时,测点布置在接缝的一侧,位移传感器分开在接缝两边布置。当为探查路面板下的空洞时,测点布置位置随测试需要而定,应在不同位置测定。

(2) 按前述"三"的方法进行测定。

7. 计算

(1) 按桩号记录各测点的弯沉及弯沉盆数据,按《公路路基路面现场测试规程》(JTG E60—2008)中附录B的方法计算一个评定路段的平均值、标准差、变异系数。

(2) 当为调查水泥混凝土路面接缝的传力效果时,利用分开在接缝两边布置的位移传感器测定值的差异及弯沉盆的形状,进行判断。

(3) 当为探查路面板下的空洞时,利用在不同位置测定的测定值差异及弯沉盆的形状,进行判断。

8. 报告

(1) 报告应包括下列内容:

① 各测点的最大弯沉及弯沉盆测定数据;

② 每一个评定路段全部测点弯沉的平均值、标准差、变异系数及代表弯沉。

(2) 如与贝克曼梁弯沉仪进行了对比试验,还应列出相关关系式、相关系数和换算的回弹弯沉。

模块8 路基路面强度指标检测

课题 2　路基路面回弹模量试验检测方法

土基的回弹模量是公路设计中一个必不可少的参数,我国现有规范已给出了不同的自然区划和土质的回弹模量值的推荐值,具体参见《公路沥青路面设计规范》(JTG D50—2006)中附录E"土基回弹模量参考值"表。但由于土基回弹模量的改变将会影响路面设计的厚度,所以建议有条件时最好直接测定,而且随着施工质量的提高,回弹模量值的检验将会作为控制施工质量的一个重要指标。测定回弹模量的方法,目前国内常用的主要有:承载板法、贝克曼梁法和其他间接测试方法(如贯入仪测定法和CBR测定法)。

一、实验一　承载板法

1. 目的和适用范围

(1) 本方法适用于在现场土基表面,通过承载板对土基逐级加载、卸载的方法,测出每级荷载下相应的土基回弹变形值,经过计算求得土基回弹模量。

(2) 本方法测定的土基回弹模量可作为路面设计参数使用。

2. 仪具与材料

(1) 加载设施:载有铁块或集料等重物、后轴重不小于60 kN的载重汽车一辆。在汽车大梁的后轴约80 cm处,附设加劲小梁一根作反力架。汽车轮胎充气压力为0.50 MPa。

(2) 现场测试装置,由千斤顶、测力计(测力环或压力表)及球座组成,如图8-10所示。

(3) 刚性承载板一块,板厚20 mm,直径为φ30 cm,直径两端设有立柱和可以调整高度的支座供安放弯沉仪测头,承载板放在土基表面上。

(4) 路面弯沉仪两台,由贝克曼梁、百分表及其支架组成。

(5) 液压千斤顶一台,80~100 kN,装有经过标定的压力表或测力环,其容量不小于土基强度,测定精度不小于测力计量程的1/100。

(6) 秒表。

(7) 水平尺。

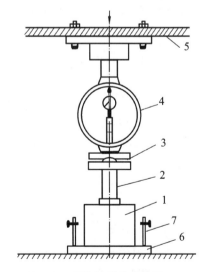

图8-10　承载板测试装置图
1—加载千斤顶;2—钢圆筒;3—钢板及球座;
4—测力计;5—加劲横梁;6—承载板;
7—立柱及支座

（8）其他：细砂、毛刷、垂球、镐、铁锹、铲等。

3. 试验前准备工作

（1）根据需要选择有代表性的测点，测点应位于水平的路基上，土质均匀，不含杂物。

（2）仔细平整土基表面，撒干燥洁净的细砂填平土基凹处，砂子不可覆盖全部土基表面避免形成一层。

（3）安置承载板，并用水平尺进行校正，使承载板置于水平状态。

（4）将试验品置于测点上，在加劲小梁中部悬挂垂球测试，使之恰好对准承载板中心，然后收起垂球。

（5）在承载板上安放千斤顶，上面衬垫钢圆筒，并将球座置于顶部与加劲横梁接触。如用测力环时，应将测力环置于千斤顶与横梁中间，千斤顶及衬垫物必须保持垂直，以免加压时千斤顶倾倒发生事故并影响测试数据的精确性。

（6）安放弯沉仪，将两台弯沉仪的测头分别置于承载板立柱的支座上，百分表对零或其他合适的初始位置。

4. 测试步骤

（1）用千斤顶开始加载，注视测力环或压力表，至预压 0.05 MPa，稳压 1 min，使承载板与土基紧密接触，同时检查百分表的工作情况是否正常，然后放松千斤顶油门卸载，稳压 1 min，将指针对零或记录初始读数。

（2）测定土基的压力—变形曲线。用千斤顶加载，采用逐级加载卸载法，用压力表或测力环控制加载量，荷载小于 0.1 MPa 时，每级增加 0.02 MPa，以后每级增加 0.04 MPa 左右。为了使加载和计算方便，加载数值可适当调整为整数。每次加载至预定荷载后，稳定 1 min，立即读取两台弯沉仪百分表数值，然后轻轻放开千斤顶油门卸载至零，待卸载稳定 1 min 后，再次读数，每次卸载后百分表不再对零。当两台弯沉仪百分表读数之差小于平均值的 30% 时，取平均值。如超过 30%，则应重测，当回弹变形值超过 1 mm 时，即可停止加载。

（3）各级荷载的回弹变形和总变形，按以下方法计算：

回弹变形 $L=$（加载后读数平均值－卸载后读数平均值）×调弯沉仪杠杆比

总变形 $L'=$（加载后读数平均值－加载初始前读数平均值）×调弯沉仪杠杆比

（4）测定汽车总影响量 a。最后一次加载卸载循环结束后，取走千斤顶，重新读取百分表初读数，然后将汽车开出 10 m 以外，读取终值数，两只百分表的初、终读数差之平均值乘以弯沉仪杠杆比即为总影响量 a。

（5）在试验点下取样，测定材料含水量。取样数量如下：

最大粒径不大于 5 mm，试样数量约 120 g；

最大粒径不大于 25 mm，试样数量约 250 g；

最大粒径不大于 40 mm，试样数量约 500 g。

（6）在紧靠试验点旁边的适当位置，用灌砂法、环刀法或其他方法测定土基的密度。

5. 计算

(1) 各级压力的回弹变形加上该级的影响量后,则为计算回弹变形值。表 8-4 是以后轴重 60 kN 的标准车为测试车的各级荷载影响量的计算值。当使用其他类型测试车时,各级压力下的影响量 a_i 按下式计算:

$$a_i = \frac{(T_1+T_2)\pi D^2 P_i}{4 T_1 Q} \cdot a$$

式中:T_1——测试车前后轴距,m;

T_2——加劲小梁距后轴距离,m;

D——承载板直径,m;

Q——测试车后轴重,N;

P_i——该级承载板压力,Pa;

a——总影响量,0.01 mm;

a_i——该级压力的分级影响量,0.01 mm。

表 8-4 各级荷载影响量(后轴 60 kN 车)

承载板压力/MPa	0.05	0.10	0.15	0.20	0.30	0.40	0.50
影响量	0.06a	0.12a	0.18a	0.24a	0.36a	0.48a	0.60a

(2) 将各级计算回弹变形值点绘于标准计算纸上,排除显著偏离的异常点并绘出顺滑的 P-L 曲线,如曲线起始部分出现反弯,应按图 8-11 所修正原点 O、O' 则是修正后的原点。

(3) 按式计算相应于各级荷载下的土基回弹模量 E_i 值:

$$E_i = \frac{\pi D}{4} \cdot \frac{P_i}{L_i}(1-\mu_0^2)$$

式中:E_i——相应于各级荷载下的土基回弹模量,MPa;

μ_0——土的泊松比,根据相关路面设计规范规定选用;

D——承载板直径 30 cm;

P_i——承载板压力,MPa;

L_i——相对于荷载时的回弹变形,cm。

(4) 取结束试验前的各回弹变形值按线形回归方法,由下式计算土基回弹模量 E_0 值:

式中:E_0——土基回弹模量,MPa;

μ_0——土的泊松比,根据相关路面设计规范规定选用;

L_i——结束试验前的各级实测回弹变形值,cm;

P_i——对应于 L_i 的各级压力值。

(5) 计算全部试件的算术平均值、标准差和偏差系数。

6. 报告

试验报告应记录下列结果。

(1) 试验时所采用的汽车。

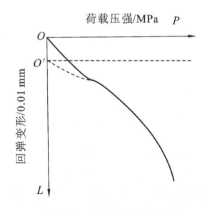

图 8-11 修正原点示意图

(2) 近期天气情况。

(3) 试验时土基的含水量。

(4) 土基密度和压实度。

(5) 相应于各级荷载下的土基回弹模量值。

(6) 土基回弹模量值。

记录表格参照表 8-5。

表 8-5　承载板测定记录表

路线和编号：　　　　　　　　　　路面结构：

测定层位：　　　　　　　　　　　测定用汽车型号：

千斤顶读数	荷载 P/kN	承载板压力/MPa	百分表读数/0.01 mm			总变形/0.01 mm	回弹变形/0.01 mm	分级影响量/0.01 mm	计算回弹变形/0.01 mm	E_i/MPa
			加载前	加载后	卸载后					

总影响量 a/0.01 mm

土基回弹模量 E_0 值/MPa

二、试验二　贝克曼梁法

1. 目的和适用范围

本方法适用于在土基厚度不小于 1 m 的粒料整层表面，用弯沉仪测试各测点的回弹弯沉值，通过计算求得该材料的回弹模量值的试验，也适用于在旧路表面测定路基路面的综合回弹模量。

2. 试验方法与步骤

1) 准备工作

(1) 选择洁净的路基表面、路面表面作为测点，在测点处做好标记并编号。

(2) 无结合料粒料基层的整层试验段（试槽）应符合下列要求：

① 整层试槽可修筑在行车带范围内或路肩及其他合适处，也可在室内修筑，但均应适用汽车测定弯沉。

② 试槽应选择在干燥或中湿路段处，不得铺筑在软土基上。

③ 试槽面积不小于 3 m×2 m，厚度不宜小于 1 m。铺筑时，先挖 3 m×2 m×1 m（长×宽×深）的坑，然后用欲测定的同一种路面材料按有关施工规定的压实层厚度分层铺筑并压实，直至顶面，使其达到要求的压实度标准。同时应严格控制材料组成，配比均匀一致，符合施工质量要求。

④ 试槽表面的测点间距布置可按图 8-12 布置，在中间 2 m×1 m 的范围内，可测定 23 点。

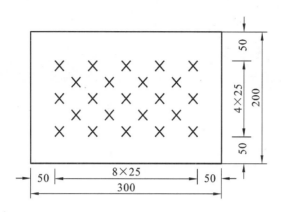

图 8-12 试槽表面的测点间距布置图

2）测试步骤

按上述方法选择适当的标准车,实测各测点处的路面回弹弯沉值 L_i。如在旧沥青面层上测定时,应读取温度,并按规定的方法进行测定弯沉值的温度修正,得到标准温度 20 ℃时的弯沉值。

3. 计算

（1）计算全部测定值的算术平均值、单次测量的标准差和自然误差。

（2）计算各测点的测定值与算术平均值的偏差值 $d_i = L_i - L$,并计算较大的偏差与自然误差之比 d_i/r_0。当某个测点观测值 d_i/r_0 的值大于表 8-6 中的 d/r 极限值时则应舍弃该测点,然后重新计算所余各测点的算术平均值（L）及标准差（s）。

表 8-6 相应于不同观测次数的 d/r 极限值

n	5	10	15	20	50
d/r	2.5	2.9	3.2	3.3	3.8

（3）按下式计算代表弯沉值：

$$Lr = L + S$$

式中：Lr——计算代表弯沉；

L——舍弃不符合要求的测点后所余各测点弯沉的算术平均值；

S——舍弃不符合要求的测点后所余各测点弯沉的标准差。

（4）按下式计算土基、整层材料的回弹模量（E_1）或旧路的综合回弹模量：

$$E_1 = 2Pr/Lr \times (1-\mu^2)K$$

式中：E_1——计算土基、整层材料的回弹模量或旧路的综合回弹模量,MPa；

P——测车轮的平均垂直荷载,MPa；

r——测定用标准双圆单轮传压面当量圆的半径,cm；

μ——测定层材料的泊松比；

K——弯沉系数,为 0.712。

4. 报告

报告应包括弯沉测定表、计算的代表弯沉、采用的泊松比及计算得到的材料回弹模量 E 等,对沥青路面应报告测试时的路面温度。

三、试验三　其他间接测试方法

土基回弹模量也可用长杆贯入综合次数法和加州承载比间接推算法来求算。长杆贯入综合次数法是利用长杆贯入仪,试验时记录测头击入土中每10 cm所需的锤击次数,直至贯入土中80 cm为止。综合贯入次数是按布辛公式以距路基表面深度为5 cm、15 cm、25 cm、35 cm、45 cm、55 cm、66 cm和75 cm时压应力略加调整作为各层的权数。

加州承载比值间接推算法是利用加州承载比测试结果关系式求算E值。

课题 3　承载比(CBR)试验

一、加州承载比试验的概念

加州承载比(California Bearing Ratio,CBR)的缩写由美国加利福尼亚州公路局首先提出来,用于评定路基土和路面材料的强度指标,对路基填筑材料合理的选择具有重要的参考意义。根据该方法土基及路面材料的承载能力以材料抵抗局部荷载压入变形的能力表征,并采用标准碎石的承载能力为标准,以相对的百分数表示CBR值。一般采用贯入量为2.5 mm时单位压力与标准压力之比作为材料的加州承载比。

$$加州承载比 = 贯入土壤所需应力 / 贯入标准夯实碎石应力 \times 100\%$$

为了进一步积累经验用于实践,以促进国际学术交流,参考了国内外的情况,我国将CBR指标列入《公路路基设计规范》和《公路路基施工技术规范》,作为路基填料选择的依据。

二、加州承载比试验方法

1)目的和适用范围

(1) 本试验方法只适用于在规定的试筒内制件后,对各种土和路面基层、底基层材料进行加州承载比试验。

(2) 试样的最大粒径宜控制在20 mm以内,最大不得超过40 mm且含量不超过5。

2)仪器设备

圆孔筛、试筒、垫块、夯锤和导管、贯入杆、路面材料强度仪、多孔板、荷载板、膨胀量测定装置等,见图8-13。

3)试验准备

采取有代表性的试料50 kg,过40 mm筛后按四分法取约25 kg。再用四分法将取出的试料分成四份,每份质量6 kg,供击实试验和制试件之用。

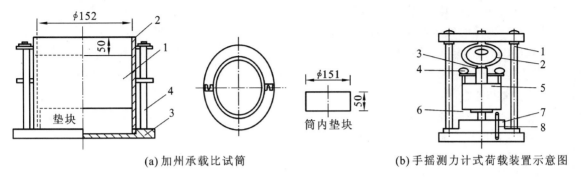

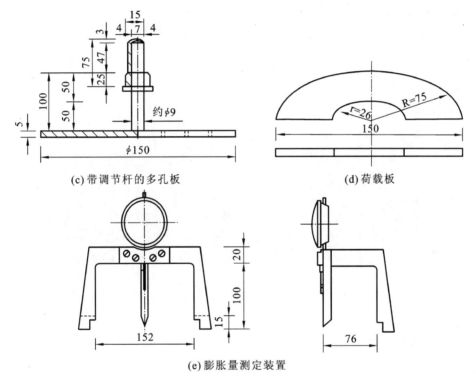

(a) 加州承载比试筒
(b) 手摇测力计式荷载装置示意图

1—试筒；2—套环；3—夯击底板；4—拉杆

(c) 带调节杆的多孔板
(d) 荷载板

(e) 膨胀量测定装置

图 8-13　加州承载比试验仪器设备

1—框架；2—量力环；3—贯入杆；4—分表；5—试件；6—升降台；7—蜗轮蜗杆箱；8—摇把

4) 试验步骤

(1) 击实法制样：制备三种干密度试件，每种干密度试件制三个，则共制九个试件。每层击数分别为 30、50 和 98 次。

(2) 预压法制样：称试筒本身质量 m_1，将试筒固定在底座上，在底座上放一张滤纸。

按最佳含水量制备三个试样，每份试样的质量 G 为：

$$G = 2177 \cdot \rho_{dmax} \cdot K \cdot (1 + W_0)$$

式中：G——试样的质量，g；

2177——试样的体积，cm^3；

ρ_{dmax}——试样的最大干密度，g/cm^3；

K——试样的压实度,$K=90\%$、$K=93\%$、$K=95\%$;

W_0——试样的最佳含水量,%。

将试样分三次装入试筒内,用 $\varphi 151 \times h50$ 垫块进行加压,然后取出垫块,将试样层面"拉毛",重复上述方法进行其余2、3层试样的加压。最后1层加压到垫块与击实筒顶面齐平并稳压 1 min,取出垫块,称试筒的质量(m_2)。

(3) 泡水测膨胀量:在试样制成后,试件顶面放一张滤纸,并在上安装附有调节杆的多孔板,在多孔板上加四块荷载板。

将试筒与多孔板一起放入槽(筒)内,并用拉杆将模具拉紧,安装百分表,并读取初读数。

向水槽(筒)内放水,使水自由进到试件的顶部和底部。在泡水期间,睡眠应保持在试件顶面以上大约 25 mm,试件要泡水 4 昼夜。

泡水终了时,读取试件上百分表的终读数,并用下式计算膨胀量:

$$膨胀量 = \frac{泡水后试件高度变化}{原试件高(=120 \text{ mm})} \times 100$$

从水槽中取出试件,倒出试件顶面的水,静置 15 min,让其排水,然后卸去附加荷载和多孔板、底板和滤纸,并称量(m_3)。见图 8-14。

图 8-14 试件预压及泡水

(4) 贯入试验(见图 8-15)。

① 将泡水试验终了的试件放到路面材料强度试验仪的升降台上,调整偏球座,使贯入杆与试件顶面全面接触,在贯入杆周围放置 4 块荷载板。

② 现在贯入杆上施加 45 N 荷载,然后将测力和测变形的百分表的指针都调整至零点。

③ 加荷使贯入杆以 1~1.25 mm/min 的速度压入试件,记录测力计内百分表某些整读数(如 20、40、60)时的贯入量,并注意使用贯入量为 250×10^{-2} mm 时,能有 5 个以上的读数。

图 8-15 贯入试验

5)结果整理

(1)以单位压力(p)为横坐标,贯入量(l)为纵坐标,绘制 p-l 关系曲线,如图 8-16 所示。

(2)一般采用贯入量为 2.5 mm 时的单位压力与标准压力之比作为材料的加州承载比,即

$$CBR = P/7000 \times 100$$

式中:CBR——承载比,%;

P——单位压力,kPa。

同时计算贯入量为 5 mm 时的承载比:$CBR = P/10500 \times 100$

(3)试件湿密度用下式计算:

$$\rho = (m_2 - m_1)/2177$$

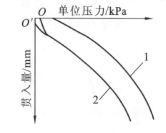

图 8-16 单位压力与贯入量的关系曲线

式中:ρ——试件的湿密度,g/cm³;

m_2——试筒和试件的合质量,g;

m_1——试筒的质量,g;

2177——试筒的容积,cm³。

(4)试件的干密度用下式计算:

$$\rho_d = \frac{\rho}{1+0.01\omega}$$

式中:ρ_d——试件的干密度,g/cm³;

ω——试件的含水量,%。

(5)泡水后试件的吸水量按下式计算:

$$\omega_0 = m_3 - m_2$$

式中:ω_0——泡水后试件的吸水量,g;

m_3——泡水后试筒和试件的合质量,g;

m_2——试筒和试件的合质量,g。

6)精度要求

根据 3 个平行试验结果计算得承载比变异系数 $C_V > 12\%$,则去掉一个偏离大的值,取其余 2 个结果的平均值。如 $C_V < 12\%$,且三个平行试验结果计算的干密度偏差超过 0.03 g/cm³,则去掉一个偏离大的值,取其余 2 个结果的平均值。

7)报告

(1)材料的颗粒组成,最佳含水量(%)和最大干密度(g/cm³)。

(2)材料的承载比(%),承载比小于 100,精确到 5%;承载比大于 100,精确到 10%。

(3)材料的膨胀量(%)。

模块小结

回弹弯沉值是指标准后轴双轮组轮隙中心处的最大回弹弯沉值。在路表测试的回弹弯沉值可以反映路基面的综合承载能力。采用回弹弯沉值来表征路基路面的承载能力,回弹弯沉

值越大,承载能力越小,反之越大。

知道贝克曼梁法测定路基路面回弹弯沉的测试步骤,会对回弹弯沉值进行修正,会进行回弹弯沉评定。知道路基路面施工或验收时回弹模量(承载板法)检测步骤,会进行回弹模量检测。会进行加州承载比试验。

1. 弯沉的概念。
2. 简述贝克曼梁法测定路基路面回弹弯沉的测试步骤。
3. 简述路基路面施工或验收时回弹模量(承载板法)检测步骤。
4. 加州承载比的概念。
5. 简述加州承载比试验步骤。

模块 9 路面外观与沥青路面渗水系数检测

学习目标

☆ **知识目标**

（1）掌握路面破损检测方法。
（2）掌握路面错台与沥青路面车辙检测方法。
（3）掌握沥青路面渗水系数检测方法。

☆ **能力目标**

（1）了解路面破损调查方法。
（2）了解路面错台的检测方法。
（3）了解沥青路面车辙检测方法。
（4）了解路面渗水仪的使用方法。

☆ **知识链接**

目前我国交通事业飞速发展，交通量逐年增大，车辆荷载也随之增加，加之道路设计标准没有变化，这就导致道路的破损发展速度加快、使用年限不断减少。图9-1和图9-2都是由于道路在使用过程中自身的损坏，严重程度不言而喻。通过本章的学习，即可掌握需如何进行道路的破损检测及注意事项。

图 9-1 道路路面的破损(一)

图 9-2 道路路面的破损(二)

课题 1 路面破损检测

一、基本概念

路面结构性能的评价是通过路面损坏状况来描述的,路面损坏状况调查包括各路段路面损坏的类型,确定各项损坏的严重程度,量测损坏出现的范围。

路面病害通常用破损类型、轻重程度和发生范围三方面属性来描述。

1. 沥青路面破损分类、分级

沥青路面破损分类、分级见表 9-1。

表 9-1 沥青路面破损分类、分级

破损类型		分级	外观描述	分级指标	计量单位	换算系数	备注
裂缝类	龟裂	轻	初期龟裂,缝细、无散落,裂区无变形	块度:20~50cm	m²	0.6	
		中	裂块明显,缝较宽(2~5 mm),无或轻散落或轻度变形	块度:<20 cm	m²	0.8	
		重	裂块破碎,缝宽(>5 mm),散落重,变形明显,急待修理	块度:<20 cm	m²	1.0	
	块状裂缝	轻	缝细(<3 mm),不散落,块度大	块度:>100 cm	m²	0.6	
		重	缝宽(>3 mm),散落,裂块小	块度:50~100 cm	m²	0.8	
	纵裂	轻	缝壁无散落或轻微散落,无或少支缝	缝宽:≤3 mm	m²	0.6	实际长度乘以0.2
		重	缝壁散落多,支缝多	缝宽:>3 mm	m²	1.0	
	横裂	轻	缝壁无散落或轻微散落,无或少支缝	缝宽:≤3 mm	m²	0.6	
		重	缝壁散落多,支缝多	缝宽:>3 mm	m²	1.0	

续表

破损类型	分级	外观描述	分级指标	计量单位	换算系数	备注
松散类	坑槽 轻	坑浅，面积小（<0.1 m²）	坑深：≤25 mm	m²	0.8	
	坑槽 重	坑深，面积较大（>0.1 m²）	坑深：>25 mm	m²	1.0	
	松散 轻	细集料散失、脱皮、麻面等表面损坏		m²	0.6	
	松散 重	粗集料散失、脱皮、麻面、多量微坑、表面剥落		m²	1.0	
变形类	沉陷 轻	深度浅（>10 mm），行车无明显不适感	深度：10~25 mm	m²	0.6	
	沉陷 重	深度深，行车明显颠簸不适	深度：>25 mm	m²	1.0	
	车辙 轻	变形较浅	深度：10~15 mm	m²	0.6	按每条的实际长度乘以0.4
	车辙 重	变形较深	深度：>15 mm	m²	1.0	
	波浪拥包 轻	波峰波谷高差小	高度：10~25 mm	m²	0.6	
	波浪拥包 重	波峰波谷高差大	高度：>25 mm	m²	1.0	
其他类	泛油	路表呈现沥青膜，发亮，镜面，有轮印		m²	0.2	
	修补	因破损或病害而采取修复措施进行处治，路表外观上已修补的部分与未修补的部分明显不同		m²	0.1	
	冻胀	路基下部的水分向上聚集并冻结成冰引起路面结构膨胀，造成路表拱起和开裂		m²	1.0	
	翻浆	因路基湿软，路面出现弹簧、破裂、冒浆的现象		m²	1.0	

2. 水泥混凝土路面破损分类

水泥混凝土路面损坏分11类20项：破碎板、裂缝、板角断裂、错台、唧泥、边角剥落、接缝料损坏、坑洞、拱起、露骨、修补。

1）破碎板
（1）轻：板块被裂缝分为3块以上，破碎板未发生松动和沉陷，损坏按板块面积计算。
（2）重：板块被裂缝分为3块以上，破碎板有松动、沉陷和唧泥等现象，损坏按板块面积计算。

2）裂缝
板块上只有一条裂缝，裂缝类型包括横向、纵向和不规则的斜裂缝等。
（1）轻：裂缝窄、裂缝处未剥落，缝宽小于3 mm，一般为未贯通裂缝，损坏按长度计算，检测结果要用影响宽度换算成面积。

(2) 中:边缘有碎裂,裂缝宽度在 3~10 mm 之间,损坏按长度计算,检测结果要用影响宽度换算成面积。

(3) 重:缝宽、边缘有碎裂并伴有错台出现,缝宽大于 10 mm,损坏按长度计算,检测结果要用影响宽度换算成面积。

3) 板脚断裂

裂缝与纵横接缝相交,且交点距板角小于或等于板边长度一半的损坏。

(1) 轻:裂缝宽度小于 3 mm,损坏按断裂 板角的面积计算。

(2) 中:裂缝宽度在 3~10 mm 之间,损坏按断裂板角的面积计算。

(3) 重:裂缝宽度大于 10 mm,断角有松动,损坏按断裂板角的面积计算。

4) 错台

接缝两边出现的高差大于 5 mm 的损坏。

(1) 轻:高差小于 10 mm,损坏按长度计算,检测结果要用影响宽度换算成面积。

(2) 重:高差 10 mm 以上,损坏按长度计算,检测结果要用影响宽度换算成面积。

5) 唧泥

板块在车辆驶过后,接缝处有基层泥浆涌出,损坏按长度计算,检测结果要用影响宽度换算成面积。

6) 边角剥落

沿接缝方向的板边碎裂和脱落,裂缝面与板面成一定角度。

(1) 轻:浅层剥落,损坏按长度计算,检测结果要用影响宽度换算成面积。

(2) 中:中深层剥落,接缝附近水泥混凝土有开裂,损坏按长度计算,检测结果要用影响宽度换算成面积。

(3) 重:深层剥落,接缝附近水泥混凝土多处开裂,深度超过接缝槽底部,损坏按长度计算,检测结果要用影响宽度换算成面积。

7) 接缝料损坏

由于接缝的填缝料老化、剥落等原因,接缝内已无填料,接缝被砂、石、土等填塞。

(1) 轻:填缝料老化,不密水,但尚未剥落脱空,未被砂、石、土填塞,损坏按长度计算,检测结果要用影响宽度换算成面积。

(2) 重:三分之一以上接缝出现空缝或被砂、石、土填塞,损坏按长度计算,检测结果要用影响宽度换算成面积。

8) 坑洞

板面出现有效直径大于 30 mm、深度大于 10 mm 的局部坑洞,损坏按坑洞或坑洞群所涉及的面积计算。

9) 拱起

横缝两侧的板体发生明显抬高,高度大于 10 mm,损坏按拱起所涉及的板块面积计算。

10) 露骨

板块表面细集料散失、粗集料暴露或表层疏松剥落,损坏按面积计算。

11) 修补

裂缝、板角断裂、边角剥落、坑洞和层状剥落的修补面积或修补影响面积(裂缝修补按长度计算,影响宽度为 0.2 m)。

二、沥青路面破损调查方法

1. 目的与适用范围

通过沥青路面的破损调查,测定沥青路面各类破损的数量与面积、计算路面破损率及裂缝率等,可供路面质量管理与验收、建立路面管理系统和决定路面维修方案时使用。

2. 仪器与耗材

检测所需的仪器与耗材有量尺(钢卷尺、皮尺、钢直尺等)、破损记录纸(毫米方格纸)、高速摄影车或其他高效测试设备。

3. 检测方法与步骤

1)准备工作

根据调查破损的目的,选择各类破损调查的时间,如路面翻浆调查就应选在春季进行;对车辙、拥包、波浪等热稳定性变形应选在夏季进行;对松散类破损宜选在雨季进行等。为便于裂缝观测,宜选择在雨后(或预先洒水)路表已干燥但尚有水迹的时机观测。选择测试路段并量测其路面的长度及宽度,计算测试路段总面积(a)。在毫米方格纸上按比例绘制破损记录方格,填好里程桩号。

2)检测步骤

(1)当采用高速摄影车或其他高效测试设备测试时,按有关使用说明书操作。采用自动摄影车测试时,进行连续摄影或录像,然后在室内评定或用计算机检测裂缝等各类破损数量。

(2)当为人工检测时,由 2~4 人组成一组,沿路面仔细观察路面各类破损情况。若观测裂缝时,一般以逆光观测较为清楚,对不明显的裂缝,可在裂缝位置用粉笔作出标记。

(3)目测或用量尺测试路段的路面上各类破损的长度或范围,精确至 0.1 m。

(4)车辙检测按规程的规定进行。拥包、波浪、沉陷等变形类损坏除记录面积外,尚应测记拥起高度或下陷深度。

(5)记录破损位置(桩号),就地在方格纸上按比例描绘破损图,记录破损类别。

(6)必要时,可拍摄照片或录像备查。

4. 结果计算

(1)测试路段的沥青路面各类破损的长度或面积可按表 9-1 分类统计。沥青路面破损率为各种类型破损的换算面积与调查区域总面积之比,按式(9-1)计算。根据需要,可以计入破损类型及严重程度的系数,并按破损类别分别统计。

$$DR = \frac{\sum\sum A_{ij}K_{ij}}{A} \times 100\% \qquad (9\text{-}1)$$

式中：DR——沥青路面的破损率，%；

A_{ij}——路面各种损坏类型分别严重程度的累计面积，m^2；

i——破损类别；

j——破损严重程度；

K_{ij}——路面各种损坏类型及不同严重程度的权重，根据规范选用，如无规定时取为1；

A——调查路面面积，m^2。

（2）沥青路面的裂缝率按式(9-2)计算。

$$C_K = \frac{C_A + L \times 0.3}{A} \qquad (9\text{-}2)$$

式中：C_K——沥青路面总裂缝率，$m^2/1100\ m^2$；

C_A——龟裂及块裂的总面积，m^2；

L——单根裂缝的总长度，m；

0.3——将单根裂缝长度换算成面积的影响系数；

A——调查路面面积，m^2。

（3）在没有龟裂及块裂的路面上，沥青路面横向裂缝或纵向裂缝等单根裂缝、裂缝度、总裂缝度分别按式(9-3)、式(9-4)、式(9-5)计算。

$$C_{1d} = \frac{\sum L_1}{A} \qquad (9\text{-}3)$$

$$C_{2d} = \frac{\sum L_2}{A} \qquad (9\text{-}4)$$

$$C_d = C_{1d} + C_{2d} + \cdots \qquad (9\text{-}5)$$

式中：C_{1d}——沥青路面横向裂缝的裂缝度，$m/1100\ m^2$；

C_{2d}——沥青路面纵向裂缝的裂缝度，$m/1100\ m^2$；

C_d——沥青路面总裂缝度，$m/1100\ m^2$；

$\sum L_1$——横向裂缝的总长度，m；

$\sum L_2$——纵向裂缝的总长度，m，其余符号意义同前。

（4）计算裂缝度时可将各种单根裂缝（如横向裂缝、纵向裂缝、温度裂缝、施工接缝、反射裂缝等）单独计算。如欲换算成以面积计算的裂缝率时，宜将其分别乘以0.3 m得到。但当将单根裂缝纳入网状裂缝病害用于计算一般公路的完好率时，应按照《公路工程质量检验评定标准》(JTG F80/1—2012)的规定计算。

5. 检测报告

沥青路面破损检测报告一般包括以下几点。

（1）路线名称、路面结构、使用年限、交通情况等。

（2）破损记录图及调查统计表。

(3) 破损率、裂缝率、裂缝度等。

(4) 破损原因分析及处理建议。

三、水泥混凝土路面破损调查方法

1. 目的与适用范围

本方法适用于测定水泥混凝土路面的路面板开裂、接缝损坏等各种破损情况,供路面质量管理与验收、建立路面管理系统和决定路面维修方案时使用。

2. 仪器与耗材

(1) 量尺:钢卷尺、皮尺、钢尺等。

(2) 记录纸(毫米方格纸)。

(3) 其他:改锥、粉笔、扫帚、小红旗及安全标志等。

3. 检测方法与步骤

1)准备工作

(1) 选定路段并量测其路面的长度及宽度。

(2) 如路面不洁妨碍观测时,可用扫帚清扫裂缝附近路面。

注:为便于观测,宜选择在雨后路面已干燥但裂缝尚有水迹的时机观测。观测应有专人指挥交通(需要时可封闭交通),并设置交通安全标志等以确保观测者的安全。

2)检测步骤

(1) 沿路面纵向1～2人负责一块混凝土板宽度,仔细观察裂缝等各种破损情况,必要时用粉笔作出标记。

(2) 用目测或量尺分别测量测试路段的路面上每条裂缝长度及破损面积,精确至10 cm。对伸缩缝接缝处的破坏及角部已成块的破坏都应单独记录条数、面积。其中接缝拱起还应记录高度。

(3) 记录板块号、破损位置(桩号),在方格纸中按比例裂缝及破损情况图。

(4) 根据需要,拍摄照片或录像备查。

4. 结果计算

(1) 测试路段路面的各类破损的长度或面积,可按表9-2分类统计,其中错台、拱起、板块沉陷还应记录高度或深度。

表 9-2 水泥混凝土路面破损调查统计表

调查路段(桩号): 　　　　　　　　　　　　　　　调查员:
调查时间: 　　　　　　　　　　　　　　　　　　天　气:

破损类型		坏板数/块	坏缝数/条	数量		
				面积/m²	长度/m	高度/m
板块裂缝	板角裂缝	块				
	D形裂缝	块				
	纵向裂缝	块				
	横向开裂	块				
	纵向断板	块				
	横向断板	块				
接缝损坏	接缝材料损坏		条			
	边角剥落	块	条			
	唧泥		条			
	错台		条			
	拱起		条			
表面缺陷	网状细裂缝	块				
	层状剥落、起皮	块				
	露骨(集料磨光)	块				
	坑洞	块				
其他	板块沉陷	块				

(2)水泥混凝土路面的坏板率按式(9-6)计算。根据需要,可按有关规范对各种坏板类型及严重程度取不同的权值进行计算。坏板率是指已发生板面开裂、断板、接缝损坏、表面缺陷、板块沉陷等各种板的损坏情况。

$$B_K = \frac{\sum\sum A_{ij}K_{ij}}{S} \times 100\% \tag{9-6}$$

式中:B_K——水泥混凝土路面的坏板率,%;

A_{ij}——水泥混凝土板各种损坏类型分别严重程度的累计换算板数;

i——破损类别;

j——破损严重程度,可分为轻微、中度、严重三个等级;

K_{ij}——水泥混凝土板各种损坏类型及不同严重程度的权重,根据规范选用,如无规定时取为1;

S——调查路段路面板总块数。

(3)水泥混凝土路面的断板率按式(9-7)计算。

$$B_D = \frac{D}{S} \times 100\% \tag{9-7}$$

式中：B_D——水泥混凝土路面的断板率，%；

D——已完全折断成两块以上的水泥混凝土路面板总数，其余符号意义同前。

（4）水泥混凝土路面的裂缝度、裂缝率按式(9-8)、式(9-9)计算。

$$C_d = \frac{\sum L}{A} \tag{9-8}$$

$$C_K = \frac{\sum C_A}{A} \tag{9-9}$$

式中：C_d——水泥混凝土路面的裂缝度，$m/1100\ m^2$；

C_K——水泥混凝土路面裂缝率，$m^2/1100\ m^2$；

$\sum C_A$——板角裂缝、D 形裂缝及完全碎裂的总面积，m^2；

$\sum L$——水泥混凝土路面板的纵向开裂、横向开裂总长度，m；

A——测试路面总面积，以 $1100\ m^2$ 计。

（5）水泥混凝土路面的坏缝率按式(9-10)计算。

$$J_K = \frac{\sum J_{1C} + \sum J_{2C}}{J_1 + J_2} \times 100\% \tag{9-10}$$

式中：J_K——水泥混凝土路面的坏缝率，$m/1100\ m^2$；

$\sum J_{1C}$——水泥混凝土路面的横向伸缩缝破坏的总长度，m；

$\sum J_{2C}$——水泥混凝土路面的纵向接缝破坏的总长度，m；

J_1——测试路段的横向伸缩缝的总长度，以 $1100\ m$ 计；

J_2——测试路段的纵向接缝的总长度，以 $1100\ m$ 计。

课题 2　路面错台与沥青路面车辙检测

一、路面错台检测

1. 目的与适用范围

本方法适用于测定路面在人工构造物端部接头、水泥混凝土路面或桥梁的伸缩缝，以及沥青路面裂缝两侧由于沉降所造成的错台（台阶）高度，以评价路面行车舒适性能（跳车情况），并作为计算维修工作量的依据。

2. 仪器与耗材

皮尺、水准仪、3 m 直尺、钢板尺、钢卷尺和粉笔。

3. 检测方法与步骤

（1）非经注明，错台的测定位置，以行车道错台最大纵断面为准，根据需要也可以其他代表性纵断面为测定位置。

（2）选择需要测定的断面，记录位置及桩号，描述发生错台的原因。

（3）构造物端部由于沉降造成的接头错台的测试步骤如下：

① 将精密水平仪架在距构造物端部不远的路面平顺处调平。

② 从构造物端部无沉降或鼓包的断面位置起，沿路线纵向用皮尺量取一定距离，作为测点，在该处立起塔尺，测量高程。再向前量取一定距离，作为测点，测量高程。如此重复，直至无明显沉降的断面为止。无特殊需要，从构造物端部起 2 m 内应每隔 0.2 m 量测一次，2~5 m 内宜每隔 0.5 m 量测一次，5 m 以上可每隔 1 m 量测一次，由此得出沉降纵断面及最大沉降值，即最大错台高度 D_m，精确至 1 mm。

（4）测定由水泥混凝土路面或桥梁的伸缩缝或路面横向开裂造成的接缝错台、裂缝错台时，可按（3）的方法用水平仪测定接缝或裂缝两侧一定范围内的道路纵断面，确定最大错台的位置及高度 D_m，精确至 1 mm。

（5）当发生错台变形的范围不足 3 m 时，可在错台最大位置沿路线纵向用 3 m 直尺架在路面上，其一端位于错台的高出的一侧，另一端位于无明显沉降变形处，作为基准线。用钢板尺或钢卷尺每隔 0.2 mm 量取路面与基准线直接高度 D，同时测记最大错台高度 D_m，精确至 1 mm。

4. 结果计算

以测定的错台读数 D 与各测点的距离绘制成纵断面图作为测定结果。图中应标明相应断面的设计纵断面高程，最大错台位置与高度 D_m，精确至 1 mm。

5. 检测报告

检测报告应记录如下事项。

（1）路线名、测定日期、天气情况。

（2）测定地点、桩号、路面及构造物概况。

（3）道路交通情况及造成错台原因的初步分析。

（4）最大错台高度 D_m 及错台纵断面图。

二、沥青路面车辙检测

1. 目的与适用范围

本方法适用于测定沥青路面的车辙，评定路面使用状况及作为计算维修工作量的依据。

2. 仪器与耗材

（1）路面横断面仪：如图 9-3 所示，其长度不小于一个车道宽度，横梁上有一位移传感器，可自动记录横断面形状,调试间距小于 20 cm,测试精度为 1 mm。

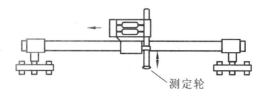

图 9-3　路面横断面仪

(2)激光或超声波车辙仪:如图 9-4 所示,包括多点激光或超声波车辙仪、线激光车辙仪和线扫描激光车辙仪等类型。通过激光测距技术、激光成像或数字图像分析技术得到车道横断面相对高程数据,并按规定模式计算车辙深度。

要求激光或超声波车辙仪有效测试宽度不小于 3.2 m,测点不小于 13 点,测试精度为 1 mm。

图 9-4　激光连续车辙测试仪

(3)横断面尺:如图 9-5 所示,为硬木或金属制直尺,刻度间距 5 cm,长度不小于一个车道宽度。顶面平直,最大弯曲不超过 1 mm,两端有把手及高度为 10~20 cm 的支脚,两支脚的高度相同。

图 9-5　路面横断面尺

(4)量尺:钢板尺、卡尺、塞尺,量程大于车辙深度,刻度至 1 mm。
(5)其他:皮尺、粉笔等。

3. 检测方法与步骤

(1) 车辙测定的基准测量宽度应符合下列规定。
① 对高速公路及一级公路,以发生车辙的一个车道两侧标线宽度中点到中点的距离为基准测量宽度。
② 对二级及二级以下公路,有车道区画线时,以发生车辙的一个车道两侧标线宽度中点到

中点的距离为基准测量宽度;无车道区画线时,以形成车辙部位的一个设计车道宽作为基准测量宽度。

(2)以一个评定路段为单位,用激光车辙仪连续检测时,测定断面间隔不大于 10 mm。用其他方法非连续测定时,在车道上每隔 50 m 作为一测定断面,用粉笔画上标记进行测定。

(3)采用激光或超声波车辙仪的测试步骤如下。

① 将检测车辆就位于测定区间起点前。

② 启动并设定检测系统参数。

③ 启动车辙和距离测试装置,开动测试车沿车道轮迹位置且平行于车道线平稳行驶,测试系统自动记录出每个横断面和距离数据。

④ 到达测定区间终点后,结束测定。

⑤ 系统处理软件按照规定的模式通过各横断面相对高程数据计算车辙深度。

(4)采用路面横断面仪的测试步骤如下。

① 将路面横断面仪就位于测定断面上,方向与道路中心线垂直,两端支脚立于测定车道两侧边缘,记录断面桩号。

② 调整两端支脚高度,使其等高。

③ 移动横断面仪的测量器,从测定车道的一端移至另一端,记录出断面形状。

(5)采用横断面尺的测试步骤如下。

① 将横断面尺就位于测定断面上,两端支脚置于车道两侧。

② 沿横断面尺每隔 20 cm 一点,用量尺垂直立于路面上,用目平视测记横断面尺顶面与路面之间的距离,精确至 1 mm。如断面的最高处或最低处明显不在测定点上,应加测该点距离。

③ 记录测定读数,绘出断面图,最后连接成圆滑的横断面曲线。

④ 横断面尺也可以用线绳代替。

⑤ 当不需要测定横断面,仅需要测定最大车辙时,亦可以用不带支脚的横断面尺架在路面上由目测确定最大车辙位置用尺量取。

4. 结果计算

(1)根据断面线按图 9-6 的方法画出横断面图及顶面基准线。通常为其中之一种形式。

(2)在图上确定车辙深度 D_1 及 D_2,精确至 1 mm,以其中最大值作为断面的最大车辙深度。

(3)求取各测定断面最大车辙深度的平均值作为该评定路段的平均车辙深度。

断面图概括了不同形状及不同程度的车辙。由于造成车辙的原因不同(沥青混合料推挤流动、压密、路基压实、沉降)及车轮横向分布的不同,车辙形状是不同的。

5. 检测报告

测试报告应记录下列事项。

(1) 采用的测定方法。

(2) 路段描述,包括里程桩号、路面结构及横断面、使用年限、交通情况等。

(3) 各测定断面的横断面图。

(4) 各测定断面的最大车辙深度表。

(5) 各评定路段的最大车辙深度和平均车辙深度。

(6) 根据测定目的应记录的其他事项或数据。

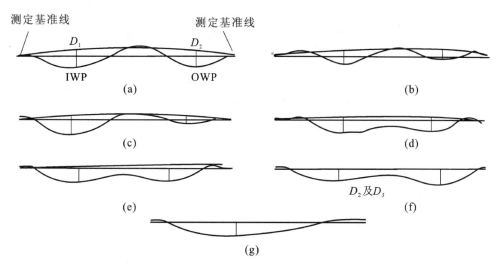

图 9-6　不同形状、不同程度的路面车辙示意图
注：IWP、OWP 表示内侧轮迹带及外侧轮迹带

沥青路面渗水系数检测

1. 目的与适用范围

本方法适用于在路面现场测定沥青路面的渗水系数。

2. 仪器与耗材

（1）路面渗水仪：形状如图 9-7 所示。上部盛水量筒由透明有机玻璃制成，容积 600 mL，上有刻度，在 100 mL 及 500 mL 处有粗标线，下方通过 10 mm 的细管与底座相接，中间有一开关。量筒通过支架联结，底座下方开口内径 150 mm，外径 220 mm，仪器附不锈钢圈压重两个，每个质量约 5 kg，内径 160 mm。

（2）水筒及大漏斗。

（3）秒表。

（4）密封材料：防水腻子、油灰或橡皮泥。

（5）其他：水、粉笔、塑料圈、刮刀、扫帚等。

3. 检测方法与步骤

1）准备工作

（1）在测试路段的行车道路面上，按规定的随机取样方法选择测试位置，每一个检测路段应测定 5 个测点，并用粉笔画上测

图 9-7　路面渗水仪

试标记。

(2)试验前,首先用扫帚清扫表面,并用刷子将路面表面的杂物刷去。杂物的存在一方面会影响水的渗入;另一方面也会影响渗水仪和路面或者试件的密封效果。

2)检测步骤

(1)将塑料圈置于试件中央或者路面表面的测点上,用粉笔分别沿塑料圈的内侧和外侧画上圈,在外环和内环之间的部分就是需要用密封材料进行密封的区域。

(2)用密封材料对环状密封区域进行密封处理,注意不要使密封材料进入内圈。如果密封材料不小心进入内圈,必须用刮刀将其刮走。然后再将搓成拇指粗细的条状密封材料摆在环状密封区域的中央,并且摆成一圈。

(3)将渗水仪放在试件或者路面表面的测点上,注意使渗水仪的中心尽量和圆环中心重合,然后略微使劲将渗水仪压在条状密封材料表面,再将配重加上,以防压力水从底座与路面间流出。

(4)将开关关闭,向量筒中注满水,然后打开开关,使量筒中的水下流排出渗水仪底部内的空气,当量筒中水面下降速度变慢时用双手轻压渗水仪使渗水仪底部的气泡全部排出。关闭开关,并再次向量筒中注满水。

(5)将开关打开,待水面下降至 100 mL 刻度时,立即开动秒表开始计时,每间隔 60 s,读取仪器管的刻度一次,至水面下降 500 mL 时为止。测试过程中,如水从底座与密封材料间渗出,说明底座与路面密封不好,应移至附近干燥路面处重新操作。如水面下降速度较慢,则测定 3 min 的渗水量即可停止;如果水面下降速度较快,在不到 3 min 的时间内到达了 500 mL 刻度线,则记录到达了 500 mL 刻度线时的时间;若水面下降至一定程度后基本保持不动,说明基本不透水或根本不透水,在报告中注明。

(6)按以上步骤在同一个检测路段选择 5 个测点测定渗水系数,取其平均值作为检测结果。

4. 结果计算

根据计算公式(9-11)计算。计算时以水面从 100 mL 下降到 500 mL 所需的时间为标准,若渗水时间过长,也可以采用 3 min 通过的水量计算。

$$C_\mathrm{w}=\frac{V_2-V_1}{t_2-t_1}\times 60 \tag{9-11}$$

式中:C_w——路面渗水系数,mL/min;

V_1——第一次计时的水量,mL,通常为 100 mL;

V_2——第二次计时的水量,mL,通常为 500 mL;

t_1——第一次计时的时间,s;

t_2——第二次计时的时间,s。

5. 检测报告

现场检测,每一个检测路段应测定 5 个测点,计算其平均值作为检测结果。若路面不透水,在报告中注明渗水系数为 0。

模块9 路面外观与沥青路面渗水系数检测

模块小结

本章主要讲述路面外观及沥青路面渗水系数检测方法，包括路面破损检测、路面错台与沥青路面车辙检测和沥青路面渗水系数检测方法。路面破损、错台检测包含沥青路面破损检测与水泥混凝土路面破损、错台检测；沥青路面车辙可使用路面横断面仪（尺）测定与路面激光连续车辙仪测定；沥青路面渗水系数检测可使用路面渗水仪测定。需掌握各项检测的检测目的、检测方法与步骤、检测结果计算和检测注意事项。

思考与习题

1. 路面破损都有哪些类型？
2. 路面错台检测的方法与步骤是什么？
3. 沥青路面车辙检测的方法与步骤是什么？
4. 沥青路面渗水系数有哪些检测过程？

模块 10 桥梁工程基础检测

学习目标

☆ **知识目标**

(1) 掌握荷载试验法确定地基承载力容许值。
(2) 掌握规范法、触探法确定地基承载力容许值方法。
(3) 掌握单桩竖向承载力检验方法。
(4) 了解钻孔灌注桩施工过程。
(5) 掌握声波法测量成孔质量。
(6) 掌握桩基础的泥浆性能指标、桩基础的成孔质量检验方法。
(7) 掌握钻孔灌注桩质量评定实测项目方法。
(8) 掌握挖孔灌注桩质量评定实测项目方法。
(9) 掌握使用超声脉冲法测桩方法和判断桩身缺陷。
(10) 掌握桩基础完整性检测、桩基础承载能力试验检测方法。

☆ **能力目标**

(1) 会确定地基承载力容许值。
(2) 会地基强度验算方法。
(3) 能够描述试验过程,会对试验数据进行分析,能够独立编制试验检测报告。
(4) 知道钻孔灌注桩施工过程。
(5) 能对钻、挖孔灌注桩质量进行评定。
(6) 会使用超声脉冲法测桩方法和判断桩身缺陷。
(7) 能够进行桩基础成孔质量、低应变反射波法、超声波法检测桩基础的完整性,会进行数据分析和编制检测报告。

模块10 桥梁工程基础检测

☆ 知识链接

埋入土层一定深度的建筑物向地基传递荷载的下部承重结构称为基础,基础是连接上部结构与地基的结构物,基础结构应符合上部结构使用要求。技术上合理以及施工方便,满足地基的承载能力和抗变形能力要求。为了保障建筑工程总体的质量,对地基承载力和基桩承载力检测,对钻、挖孔灌注桩质量检验与评定是十分必要的。本章仅就常见荷载试验法、规范法等确定地基承载力、基桩承载力和桥涵工程基础质量评定方法与检查项目进行论述。

课题 1 地基承载力检测

一、概述

地球上的建筑与土木工程都是修建在地表或埋置于地层之中。建筑物的全部荷载最终由其下的地层来承担,承受建筑物全部荷载的那一部分地层称为地基(图10-1)。由于地层土的压缩性大,强度低而不能直接承担通过墙和柱等竖向传力构件传来的建筑物的上部结构荷载,所以只能在竖向传力构件(墙和柱等)等直接与地基的接触处设置一层尺寸大于墙或柱断面的结构来将荷载扩散后安全地传递给地基,这种埋入土层一定深度的建筑物向地基传递荷载的下部承重结构称为基础(见图10-1)。

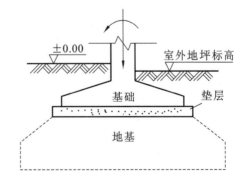

图10-1 地基基础与建筑上部结构示意图

基础是连接上部结构与地基的结构物,基础结构应符合上部结构使用要求。技术上合理以及施工方便,满足地基的承载能力和抗变形能力要求。基础按埋置深度和传力方式可分为浅基础(如独立基础、条形基础、板式基础、筏式基础、箱形基础、壳体基础等)和深基础(如桩基础、沉井基础和地下连续墙等）。

天然地基上的浅基础,由于埋入地层深度较浅,施工一般采用敞开挖基坑修筑基础的方法。基坑挖至基底设计高度,或已按设计要求加固、处理完毕后,需经过基底检验,才可以进行基础施工。基底检验必须及时,以免使待检验基底暴露时间过久而改变原状土的结构或风化变质。

1. 检验内容

应检验基底平面位置、尺寸大小、基底高程是否符合设计要求,偏差值是否在现行有关规定允许范围以内;检查基底地质情况和承载力是否与设计资料相符;检查基底处理和排水情况是否符合《建筑地基基础设计规范》或《公路桥涵地基与基础设计规范》要求;检查施工记录及有关试验资料;检验地基经加固、处理后的地基承载力是否达到设计要求。

2. 检验方法

按桥涵大小、地基土质复杂情况及结构对地基有无特殊要求,可采用以下检查方法。
（1）桥涵地基检验:可采用直观或触探方法,必要时可进行土质试验;
（2）大、中桥和地基土质复杂、结构对地基有特殊要求的地基检验,一般采用触探和钻探取样进行土工试验,或按设计要求进行荷载试验;
（3）特大桥按设计要求处理。

3. 基底平面位置和高程允许偏差的规定

（1）平面周线位置不小于设计要求。
（2）基底高程允许偏差:土质±50 mm;石质+50 mm,-200 mm。

4. 检验注意事项

（1）如果地基经检验后,需要加固处理时,加固处理完毕,应再进行检验,合格后,才能进行基础施工。
（2）为了有较好的可比性,加固前、后两次的测试项目应力求对应,最好由同一组试验人员,用同一组仪器进行。
（3）检验后应按规定格式填写相关记录表格,并由参加检验人员签名,作为竣工验收的原始资料。

二、地基承载力检测

岩土地基承载力分为容许承载力、基本承载力和极限承载力。地基设计采用正常使用极限状态,所选定的地基承载力为承载力容许值。

地基容许承载力是在保证建筑物安全可靠,并符合正常使用要求的前提下,地基土在单位面积上所能承受荷载的能力,通常用荷载强度(kPa)表示。地基容许承载力的确定要考虑两方面的要求,即基础沉降量不超过容许值和保证地基有足够的稳定性。

地基承载力的验算,以修正后的地基承载力容许值控制,该值是在地基原位测试或《建筑地基基础设计规范》(GB 50007—2011)和《公路桥涵地基与基础设计规范》(JTG D63—2007)给出的各类岩土承载力基本容许值的基础上,经过修正而得。

地基容许承载力的测定方法有:野外荷载试验法、理论公式法、邻近旧桥涵调查对比综合分析确定法、贯入试验法以及按《公路桥涵地基与基础设计规范》(JTG D63—2007)推荐的方法确定地基容许承载力。地基承载力的理论公式法只考虑地基的强度,没有考虑沉降的要求,且是在作了一定简化假定的条件下导得的,多数只针对条形荷载而言。

(一)按理论公式计算地基承载力

在实践中,可以根据建筑物的不同要求,用临塑荷载或临界荷载作为地基承载力容许值。下面介绍临塑荷载及临界荷载的理论计算公式。

1. 临塑荷载

临塑荷载是指地基土中将要出现但尚未出现塑性变形区时的基底压力。临塑荷载理论公式的计算是根据土中应力计算的弹性理论和土体极限平衡条件推得的。均布条形荷载作用下地基的临塑荷载计算公式见公式(10-1)。

$$p_{cr} = \gamma d N_q + c N_c \tag{10-1}$$

$$N_q = \frac{\cot\varphi + \varphi + \dfrac{2}{\pi}}{\cot\varphi + \varphi - \dfrac{2}{\pi}}, \quad N_c = \frac{\pi \times \cot\varphi}{\cot\varphi + \varphi - \dfrac{2}{\pi}}$$

式中:γ——基础范围内土的重度,kN/m^3;

d——基础的埋置深度,m;

c——基础底面以下土的黏聚力,kPa;

φ——基础底面以下土的内摩擦角,(°)。

2. 临界荷载

工程实践表明,即使地基中存在塑性区的发展,只要塑性区范围不超过某一限度,一般不会影响建筑物的安全和正常使用。若地基中允许塑性区开展的深度 $Z_{max} = \dfrac{b}{4}$(b 为基础宽度),与之对应的荷载称为临界荷载。见公式(10-2)。

$$p_{\frac{1}{4}} = \frac{1}{2}\gamma b N_r + \gamma d N_q + c N_c \tag{10-2}$$

$$N_r = \frac{\pi}{4\left(\cot\varphi + \varphi - \dfrac{\pi}{2}\right)}$$

式中:N_r、N_q、N_c——承载力系数,它们只与土的内摩擦角有关,可从表10-1查用;

其他符号意义同前。

表 10-1 临塑荷载 p_{cr} 及临界荷载 $p_{\frac{1}{4}}$ 的承载力系数 N_r、N_q、N_c 值

$\varphi(°)$	N_r	N_q	N_c	$\varphi(°)$	N_r	N_q	N_c
0	0	1.00	3.14	22	0.61	3.44	6.04
2	0.03	1.12	3.32	24	0.72	3.87	6.45
4	0.06	1.25	3.51	26	0.84	4.37	6.90
6	0.10	1.39	3.71	28	0.98	4.93	7.40
8	0.14	1.55	3.93	30	1.15	5.59	7.95
10	0.18	1.73	4.17	32	1.34	6.35	8.55
12	0.23	1.94	4.42	34	1.55	7.21	9.22
14	0.29	2.17	4.69	36	1.81	8.25	9.97
16	0.36	2.43	5.00	38	2.11	9.44	10.80
18	0.43	2.72	5.31	40	2.46	10.84	11.73
20	0.51	3.06	5.66	45	3.66	15.64	14.64

上述公式是在均质地基情况下求解所得。如果基底上下的土层不同,则式(10-2)中第一项应采用基底以下土的重度。另外地下水以上均采用天然重度,而地下水以下则用浮重度。

上述临塑荷载和临界荷载计算公式都是在均布条形荷载条件下推得的,应用于矩形基础或圆形基础,其结果偏安全。另外,公式的推导采用弹性理论计算土中应力,对于已出现塑性区的塑性变形阶段,在计算临界荷载 $p_{\frac{1}{4}}$ 其推导是不够严格的。

3. 极限荷载公式

地基的极限荷载是在地基内部整体达到极限平衡时的荷载。采用理论公式计算极限荷载的公式很多,基本上分成两种类型,一种是按照极限平衡理论求解,另一种是按照假定滑动面法求解。

按极限平衡理论计算极限荷载时,在实际运用时常无法求得其解析解,而只能用数值计算方法来求解,这使得计算量很大,在实际应用中很不方便。而按照假定滑动面法得到的极限荷载公式在应用上比较方便,实践中多用此方法。这类极限荷载计算公式很多,目前没有得到一致公认的公式,对这些公式的评价,一方面要看它所假定的滑动面与实际是否相符,同时还涉及土的强度指标的选用。本节仅介绍太沙基公式。

太沙基假定基础是条形基础,均布荷载,基础底面粗糙。当地基发生滑动时,滑动面的形状是:两端为直线,中间为曲线,左右对称,如图10-2将滑动土体分为三个区:Ⅰ区——由于土体与基础粗糙的底面之间存在很大的摩擦阻力,此区的土体不发生剪切位移,处于弹性压密状态。滑动面与基础底面直径的夹角为土的内摩擦角 φ。Ⅱ区——对称位于Ⅰ区左右下方,滑动面为对数螺旋线。Ⅰ区正中底部的 b 点处对数螺旋线的切线为竖向,c 点处对数螺旋线的切线方向与水平线夹角为 $45°-\frac{\varphi}{2}$。Ⅲ区——对称位于Ⅱ区左右,呈等腰三角形,滑动面为斜向平面,该斜面与水平面的夹角也为 $45°-\frac{\varphi}{2}$。

太沙基不考虑基底以上基础两侧土体抗剪强度的影响,以均布超载 $q=\gamma_0 d$ 来代替埋置深度

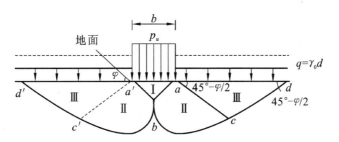

图 10-2 太沙基公式的滑动面形式

内的土体自重。根据在均匀分布的极限荷载力作用下,作用于Ⅰ区根各力在竖直方向的静力平衡条件,可求得太沙基极限荷载为

$$p_u = \frac{1}{2}\gamma b N_r + c N_c + \gamma d N_q \tag{10-3}$$

式中:N_r, N_c, N_q——承载力系数,仅与地基土的内摩擦角 φ 有关,可查表 10-2 确定。

表 10-2 太沙基承载力系数

$\varphi(°)$	N_r	N_q	N_c	$\varphi(°)$	N_r	N_q	N_c
0	0	1.00	5.7	22	6.50	9.17	20.2
2	0.23	1.22	6.5	24	8.6	11.4	23.4
4	0.39	1.48	7.0	26	1.15	14.2	27.0
6	0.63	1.81	7.7	28	15.0	17.8	31.6
8	0.86	2.20	8.5	30	20.0	22.4	37.0
10	1.20	2.68	9.5	32	28.0	28.7	44.4
12	1.66	3.32	10.9	34	36.0	36.6	52.8
14	2.20	4.00	12.0	36	50.0	47.2	63.6
16	3.00	4.91	13.0	38	90.0	61.2	77.0
18	3.90	6.04	15.5	40	130.0	80.5	94.8
20	5.00	7.42	17.6	45	326.0	173.0	172.0

公式(10-3)只适用于条形基础,对于圆形或者方形基础太沙基提出了半经验的极限荷载公式:

圆形基础: $$P_u = 0.6\gamma R N_r + \gamma d N_q + 1.2 N_c \tag{10-4}$$

式中:R——圆形基础的半径,其他符号同前。

方形基础: $$P_u = 0.4\gamma b N_r + \gamma d N_q + 1.2 c N_c \tag{10-5}$$

上述公式只适用于地基土是整体剪切破坏,对于局部剪切破坏,沉降较大,其极限荷载较小,太沙基建议把土的强度指标按下列方法进行折减后再代入上列各式计算。即令

$$c' = \frac{2}{3}c$$

$$\tan\varphi' = \frac{2}{3}\tan\varphi, \quad 即 \quad \varphi' = \arctan\left(\frac{2}{3}\tan\varphi\right)$$

通过上述公式计算出的极限承载力,除以安全系数 K,既可得到地基承载力特征值,K 值一般取 2~3。

【**例 10-1**】 已知某条形基础,基础宽 $b=4$ m,基础埋深 $d=2$ m,土的天然重度为 19 kN/m³,土的快剪强度指标 $c=15$ kPa,$\varphi=14°$。试求其临塑荷载、临界荷载 $p_{1/4}$ 和极限荷载 p_u(按太沙基公式)。

【**解**】 已知土的内摩擦角 $\varphi=14°$,由表 10-1 查得承载力系数 $N_r=0.29$,$N_q=2.17$,$N_c=4.69$。由式(10-1)得临塑荷载为

$$p_{cr}=\gamma d N_q+c N_c=(19\times2\times2.17+15\times4.69)\text{ kPa}=152.81\text{ kPa}$$

由式(10-2)得临界荷载 $p_{1/4}$ 为

$$p_{1/4}=\frac{1}{2}\gamma b N_r+\gamma d N_q+c N_c=\left(\frac{1}{2}\times19\times4\times0.29+19\times2\times2.17+15\times4.69\right)\text{ kPa}$$
$$=163.83\text{ kPa}$$

由表 10-2 查得,当土的内摩擦角 $\varphi=14°$,太沙基承载力系数 $N_r=2.20$,$N_q=4.00$,$N_c=12.0$。由式(10-3)得极限荷载 p_u 为

$$p_u=\frac{1}{2}\gamma b N_r+c N_c+\gamma d N_q=\left(\frac{1}{2}\times19\times4\times2.20+19\times2\times4.00+15\times2.20\right)\text{ kPa}$$
$$=268.60\text{ kPa}$$

(二)现场原位测试确定地基承载力基本容许值

原位试验法是一种通过现场直接试验确定地基承载力的方法,现场直接试验包括静载荷试验、静力触探试验、标准贯入试验、旁压试验等。

1. 载荷试验确定地基承载力

载荷试验是确定岩土承载力的主要方法,荷载试验确定地基容许承载力是利用荷载试验所得的 P-S 曲线来确定地基的承载力容许值。

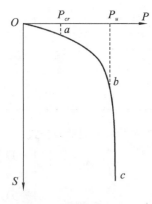

图 10-3 载荷试验 P-S 曲线

对于密实砂土、一般硬黏土等低压缩性土,其 P-S 曲线中,通常能找到明显的临塑荷载和极限荷载,见图 10-3 中的曲线,一般比对临塑荷载 p_{cr} 和 p_k(取 $k=2$)选定地基承载力容许值。

对于稍松的砂土、新填土、可塑性黏土等中高压缩性土,其 P-S 曲线没有明显的直线段和转折点,一般采用压缩变形量为 0.01~0.015b(b 为荷载板边长或直径)所对应的荷载作为地基的承载力容许值。

对于少数硬黏土,临塑荷载接近极限荷载,可以取 P_u/K(取 $K=2\sim3$)作为地基的承载力容许值。

《建筑地基基础设计规范》(GB 50007—2011)提出载荷试验确定地基承载力基本容许值应符合以下规定:

(1)当 P-S 曲线上有比例界限时,取该比例界限所对应的荷载值。

(2)当极限荷载小于对应比例界限时的荷载值的两倍时,取极限荷载值的一半。

(3)当不能按上述两款要求确定时,当承压板面积为 0.25~0.50 m² 时,可取 $s=0.01\sim0.015b$ 所对应的荷载,但其值不应大于最大加载量的一半。

(4) 同一土层参加统计的试验点不应少于三点。当试验实测值的极差不超过其平均值的 30%，取此平均值作为该土层的地基承载力基本容许值 $[f_{a0}]$。

应指出，地基承载力还与基础的形状、底面尺寸、埋置深度等有关，由于荷载试验的承压板尺寸远小于地基的底面尺寸，所以用上述方法确定的地基承载力容许值偏保守。

2. 其他

采用静力触探、动力触探、标准贯入试验等原位测试法确定地基承载力，在我国已有成熟经验，但应有地区经验，即当地的对比资料，同时还应注意结合室内试验成果进行综合分析，不宜单独应用。

（三）规范法确定地基承载力

《铁路工程地质勘察规范》（TB 10012—2007），根据大量的工程建设经验和原位测试试验资料，综合理论和试验研究成果，通过统计分析，得到了可供采用的地基承载力。

1. 岩石地基的基本承载力

岩石地基的基本承载力见表 10-3。

表 10-3 岩石地基的基本承载力 $[\sigma_0]$　　　　　　　　　　　单位：kPa

节理发育程度 节理间距/cm 岩石类别	节理不发育或发育 >40	节理发育 20~40	节理很发育 2~20
坚硬岩、较硬岩	>3 000	2 000~3 000	1 500~2 000
较软岩	1 500~3 000	1 000~1 500	800~1 000
软岩	1 000~1 200	700~1 000	500~800
极软岩	400~500	300~400	200~300

注：① 对溶洞、断层、软弱夹层、易溶岩的岩石等，应个别研究确定；
　　② 裂隙张开或有泥质充填时，应取低值。

2. 碎石类土地基的基本承载力

碎石类土地基的基本承载力见表 10-4。

表 10-4 碎石类土地基基本承载力 $[\sigma_0]$　　　　　　　　　　　单位：kPa

密实度 土名	密实	中密	稍密	松散
卵石土、粗圆砾土	1 000~1 200	650~1 000	500~650	300~500
碎石土、粗角砾土	800~1 000	550~800	400~550	200~400
细圆砾土	600~850	400~600	300~400	200~300
细角砾土	500~700	400~500	300~400	200~300

注：① 半胶结的碎石土，可按密实度的同类土的表值提高 10%~30%；
　　② 由硬质岩块组成，填充砂土者取高值；由软质岩块组成，填充黏性土者取低值；
　　③ 自然界中很少见松散的碎石土，定为松散应慎重；
　　④ 漂石、块石的基本承载力值，可参照卵石、碎石适当提高。

3. 砂类土地基的基本承载力

砂类土地基的基本承载力见表10-5。

表10-5 砂类土地基的基本承载力 $[\sigma_0]$ 单位:kPa

砂土名称	湿 度	密 实 度			
		密实	中密	稍密	松散
砾砂、粗砂	与湿度无关	550	430	370	200
中砂	与湿度无关	450	370	330	150
细砂	稍湿或潮湿	350	270	230	100
	饱和	300	210	190	—
粉砂	稍湿或潮湿	300	210	190	—
	饱和	200	110	90	—

4. 粉土地基的基础承载力

粉土地基的基础承载力见表10-6。

表10-6 粉土地基基础承载力 $[\sigma_0]$ 单位:kPa

e \ $\omega/(\%)$	10	15	20	25	30	35	40
0.5	400	380	(355)				
0.6	300	290	280	(270)			
0.7	250	235	225	215	(205)		
0.8	200	190	180	170	(165)		
0.9	160	150	145	140	130	(125)	
1.0	130	125	120	115	110	105	(100)

注:① e 为天然孔隙比,ω 为天然含水量;
② 在湖、塘、沟、谷与河漫滩地段及新近沉积的粉土,应根据当地经验取值。

5. Q_4 冲、洪积黏性土地基的基本承载力

Q_4 冲、洪积黏性土地基的基本承载力见表10-7。

表10-7 Q_4 冲、洪积黏性土地基基本承载力 $[\sigma_0]$ 单位:kPa

孔隙比e \ 液性指数I_L	0	0.1	0.2	0.3	0.4	0.5	0.6	0.7	0.8	0.9	1.0	1.1	1.2
0.5	450	440	430	420	400	380	350	310	270	240	220	—	—
0.6	420	410	400	380	360	340	310	280	250	220	200	180	—
0.7	400	370	350	330	310	290	270	240	220	190	170	160	150
0.8	380	330	300	280	260	240	230	210	180	160	150	140	130
0.9	320	280	260	240	220	210	190	180	160	140	130	120	100
1.0	250	230	220	210	190	170	160	150	140	120	110	—	—
1.1	—	—	160	150	140	130	120	110	100	90	—	—	—

注:土中含粒径大于2 mm的颗粒,按质量计占全部质量的30%以上时,σ_0 可酌情提高。

6. Q_3 及其以前冲、洪积黏性土地基的基本承载力

Q_3 及其以前冲、洪积黏性土地基的基本承载力见表 10-8。

表 10-8　Q_3 及其以前冲、洪积黏性土地基的基本承载力 $[\sigma_0]$　　　单位:kPa

压缩模量 E_s/MPa	10	15	20	25	30	35	40
$[\sigma_0]$/kPa	380	430	470	510	550	580	620

注:① 压实模量为对应于 0.1~0.2 MPa 压力段的压实模量;
② 当压缩模量小于 10 MPa 时,其基本承载力可按黏性土表 8-7 确定。

7. 残积黏性土地基的基本承载力

残积黏性土地基的基本承载力见表 10-9。

表 10-9　残积黏性土地基基本承载力 $[\sigma_0]$　　　单位:kPa

压缩模量 E_s/MPa	4	6	8	10	12	14	16	18	20
$[\sigma_0]$/kPa	190	220	250	270	290	310	320	330	340

注:本表适用于西南地区碳酸盐类岩层的残积红土,其他地区可参照使用。

8. 软土地基的承载力

(1)容许承载力$[\sigma]$可按式(10-6)计算:

$$[\sigma] = \frac{1}{k}5.14CU + \gamma h \tag{10-6}$$

式中:h——基础底面的埋置深度,m,对受水流冲刷的,由一般冲刷线算起,不受水流冲刷者,由天然地面算起;

　　　γ——基底以上土的天然重度平均值,kN/m³;如持力层在水面以下,且为透水时,水中部分土层应取浮重度;如为不透水,不论基底以上土的透水性如何,一律取饱和重度;

　　　CU——不排水抗剪强度,kPa;

　　　k——安全系数,可视软土的灵敏度及建筑物对变形的要求等因素选用 1.5~2.5。

(2)一般建筑物基础,其基本承载力也可按表 10-10 确定。

表 10-10　软土地基基本承载力 $[\sigma_0]$　　　单位:kPa

天然含水量 ω/(%)	36	40	45	50	55	65	75
基本承载力/kPa	100	90	80	70	60	50	40

9. 黄土地基的基本承载力

黄土地基的基本承载力见表 10-11 和表 10-12。

表 10-11　新黄土(Q_3、Q_4)地基基本承载力 $[\sigma_0]$　　　单位:kPa

液限 w_L	ω(%) \ e	5	10	15	20	25	30	35
24	0.7		230	190	150	110		
	0.9	240	200	160	125	85	(50)	
	1.1	210	170	130	100	60	(20)	
	1.3	180	140	100	70	40		

续表

液限 w_L	$\omega(\%)$ \ e	5	10	15	20	25	30	35
28	0.7	280	260	230	190	150	110	
	0.9	260	240	200	160	125	85	
	1.1	240	210	170	140	100	60	
	1.3	220	180	140	110	70	40	
32	0.7		280	260	230	180	150	
	0.9		260	240	200	150	125	
	1.1		240	210	170	130	100	60
	1.3		220	180	140	100	70	40

注:① 非饱和 Q_3 新黄土,当 $0.85<e<0.95$ 时,σ_0 值可提高 10%;
② 本表不适用于坡积、崩积和人工堆积等黄土;
③ 括号内数值供内插用;
④ 液限含水率试验采用圆锥仪法,圆锥仪总质量重为 76 g,入土深度为 10 mm。

表 10-12 老黄土(Q_1、Q_2)地基基本承载力 $[\sigma_0]$ 单位:kPa

ω/ω_L \ e	<0.7	0.7~0.8	0.8~0.9	>0.9
<0.6	700	600	500	400
0.6~0.8	500	400	300	250
>0.8	400	300	250	200

注:① 老黄土黏聚力小于 50 kPa,内摩擦角小于 25°,表中数值应适当降低 20% 左右;
② ω 为天然含水量,ω_L 为液限,e 为天然孔隙比;
③ 液限含水率试验采用圆锥仪法,圆锥仪总质量重 76 g,入土深度 10 mm。

10. 多年冻土地基的基本承载力

多年冻土地基的基本承载力见表 10-13、表 10-14 和表 10-15。

表 10-13 多年冻土地基基本承载力 $[\sigma_0]$ 单位:kPa

序号	土名 \ 基础底面的月平均最高土温/℃	−0.5	−1.0	−1.5	−2.0	−2.5	−3.5
1	块石土、卵石土、碎石土、粗圆砾土、粗角砾土	800	950	1 100	1 250	1 380	1 650
2	细圆砾土、细角砾土、砾砂、粗砂、中砂	600	750	900	1 050	1 180	1 450
3	细砂、粉砂	450	550	650	750	830	1 000
4	粉土	400	450	550	650	710	850
5	粉质黏土、黏土	350	400	450	500	560	700
6	饱冰冻土	250	300	350	400	450	550

注:① 本表序号 1~5 类地基承载力适用于少冰冻土、多冰冻土,当序号 1~5 类的地基为富冰冻土时,表列数值应降低 20%;
② 含土冰层的承载力应实测确定;
③ 基础置于饱冰冻土上的土层时,基础底面应敷设厚度不小于 0.20~0.30 m 的砂垫层。

表 10-14　盐渍化冻土的盐渍程度界限值

土　类	碎石类土、砂类土	粉土	粉质黏土	黏土
盐渍程度/(%)	≥0.10	≥0.15	≥0.20	≥0.25

表 10-15　泥炭化冻土的泥炭化程度界限值

土　类	碎石类土、砂类土	粉土、黏性土
泥炭化程度/(%)	≥3	≥5

《公路工程地质勘察规范》(JTG C20—2011)指出当有类似工程经验或用原位测试方法确定时,可不受上述各表限制。对于重要工程,应采用荷载试验、理论公式计算、室内试验机其他原位测试等方法综合确定。同时对于客运专线铁路和时速 200 km 客货运共线铁路因其对沉降有特殊要求,其地基的承载力应慎重研究确定,一般应采用多种勘察手段,参考工程实例,并结合工程实际情况确定。

《建筑地基基础设计规范》(GB 50007—2011)指出地基承载力特征值可由荷载试验或其他原位测试、公式计算,并结合工程实践经验等方法综合确定。当基础宽度大于 3 m 或埋置深度大于 0.5 m 时,从荷载试验或其他原位测试、经验值等方法确定的地基承载力特征值,尚应按公式(10-6)修正。

$$[f_a]=[f_{ak}]+\eta_b\gamma(b-3)+\eta_d\gamma_m(d-0.5) \tag{10-6}$$

式中:f_a——修正后的地基承载力,kPa;

　　　f_{ak}——地基承载力特征值,kPa;

　　　b——基础底面最小边宽,m;当 $b<3$ m 时按 3 m 取值,当 $b>6$ m 时按 6 m 取值;

　　　d——基础埋置深度,m,宜自室外地面标高算起。在填方整平地区,可自填土地面标高算起,但填土在上部结构施工后完成时,应从天然地面标高算起;

　　　η_b、η_d——基础宽度和埋置深度的地基承载力修正系数,根据基底下土类别查表 10-16 取值;

　　　γ——基础底面以下土的天然重度,kN/m³,地下水位以下取浮重度;

　　　γ_m——基底以上土的加权平均重度,kN/m³,位于地下水位以下的土层取有效重度。

表 10-16　承载修正系数

土的类别		η_b	η_d
淤泥和淤泥质土		0	1.0
人工填土、e 或 I_L 大于等于 0.85 的黏性土		0	1.0
红黏土	含水比>0.8	0	1.2
	含水比≤0.8	0.15	1.4
大面积压实填土	压实系数大于 0.95, 黏粒含量≥10% 的粉土	0	1.5
	最大干密度大于 2100 kg/m³ 级配砂石	0	2.0
粉土	黏粒含量≥10% 的粉土	0.3	1.5
	黏粒含量<10% 的粉土	0.5	2.0
e 或 I_L 均小于 0.85 的黏性土		0.3	1.6
粉砂、细砂(不包括很湿与饱和时的稍密状态)		2.0	3.1
中砂、粗砂、砾砂和碎石土		3.0	4.4

注:① 强风化和全风化的岩石,可参照所风化成的相应土类取值,其他状态下的岩石不修正;
　② 地基承载力特征值按规范中深层平板荷载试验确定时 η_d 取值为 0;
　③ 含水比是指天然含水量与液限的比值;
　④ 大面积压实填土是指填土面基范围大于两倍基础宽度的填土。

【例 10-2】 某旱地基础,已知基础底面宽度 $b=5$ m,长度 $l=10$ m,埋置深度 $h=1.5$ m,作

用在基底中心的中心荷载 $N=20\,000$ kN,自地面以下 2.5 m 内土层均为碎石土,该土体重度为 21.6 kN/m³,荷载试验得知承载力特征值为 230 kPa,验算地基强度是否满足。

【解】(1)计算持力层的地基承载力值$[f_a]$。

已知$[f_{ak}]=280$ kPa;查表 10-16 得宽度、深度修正系数 $\eta_b=3.0,\eta_d=4.4$,由公式(10-6)可得:

$$[f_a]=[f_{ak}]+\eta_b\gamma(b-3)+\eta_d\gamma_m(d-0.5)$$
$$=230+3.0\times21.6\times(5-3)+4.4\times21.6\times(1.5-0.5)$$
$$=454.64 \text{ kPa}$$

(2)基础底面压力 P。

$$P=\frac{N}{b\times l}=\frac{20000}{5\times10}=400 \text{ kPa}<[f_a]$$

故地基强度满足要求。

《公路桥涵地基与基础设计规范》(JTG D63—2007)是根据大量的桥涵工程建筑经验和荷载试验资料,综合理论和试验研究成果,通过统计分析制订而成。其步骤如下。

(1)地基土的分类。根据土的天然结构、天然含水量、颗粒级配及塑性指数划分为六类,每一类又进行了细分。

(2)确定地基容许承载力。当基础宽度 $b\leqslant2$ m,埋置深度 $h\leqslant3$ m 时,查表确定地基容许承载力。根据地基土的类别查相应的表;当基础宽度 $b\geqslant2$ m,埋置深度 $h\geqslant3$ m 时,修正确定地基容许承载力。

(四)现场荷载试验确定地基容许承载力

现场荷载试验是将一块刚性承压板(常用面积是 0.25~0.50 m² 的方板或圆板)置于欲测定的地基表面。在承压板上分级施加荷载,测定承压板变形稳定的沉降量,绘制荷载强度 P 与沉降量 S 的关系线,然后确定地基容许承载力。

(五)贯入试验确定地基容许承载力

标准贯入试验是一种重型动力触探法,采用质量为 63.5 kg 的穿心锤,以 76 cm 的落距自由落下,将一定规格带有小型取土筒的标准贯入器先打入土中 15 cm,然后开始记录标准贯入器再打入土中 30 cm 的锤击数,并以此作为标准贯入试验指标 N。标准贯入锤击数 N,可用于确定砂土的密实度、黏性土的稠度、地基土的容许承载力、砂土的振动液化、桩基承载力等,也是检验地基处理效果的重要手段。

1. 仪器设备

标准贯入器:采用《土工试验仪器 贯入仪》(GB/T 12746—2007)标准,由刃口形的贯入器靴、对开圆筒式贯入器身和贯入器头 3 部分组成(见图 10-4)。其机械要求和材料要求应符合《岩土工程仪器基本参数及通用技术条件》(GB/T 15406—2007)标准和相关产品标准的规定。

落锤(穿心锤):质量为 63.5±0.5 kg 钢锤,应配有自动落锤装置落距为 76±2 cm。

钻杆:直径 42 mm,抗拉强度应大于 600 MPa;轴线的直线度误差应小于 0.1%。

锤垫:承受锤击钢垫,附导向杆,两者总质量不超过 30 kg 为宜。

仪器设备的检定和校准如下。

标准贯入器尺寸:用量程为 0~200 mm,分度值为 0.1 mm 的游标卡尺测量内外径及靴壁厚;用钢直尺测量长度。当贯入器靴缺口或卷刃,单独缺口长度超过 5 mm,或累计长度超过 12 mm 时应更换,应定期调整控制落距的器具以保证落距的准确度。

定期检查钻杆的弯曲度以使用总长度为标准剔除弯曲杆及不符合同轴度的钻杆接头。

2. 操作步骤

(1) 先用钻具钻至试验土层标高以上 0.15 m 处,清除残土。清孔时应避免试验土层受到扰动。当在地下水位以下的土层进行试验时,应使孔内水位高于地下水位,以免出现涌砂和坍孔。必要时应下套管或用泥浆护壁。

(2) 贯入前应拧紧钻杆接头,将贯入器放入孔内,避免冲击孔底,注意保持贯入器、钻杆、导向杆连接后的垂直度。孔口宜加导向器,以保证穿心锤中心施力。

注:贯入器放入孔内,测定其深度,要求残土厚度不大于 0.1 m。

(3) 采用自动落锤法,将贯入器以每分钟 15~30 击打入土中 0.15 m 后,开始记录每打入 0.10 m 的锤击数,累计 0.30 m 的锤击数为标准贯入击数 N,并记录贯入深度与试验情况。若遇密实土层,贯入 0.3 m 锤击数超过 50 击时,不应强行打入,记录 50 击的贯入深度。

(4) 旋转钻杆,然后提出贯入器,取贯入器中的土样进行鉴别、描述、记录,并量测其长度。将需要保存的土样仔细包装、编号,以备试验之用。

(5) 按本规程规定,进行下一深度的贯入试验,直到所需深度。

用式换算相应于贯入的锤击数 N:

$$N = \frac{0.3n}{\Delta S}$$

式中:n——所选取贯入的锤击数;

ΔS——对应锤击数为的贯入深度。

注:根据用途及相应规范确定是否需要对 N 值修正绘制击数(N)和贯入深度(H)标高关系曲线如图 10-5 所示。

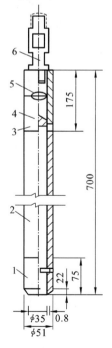

图 10-4 标准贯入器结构图
(单位:mm)

1—贯入器靴;2—贯入器身;3—贯入器头;
4—钢球;5—排水孔;6—钻杆接头

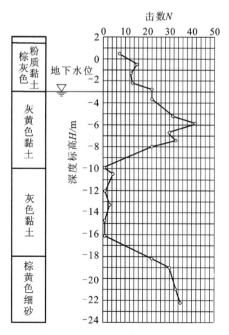

图 10-5 击数(N)和贯入深度(H)标高关系曲线图

课题 2 基桩承载力检测

现有确定基桩承载力的检测方法有静荷载试验和各种桩的动测方法两种。静荷载试验是确定基桩承载力最可靠的方法,而各种桩的动测方法,则要在与桩静荷载试验结果大量对比的基础上,找出对比系数,才能推广应用。

一、试验设备

垂直静载试验是在试桩顶上分级施加静荷载直到土对试桩的阻力破坏时为止,从而求得桩的容许承载力单桩的下沉量。按现行地基基础规范:"单桩承载力宜通过现场静载试验确定,在同一条件下试桩数量不宜少于总桩数的1‰,并不少于3根"。就地灌注桩的静载试验应在混凝土强度达到能承受预定破坏荷载后开始。斜桩作静载试验时,荷载方向应与斜桩轴线相同。

1. 加荷装置

(1)基本要求:首先要求安全可靠,保证有足够的加载量,不能发生加载量达不到要求而中途停止试验的事故。其次从节约材料、少用经费、取用方便、缩短筹备时间等方面进行比较,选用合适的加载系统。

(2)加载量的确定:根据《公路桥涵地基与基础设计规范》(JTJ 024—85)推荐的地基上强度数据或参考类似的试桩经验并按照鉴定性或破坏性试验的不同要求,确定试桩的破坏荷载或最大的试验荷载(以下称最大加载量)。荷载系统的加载能力至少不低于破坏荷载或最大加载量的 1.5 倍,最好能达到 1.5~2.0 倍。

(3)反力装置:反力装置是加载系统中最主要的组成部分,对它应事先作好周密的设计。

2. 基准点与基准梁的设置

作为下沉量测试的基准点和基准梁原则上应该是不动的。但是,由于试桩与锚桩的变位、气象、日照、潮汐及附近施工与交通引起的振动等影响,都会使基准点或基准梁产生一定的变位或变形。如果对此掉以轻心或熟视无睹,那么测得的试桩下沉量将是不可靠的。

(1)基准点的设置。基准点的设置应满足以下几个条件:基准点本身不变动;没有被接触或遭破损的危险;附近没有振源;不受直射阳光与风雨等干扰;不受试桩下沉的影响。

(2)基准梁的设置。基准梁一般采用型钢,其优点是有磁性、刚度大、便于加工、形状一致,缺点是温度膨胀系数大,在受温度影响大的长期荷载试验时,并且当桩本身的下沉又不大时,测试精度会受很大影响。因此,当量测桩位移用的基准梁如采用钢梁时,为保证测试精度需采取下述措施:基准梁的一端固定,另一端必须自由支承;防止基准梁受日光直接照射;基准梁附近不设照明及取暖炉;必要时基准梁可用聚苯乙烯等隔热材料包裹起来,以消除温度影响。

3. 测试仪器装置

测量仪器必须精确,一般使用精度为 1/20 mm 的光学仪器或力学仪器,如水平仪、挠度仪测力器(包括荷载传感器、拉应力传感器、电子秤、压力环等)、倾角仪、位移计等。

二、试验步骤

(一)试验准备

1. 试验加载装置的选择

试桩所承受的荷载一般由油压千斤顶加载系统施加。加载反力装置可根据现场实际情况及试桩的预估极限加载量大小来决定,一般可采用锚桩横梁反力装置、堆重平台反力装置及锚桩加堆重反力装置三种形式(见图 10-6)。

(1)锚桩横梁反力装置:锚桩数、锚桩尺寸、锚筋以及横梁的承载力设计均应满足 1.2~1.4 倍的试桩预估极限加载量。锚桩的抗拔承载力由有关规范计算确定,锚桩数量可为 2 根、4 根、6 根。当采用工程桩作为锚桩时,锚桩数量应不少于 4 根,并应在试验过程中对锚桩上拔量进行监测。锚桩与反力横梁间用锚拉钢筋联结,钢筋焊接搭接长度:单面施焊时不小于 $10d$,采用双面施焊时不小于 $5d$(d 为钢筋直径)。

(2)堆重平台反力装置:配置荷载量不得少于试桩预估极限加载量的 1.2~1.5 倍,配置荷载应在试验开始前一次加上,并均匀放置于平台上。也可将上述两种反力装置联合使用,形成锚桩堆重平台联合反力装置。

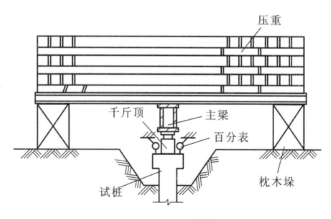

图 10-6 压重法静载

2. 试桩制作要求

(1)试桩顶部一般应予以加强:可在桩顶配置 f6 加密钢筋网 2~3 层,桩身钢筋应伸入桩头,或以薄钢板圆筒做成加强箍与桩顶混凝土浇筑成一体,用高标号砂浆将桩顶抹平。

(2)试桩的成桩工艺和质量控制标准应与工程桩一致,为缩短试桩养护时间,混凝土强度等级可适当提高,或掺入早强剂。

3. 试桩用千斤顶

图10-7 液压千斤顶

(1)千斤顶(见图10-7)应平放于试桩中心,当采用两个或两个以上千斤顶施加荷载时,宜选择相同型号、相同类型的千斤顶,将千斤顶并联同步工作并使千斤顶的合力通过试桩中心线。

(2)千斤顶的检查:千斤顶加载系统主要包括千斤顶、高压油泵及油路三个部分,试桩前宜对加载系统进行检查。检查目的在于检查千斤顶、油泵工作是否正常,油路有无漏油。

4. 荷载与沉降的量测仪表

(1)施加于桩顶的荷载宜用放置于千斤顶上的压力环,或应变式压力传感直接测定。也可采用安装在千斤顶油压系统上的压力表测定油压并根据千斤顶率定曲线换算荷载值的方法。

(2)试桩沉降一般采用百分表测量。试验时应在桩的2个正交直径方向对称安置4个百分表,小直径桩也可安置2个或3个百分表,固定和支承百分表的夹具和基准梁在构造上应确保不受气温的影响而变形,同时应避免振动、雨水、阳光照射等。

5. 温度对沉降测量的影响

由于温度变化会使基准梁产生变形,为消除这种影响可采用下列几种方法:

(1)基准梁宜采用刚度较大的型钢制作,且简支必须在基准桩上;

(2)用一百分表支在基准梁跨中附近某一相对不动体上,对基准梁的变形进行监测,以便对桩顶沉降测量值进行修正;

(3)利用围护物将试桩场地围护起来,防止基准梁受阳光直射及减小温差。

6. 试桩、锚桩(堆重平台支墩)和基准桩之间的中心距离要求

试桩、锚桩和基准桩之间的中心距离要求见表10-17。

表10-17 试桩、锚桩和基准桩之间的中心距离要求

距离 反力装置	试桩中心与锚桩中心 (或压重平台支墩边)	试桩中心与 基准桩中心	基准桩中心与锚桩中心 (或亚种平台支墩边)
锚桩横梁	≥4(3)D 且 >2.0 m	≥4(3)D 且 >2.0 m	≥4(3)D 且 >2.0 m
压重平台	≥4D 且 >2.0 m	≥4(3)D 且 >2.0 m	≥4D 且 >2.0 m
地锚装置	≥4D 且 >2.0 m	≥4(3)D 且 >2.0 m	≥4D 且 >2.0 m

注:① D 为试桩、锚桩或地锚的设计直径或边宽,取其较大者。

② 如试桩或帽状位扩滴状或多支盘装饰,试桩与锚桩的中心距上不应小于两倍速扩大端直径。

③ 括号内数值可用于工程桩验收监测时多排桩设计桩中心距小于4D 的情况。

④ 软土场地堆在重量加大时,宜增加支墩边与基准桩中心和试桩中心之间的距离,并在实验过程中观测基准桩的竖向位移。

7. 高压油泵及液压千斤顶使用操作规程

（1）将千斤顶在试验位置点正确对正放置，并使千斤顶位于下压和上顶的传力设备合力中心轴线上。

（2）用高压油管将千斤顶与液压控制阀连通好，液压控制阀通过高压油管与高压油泵连通。

（3）对电动油泵应先接好外接电源线，检查线路正确无误后再通电试机，将止通阀搬向"止"位置，打开电动机开关，检查油泵是否能正常运转。

（4）当油泵运转正常，且贮油箱内有充足的备用油后，将止通阀搬向"通"位置，打开电动机开关，使油管内充满液压油，并在预留油管接口处见到有油漏出后，拧紧该油管接口。

（5）正式实施加载工作，加载量可由油压表读数控制，或用荷重传感器控制。

（6）当试验过程中出现突然停电，应检查止通阀是否锁紧，以使荷载维持稳定，然后将高压油泵打向卸压档，使高压油管卸压，最后将电动高压油泵更换成备用的手动高压油泵，继续试验。

（7）卸载：当荷载加到预定值并决定开始卸荷时，应扳动止通阀手向"止"方向慢慢移动，使千斤顶内高压油向油泵的储油箱内流动，当荷载至要求值时，将油泵止通阀手柄向"通"方向搬动。

（8）需将千斤顶卸荷至零时，完全打开止通阀手柄。这时可以切断电源，折除油泵的外接电源线路，并将电源线盘好。

（9）当千斤顶活塞完全进入工作油缸内后，拆除高压油管，并将油管盘好存放，将千斤顶、油泵擦拭干净，以备下次再用。

8. 百分表操作要求

（1）将百分表装在磁性表架上，用劲箍夹住表的轴顶，使百分表的测杆顶住试件测点。

（2）百分表测杆应与所测量的位移方向完全一致。测点表面需经一定处理（如在构件测点处粘贴玻璃片），以避免结构变形后，由于测点垂直于百分表测杆方向的位移，而使百分表产生误差。

（3）百分表使用前后要仔细检查测杆上下活动是否灵活。

（4）百分表的量程一般为 10～50 mm，在测量过程中要经常注意即将发生的位移是否会很大，以致可能造成测杆与测点脱离接触或测杆被顶死，所以要及时观察调整。

（二）试验

1. 从试桩入土到开始试验的间歇时间

预制桩，砂性土中为 14 天，对粉土或黏性土，应视土的强度恢复而定，一般不少于 28 天，对于淤泥或淤泥质土不得少于 28 天；对灌注桩，其桩身砼强度应达到设计等级。

2. 试验加载方式

（1）慢速维持荷载法：逐渐加载，每级荷载下的桩顶沉降达到相对稳定后再加下一级荷载，直到满足试验加载终止条件，然后逐级卸载至零。

（2）多循环加、卸载法：每级荷载下的桩顶沉降达到相对稳定后，再卸荷至零，然后进行下一循环，直至满足试验加载终止条件。

（3）快速维持荷载法：每级荷载维持一小时后，再施加下一荷载，直到满足试验加载终止条件,然后分级卸载至零。

3. 要用慢速维持荷载法进行试验,应按下列规定进行加载、卸载和沉降观测

(1) 加载分级:每级加载量为试桩预计最大试验荷载的 1/10～1/12,逐渐加载,第一级则可取两倍加载量进行加载。

(2) 测读桩顶沉降量的间隔时间:每级加载后,隔 5 min、10 min、15 min 测读一次,以后每隔 15 min 测读一次,累计一小时后每隔半小时测读一次。

(3) 沉降相对稳定标准:在每级荷载作用下,桩顶的沉降量在每小时内不大于 0.1 mm,并连续出现两次。

(4) 终止加载条件:当出现下列情况之一时,即可终止加载。

① 某级荷载作用下,桩顶的沉降量为前一级荷载作用下沉降量的 5 倍。

② 某级荷载作用下,桩顶的沉降量大于前一级荷载作用下沉降量的 2 倍,且经 24 h 尚未达到相对稳定。

③ 达到设计要求最大加载量且沉降达到稳定,或已达桩身材料的极限强度,以及试桩桩顶出现明显的破损现象。

④ 试桩桩顶总沉降量超过 10 cm 时,若桩长大于 40 m,则控制的总沉降量可按桩长每增加 10 m 相应增加 1 cm。

⑤ 已达到锚桩最大抗拔力或压重平台的最大重量时。

(5) 卸载时桩顶沉降观测规定。

① 慢速法——每级卸载值为每级加载值的 2 倍,每卸一级荷载后每 15 min 测读一次,读两次后,隔半小时再读一次,即可卸下一级荷载。卸载至零后,隔 3～4 小时再读一次。

② 快速法——卸载时,每级荷载维持 15 min,观测时间为 5、15 min;卸载至零后测读 2 h,测读时间为 5、15、30、60、90、120 min。

(三)试验资料的整理

(1) 在现场进行试验的同时,应对试验资料进行初步的整理,绘制荷载－沉降(Q-S)曲线图,以便及时发现试验中所出现的问题。

(2) 将单桩垂直静载试验概况整理成表格形式,并应对成桩和试验过程中出现的异常情况作补充说明。

(3) 做好单桩垂直静载试验的数据记录,试验数据应准确、清晰,不得随意涂改。

(4) 绘制有关试验成果曲线,以确定单桩的极限承载力,一般需绘制 Q-S、S-$\lg t$、S-$\lg Q$ 曲线,以及其他辅助分析所需的曲线。

(5) 当进行桩身应力、应变和桩端阻力测定时,应整理出有关数据的记录表(见表 10-18)和绘制桩身轴力分布图、摩阻力分布图、桩端阻力与荷载关系等曲线。

(6) 划分桩侧总摩阻力和桩端阻力极限值,并由此求出桩侧平均极限摩阻力(当进行分层试验时,应求出各层土的极限摩阻力,然后再取平均值确定桩侧平均摩阻力)。

表 10-18　单桩竖向抗压静载试验记录表

工程名称				桩号				日期		
加载级	油压/MPa	荷载/kN	测读时间	位移计(百分表)读数				本级沉降/mm	累计沉降/mm	备注
				1号	2号	3号	4号			

检测单位：　　　　　　　　　校核：　　　　　　　　　记录：

(四) 单桩垂直抗压承载力的判定

可根据下列方法确定极限承载力。

(1) 取 S-$\lg t$ 曲线尾部出现明显向下曲折的前一级荷载值为极限承载力。
(2) 取 Q-S 曲线发生明显陡降的起始点(第二拐点)所对应的荷载值为极限承载力。
(3) 取 S-$\lg Q$ 曲线出现陡降直线段的起始点所对应的荷载值为极限承载力。
(4) 根据沉降控制确定极限承载力。
(5) 根据其他方法确定极限承载力。

课题 3　钻(挖)孔灌注桩检测

一、概述

桩基础是由埋于地基中的若干根桩及将所有桩连成一个整体的承台(或盖梁)两部分所组成的一种基础形式(见图 10-8)。桩基础的作用是将承台或盖梁以上结构物传来的外力,通过承台和盖梁由桩传到较深的地基持力层中去。

桩基础按桩的承载类别分为竖向抗压桩、竖向抗拔桩、水平受荷桩和复合受荷桩;按桩的受力状态分为摩擦型桩和端承型桩;按桩对土体的影响程度分为非挤土桩、部分挤土桩和挤土桩(排土桩);按桩的承台高低分为低承台桩和高承台桩;按桩的施工方法分为预制桩和灌注桩等。

灌注桩是指在建筑工地现场通过机械钻孔、钢管挤土或人力挖掘等手段在地基土中形成桩

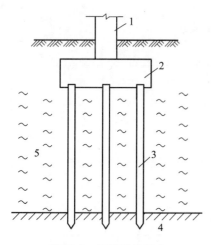

图 10-8　桩基础的组成
1—上部结构(墙或柱);2—承台(承台梁);
3—桩身;4—坚硬土层;5—软弱土层

孔,并在其内放置钢筋笼、灌注混凝土而制成的桩。依照成孔方法不同,灌注桩可分为泥浆护壁钻(冲)孔灌注桩、沉管灌注桩和成孔灌注桩等。

钻(挖)孔灌注桩的检验,主要包括三个方面:一是施工前的检验(原材料检验、配合比检险、施工机具检验);二是施工过程检验;三是桩完整性、承载力检验。原材料与配合比检验在《公路建筑材料》一书中讲述,本章重点介绍施工过程的一些检测项目与方法及桩完整性检测。

由于钻(挖)孔灌注桩是采用不同的钻孔(或挖孔)方法,在土中形成一定直径的井孔,达到设计标高后,将钢筋骨架吊入井孔中,灌注混凝土(或水下混凝土)成为桩基础的一种施工工艺,目前虽然有比较成熟的施工方法,但是,由于地质复杂或其他原因,容易出现质量事故,因此其检测项目较多。

二、检验项目

(1) 检验筑岛。筑岛的面积应按钻孔方法、机具大小等要求决定;高度应高于最高施工水位 0.5~1.0 m;筑岛材料及岛面与地基承载力应满足设计要求;岛体应稳定。

(2) 检验护筒。应检验护筒内径,护筒中心竖直线,护筒高度,埋置深度及护筒的连接处。

(3) 泥浆检验。泥浆的要求与检验后述。

(4) 灌注混凝土质量的检测。

① 桩身混凝土抗压强度应符合设计规定。每根桩取混凝土抗压强度试件组数为 2~4 组,检验结果应满足混凝土质量检验要求。

② 检验方法和数量应符合设计要求。

此外,还有钢筋笼与导管检验、清孔检验、成孔质量检验及灌注桩质量检验。

三、成孔质量检验及质量标准

钻、挖孔在终孔和清孔后,应进行孔位、孔深、孔径、孔形和倾斜度等检查。

1. 孔径与孔形检测

孔径检测是在桩孔成孔后、下钢筋笼前进行的,是根据设计桩径制作笼式井径器入孔检测。笼式井径器用 8~12 的钢筋制作,其外径等于钻孔的设计孔径,长度等于孔径的 3~4 倍(如正、反循环回转钻成孔法)或 4~6 倍(如冲击钻成孔法)。检测时,将井径器吊起,使笼的中心、孔的中心与起吊钢绳保持一致,慢慢放入孔内,上下通畅无阻表明孔径大于给定的笼径;遇阻则有可能在遇阻部位有缩径或孔斜现象。

孔形检测目前常采用的方法是开挖检查和超声波检测。开挖检查一般在工程试桩结束,直接观察桩身形状在相应土层中的变化,为工程桩施工控制孔形提供直观依据。超声波检测是近年来采用的新方法,已研制出了专门的超声波孔壁检测仪。具体方法此处略。

2. 孔深和孔底沉渣检测

孔深和孔底沉渣普遍采用标准测锤检测,测锤一般采用锥形锤,锤底直径为 13～15 cm,高为 22 cm,质量 4～6 kg。

3. 桩孔竖直度检测

竖直度检测方法常用钻杆测斜法,将带有钻头的钻杆放入孔内到底,在孔口处的钻杆上装一个与孔径或护筒内径一致的导向环,使钻杆柱保持在桩孔中心线位置上。然后将带有扶正圈的钻孔测斜仪下入钻杆内,分点测斜,并将各点数值在坐标纸上描点作图,检查桩孔偏斜情况。也可以用圆球检测法和电子水平仪测斜法。

4. 桩位检测

复测桩位时,桩位测点选在新鲜桩头面的中心点,然后测量该点偏移设计桩位的距离,并按坐标位置,分别标明在桩位复测平面图上。测量仪器选用精密经纬仪或红外测距仪。

四、泥浆性能指标检测

1. 相对密度

泥浆的相对密度是泥浆与 4 ℃同体积水的质量之比。相对密度可用泥浆相对密度计测定。

2. 黏度

黏度是液体或混合液体运动时各分子或颗粒之间产生的内摩阻力。

3. 含砂率(%)

含砂率是泥浆内所含的砂和黏土颗粒的体积百分比。

4. 胶体率(%)

胶体率是泥浆静止后,其中呈悬浮状态的黏土颗粒与水分离的程度,以百分比表示。反映泥浆中土粒保持悬浮状态的性能。

5. 失水量(mL/30 min)和泥皮厚(mm)

失水量是泥浆在钻孔内受内外水头压力差的作用在一定时间内渗入地层的水量,以 mL/30 min 为单位。在滤纸上量出泥饼厚度(mm)即为泥皮厚。泥皮愈平坦、愈薄,则泥浆质量愈高,一般不宜厚于 2～3 mm。

五、混凝土钻孔灌注桩完整性检测

由于灌注桩的成桩过程是在桩位处的地面下或水下完成,施工工序多,质量控制难度大,极易出现事故。因此《公路桥涵施工技术规范》(JTJ041—2000)中规定:钻孔灌注桩一般选有代表性的桩用无破损法进行检测,重要工程或重要部位的桩宜逐根进行检测。

灌注桩成桩质量通常存在两方面问题:一是属于桩身完整性,常见的缺陷有夹泥、断裂、缩径、扩径、混凝土离析及桩顶混凝密实性较差等;二是嵌岩桩,影响桩底支承条件的质量问题,主要是灌注混凝土前清孔不彻底,孔底沉淀厚度超过规定极限,影响承载力。

桩基础施工质量的检验,随着长、大桩径及高承载力桩基础迅速增加,传统的静压桩试验已很难实施,目前,常用的钻孔灌注桩质量的检测方法有以下几种。

(一)钻芯检验法

由于大直径钻孔灌注桩的设计荷载一般较大,用静力试桩法有许多困难,所以常用地质钻机在桩身上沿长度方向钻取芯样,通过对芯样的观察和测试确定桩的质量。但这种方法只能反映钻孔范围内的小部分混凝土质量,而且设备庞大、费工费时、价格昂贵,不宜作为大面积检测方法,而只能用于抽样检查,一般抽检总桩量的3‰～5‰,或作为对无损检测结果的校核手段。

(二)振动检验法

振动检验法又称动测法。它是在桩顶用各种方法(例如锤击、敲击、电磁激振器、电火花等)施加一个激振力,使桩体乃至桩土体系产生振动,或在桩内产生应力波,通过对波动及振动参数的种种分析,以推定桩体混凝土质量及总体承载力的一类方法。这类方法主要有以下四种。

1. 敲击法和锤击法

用力棒或锤子打击桩顶,在桩内激励振动,用加速度传感器接收桩头的响应信号,信号经处理后被显示或记录,通过对信号的时域及频域分析,可确定桩尖或缺陷的反射信号,据此可判断桩内是否存在缺陷。当锤击力足以引起桩土体系的振动时,根据所测得的振动参数,可计算桩的动刚度和承载力。

2. 稳态激振机械阻抗法

在桩顶用电磁激振器激振,该激振力是一幅值恒定,频率从20～1000 Hz变化的简谐力。量测桩顶的速度响应信号。由于作用在简谐振动体系上的作用力F,与该体系上某点的速度v之比,称为机械阻抗,机械阻抗的倒数称为机械导纳,因此,可用所谓记录的力和速度经仪器合成,描绘出导纳曲线,还可求得应力波在桩身混凝土中的波速、特征导纳、实测导纳及动刚度等动参数。据此,可判断是否有断桩、缩颈、鼓肚、桩底沉渣太厚等缺陷,并可由动刚度估算单桩容许承载力。

3. 瞬态激振机械阻抗法

用力棒等对桩顶施加一个冲击脉冲力,这个脉冲力包含了丰富的频率成分。通过力传感器和加速度传感器,记录力信号和加速度信号,然后把两种信号输入信号处理系统,进行快速傅立叶变换,把时域变成频域,信号合成后同样可得到桩的导纳曲线,从而判断桩的质量。

4. 水电效应法

在桩顶安装一高约1 m的水泥圆筒,筒内充水,在水中安放电极和水听器。电极高压放电,瞬时释放大电流产生声学效应,给桩顶一冲击能量,由水听器接收桩土体系的响应信号,对信号进行频谱分析,根据频谱曲线所含有的桩基质量信息,判断桩的质量和承载力。

(三) 超声脉冲检验法

该法是在检测混凝土缺陷技术的基础上发展起来的。其方法是在桩的混凝土灌注前沿桩的长度方向平行预埋若干根检测用管道,作为超声发射和接收换能器的通道。检测时探头分别在两个管子中同步移动,沿不同深度逐点测出横截面上超声脉冲穿过混凝土时的各项参数,并按超声测缺原理分析每个断面上混凝土的质量。

(四) 射线法

该法是以放射性同位素辐射线在混凝土中的衰减、吸收、散射等现象为基础的一种方法。

当射线穿过混凝土时,因混凝土质量不同或因存在缺陷,接收仪所记录的射线强弱发生变化,据此来判断桩的质量。由于射线的穿透能力有限。一般用于单孔测量,采用散射法,以便了解孔壁附近混凝土的质量,扩大钻芯法检测的有效半径。

下面介绍基桩声波透射。

1. 检测设备

美国桩基动力学公司(PDI)生产的跨孔超声分析仪(Cross-Hole Analyzer, CHA)。检测仪器设备及现场连接如图10-9所示。

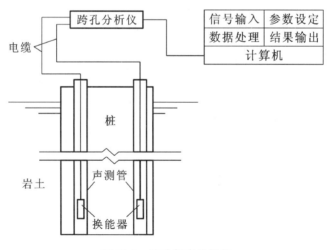

图 10-9 跨孔超声分析仪

2. 检测依据

《建筑基桩检测技术规范》(JGJ 106—2014)、《公路工程基桩动测技术规程》(JTG/T F81—01—2004)。

3. 测试基本原理

超声波透射法检测桩身结构完整性的基本原理是:由超声脉冲发射源在砼内激发高频弹性

脉冲波,并用高精度的接收系统记录该脉冲波在砼内传播过程中表现的波动特征;当砼内存在不连续或破损界面时,缺陷面形成波阻抗界面,波到达该界面时,产生波的透射和反射,使接收到的透射能量明显降低;当砼内存在松散、蜂窝、孔洞等严重缺陷时,将产生波的散射和绕射;根据波的初始到达时间和波的能量衰减特征、频率变化及波形畸变程度等特性,可以获得测区范围内砼的密实度参数。测试记录不同侧面、不同高度上的超声波动特征,经过处理分析就能判别测区内砼的参考强度和内部存在缺陷的性质、大小及空间位置。

在基桩施工前,根据桩直径的大小预埋一定数量的声测管,作为换能器的通道。测试时每两根声测管为一组,通过水的耦合,超声脉冲信号从一根声测管中的发射探头发射出去,在另一根声测管中的接收探头接收信号,超声仪自动测定有关参数并采集记录储存。

4. 桩基检测结果评价标准

依据各桩声速深度、缺陷深度、PSD曲线、完整性瀑布图,结合现场工程地质、施工具体情况,综合判定桩身是否存在缺陷以及缺陷的严重程度,参考《建筑基桩检测技术规范》(JGJ 106—2014)和《公路工程基桩动测技术规程》(JTG/T F 81—01—2004),将桩身的完整性按四类划分:

Ⅰ类桩:桩身完整或基本完整;
Ⅱ类桩:桩身有轻微缺陷,不会影响桩身结构承载力的正常发挥;
Ⅲ类桩:桩身有明显缺陷,对桩身结构承载力有影响;
Ⅳ类桩:桩身存在严重缺陷。

5. 基桩声波透射法检测汇总表

基桩声波透射法检测汇总表见表 10-19,报告单见表 10-20。

表 10-19 基桩声波透射法检测汇总表

工程名称						
序号	桩号	原始资料			质量类别	备注
		桩径/m	桩长/m	强度等级		
1	0-右	φ1.2	43.0	C25	Ⅰ类	
2	0-左	φ1.2	43.0	C25	Ⅱ类	
3	1-右	φ1.2	43.0	C25	Ⅰ类	
4	1-左	φ1.2	43.0	C25	Ⅱ类	
说明		以上质量类别的评定只对所测到的部位进行。				

6. 结论

本次检测基桩共 4 根,检测结果:Ⅰ类桩 2 根,占总检测桩数的 50%,Ⅱ类桩 2 根,占总检测桩数的 50%。(以上质量类别的评定只对所测到的部位进行)

7. 说明

(1)本场地工程地质及桩基原始资料由施工单位提供,并经监理签认,作为检测分析的依据。
(2)本报告所提供的检测结果仅对桩体完整性进行评述定类(不含对持力层、嵌岩深度、沉渣厚度的判定)。

(3)本报告仅对所测桩负责(见表10-20)。

表10-20 基桩声波透射法检测报告单

工程名称					
检测单位	福建公路工程试验检测中心站			测 试	
检测日期	2014-4-8			分 析	
检测规程	《建筑基桩检测技术规范》 《公路工程基桩动测技术规程》			校 核	
桩号	0-右	施工日期	2014-3-20	检测日期	2014-4-8
原始资料					
桩型	钻孔灌注桩	设计强度	C25	设计桩径	$\phi 1.2$ m
检测仪器	CHA	持力层	亚黏土	设计桩长	43.0 m
测管平面布置图: 1-2=0.80 m 北 ○3 2○ ○1 1-3=0.80 m 2-3=0.80 m		测试结果	平均声速 v_m/(m/s)	瀑布图评述	
		剖面组号			
		1-2	4140	均匀完整(桩顶至24 m范围)	
		1-3	4100	均匀完整(全桩长)	
		2-3	4020	均匀完整(桩顶至24 m范围)	
检测结果	2#管,桩顶下24 m至桩底范围内堵管,无法检测。其余部分声速曲线、能量曲线和瀑布图均正常,桩身质量完整。				
质量类别	Ⅰ类(只对所测部位进行评定)				
桩号	0-左	施工日期	2014-3-24	检测日期	2014-4-8
原始资料					
桩型	钻孔灌注桩	设计强度	C25	设计桩径	$\phi 1.2$ m
检测仪器	CHA	持力层	亚黏土	设计桩长	43.0 m
测管平面布置图: 1-2=0.80 m 北 ○3 2○ ○1 1-3=0.80 m 2-3=0.80 m		测试结果	平均声速 v_m/(m/s)	瀑布图评述	
		剖面组号			
		1-2	4230	基本完整(桩顶至26 m范围)	
		1-3	4230	均匀完整(桩顶至26 m范围)	
		2-3	4010	基本完整(全桩长)	
检测结果	1#管,桩顶下26 m至桩底范围内堵管,无法检测。其余部分声速曲线、能量曲线和瀑布图均基本正常,桩身质量基本完整。				
质量类别	Ⅱ类(只对所测部位进行评定)				

续表

桩号	1-右	施工日期	2014-3-12	检测日期	2014-4-8
原始资料					
桩型	钻孔灌注桩	设计强度	C25	设计桩径	$\phi1.2$ m
检测仪器	CHA	持力层	亚黏土	设计桩长	43.0 m

测管平面布置图：	测试结果 剖面组号	平均声速 v_m/(m/s)	瀑布图评述
1−2=0.80 m 1−3=0.80 m 2−3=0.80 m	1−2	4110	均匀完整(桩顶至5 m范围)
	1−3	4160	均匀完整(全桩长)
	2−3	4210	均匀完整(桩顶至5 m范围)

检测结果	2#管，桩顶下5 m至桩底范围内堵管，无法检测。其余部分声速曲线、能量曲线和瀑布图均正常，桩身质量完好。
质量类别	Ⅰ类(只对所测部位进行评定)

桩号	1-左	施工日期	2014-3-16	检测日期	2014-4-8
原始资料					
桩型	钻孔灌注桩	设计强度	C25	设计桩径	$\phi1.2$ m
检测仪器	CHA	持力层	亚黏土	设计桩长	43.0 m

测管平面布置图：	测试结果 剖面组号	平均声速 v_m/(m/s)	瀑布图评述
1−2=0.80 m 1−3=0.80 m 2−3=0.80 m	1−2	4130	基本完整(全桩长)
	1−3	4030	均匀完整(桩顶至22 m范围)
	2−3	4030	均匀完整(桩顶至22 m范围)

检测结果	3#管，桩顶下22 m至桩底范围内堵管，无法检测。其余部分声速曲线、能量曲线和瀑布图均基本正常，桩身质量基本完好。
质量类别	Ⅱ类(只对所测部位进行评定)

课题 4　桥涵工程基础质量评定方法与检查项目

一、扩大基础

1. 基本要求

（1）所用的水泥、砂、石、水外掺剂及混合材料的质量和规格必须符合有关规范的要求，按规定的配合比施工。
（2）不得出现露筋和空洞现象。
（3）基础的地基承载力必须满足设计要求。
（4）严禁超挖回填虚土。

2. 实测项目

扩大基础实测项目见表 10-21。

表 10-21　扩大基础实测项目

项次	检查项目		规定值或允许偏差	检查方法和频率	权值
1△	砂浆强度/MPa		在合格标准内	按附录 D 检查	3
2	平面尺寸/mm		±50	尺量：长、宽各检查 3 处	2
3△	基础底面高程/mm	土质	±50	水准仪：测量 5～8 点	2
		石质	+50,−200		
4	基础顶面高程/mm		±30	水准仪：测量 5～8 点	1
5	轴线偏位/mm		25	全站仪或经纬仪：纵、横各检查 2 点	2

3. 外观鉴定

混凝土表面平整无明显施工接缝，不符合要求时扣 1～3 分。

二、钻孔灌注桩

1. 基本要求

（1）桩身混凝土所用的水泥、砂、石、水、外掺剂及混合材料的质量和规格必须符合有关规范的要求,按规定的配合比施工。

(2) 成孔后必须清孔,测量孔径、孔深、孔位和沉淀层厚度,确认满足设计或施工技术规范要求后,方可灌注水下混凝土。

(3) 水下混凝土应连续灌注,严禁有夹层和断桩。

(4) 嵌入承台的锚固钢筋长度不得低于设计规范规定的最小锚固长度要求。

(5) 应选择有代表性的桩用无破损法进行检测,重要工程或重要部位的桩宜逐根进行检测。设计有规定或对桩的质量有怀疑时,应采取钻取芯样法对桩进行检测。

(6) 凿除桩头预留混凝土后,桩顶应无残余的松散混凝土。

2. 实测项目

钻孔灌注实测项目见表10-22。

表 10-22 钻孔灌注桩实测项目

项次	检查项目			规定值或允许偏差	检查方法和频率	权值
1△	混凝土强度/MPa			在合格标准内	按《公路工程质量检验评定标准》(JTG F80/1—2004)附录D检查	3
2△	桩位/mm	群桩		100	全站仪或经纬仪:每桩检查	2
		排架桩	允许	50		
			极值	100		
3△	孔深/m			不小于设计	测绳量:每桩测量	3
4△	孔径/mm			不小于设计	探孔器:每桩测量	3
5	钻孔倾斜度/mm			1%桩长,且不大于500	用测壁(斜)仪或钻杆垂线法:每桩检查	1
6△	沉淀厚度/mm	摩擦桩		设计规定,设计未规定时按施工规范要求	沉淀盒或标准测锤:每桩检查	2
		支承桩		不大于设计规定		
7	钢筋骨架底面高程/mm			±50	水准仪:测每桩骨架顶面高程后反算	1

3. 外观鉴定

(1) 无破损检测桩的质量有缺陷,但经设计单位确认仍可用时,应扣3分。

(2) 桩顶面应平整,桩柱连接处应平顺且无局部修补,不符合要求时扣1~3分。

三、挖孔桩

1. 基本要求

(1) 桩身混凝土所用的水泥、砂、石、水、外掺剂及混合材料的质量和规格必须符合有关规范的要求,按规定的配合比施工。

(2)挖孔达到设计深度后,应及时进行孔底处理,必须做到无松渣、淤泥等扰动软土层,使孔底情况满足设计要求。

(3)嵌入承台的锚固钢筋长度不得小于设计规范规定的最小锚固长度要求。

2. 实测项目

挖孔桩实测项目见表10-23。

表10-23 挖孔桩实测项目

项次	检查项目			规定值或允许偏差	检查方法和频率	权值
1△	混凝土强度/MPa			在合格标准内	按《公路工程质量检验评定标准》(JTG F80/1—2004)附录D检查	3
2△	桩位/mm	群桩		100	全站仪或经纬仪:每桩检查	2
		排架桩	允许	50		
			极值	100		
3△	孔深/m			不小于设计	测绳量:每桩测量	3
4△	孔径/mm			不小于设计	探孔器:每桩测量	3
5	钻孔倾斜度/mm			0.5%桩长,且不大于200	用测壁(斜)仪或钻杆垂线法:每桩检查	1
6	钢筋骨架底面高程/mm			±50	水准仪测骨架顶面高程后反算:每桩检查	1

3. 外观鉴定

(1)无破损检测桩的质量有缺陷,但经设计单位确认仍可用时,应扣3分。

(2)桩顶面应平整,桩柱连接处应平顺且无局部修补,不符合要求时扣1~3分。

四、沉桩

1. 基本要求

(1)混凝土桩所用的水泥、砂、石、水、外掺剂及混合材料的质量和规格必须符合有关规范的要求,按规定的配合比施工。

(2)混凝土预制桩必须按《公路工程质量检验评定标准》(JTG F80/1—2004)表8.5.4-1检查合格后,方可沉桩。

(3)钢管桩的材料规格、外形尺寸和防护应符合设计和施工技术规范的要求。

(4)用射水法沉桩,当桩尖接近设计高程时,应停止射水,用锤击或振动使桩达到设计高程。

(5)桩的接头应严格按照规范要求,确保质量。

2. 实测项目

预制桩实测项目见表10-24及沉桩实测项目见表10-25。

表 10-24 预制桩实测项目

项次	检查项目		规定值或允许偏差	检查方法和频率	权值
1△	混凝土强度/MPa		在合格标准内	按《公路工程质量检验评定标准》(JTG F80/1—2004)附录 D 检查	3
2	长度/mm		±50	尺量:每桩检查	1
3	横截面 /mm	桩的边长	±5	尺量:每预制件检查 2 个断面,检查 10%	2
		空心桩空心(管芯)直径	±5		
		空心中心与桩中心偏差	±5		
4	桩尖对桩的纵轴线/mm		10	尺量:抽查 10%	1
5	桩纵轴线弯曲矢高/mm		0.1%桩长,且不大于 20	沿桩长拉线量,取最大矢高:抽查 10%	1
6	桩顶面与桩纵轴线倾斜偏差/mm		1%桩径或边长,且不大于 3	角尺:抽检 10%	1
7	接桩的接头平面与桩轴平面垂直度		0.5%	角尺:抽检 20%	1

表 10-25 沉桩实测项目

项次	检查项目			规定值或允许偏差	检查方法和频率	权值
1△	桩位 /mm	群桩	中间桩	$d/2$ 且不大于 250	全站仪或经纬仪:检查 20%	2
			外缘桩	$d/4$		
		排架桩	顺桥方向	40		
			垂直桥轴方向	50		
2	桩尖高程/mm			不高于设计规定	水准仪测桩顶面高程后反算:每桩检查	3
	贯入度/mm			小于设计规定	与控制贯入度比较:每桩检查	
3	倾斜度	直桩		1%	垂线法:每桩检查	2
		斜桩		15%tanϕ		

注:① d 为桩径或短边长度。
② ϕ 为斜桩轴线与垂线间的夹角。
③ 深水中采用打桩船沉桩时,其允许偏差应符合设计规定。
④ 当贯入度符合设计规定但桩尖高程未达到设计高程,应按施工技术规范的规定进行检验,并得到设计认可时,桩尖高程为合格。

3. 外观鉴定

(1)预制桩的桩顶和桩尖不得有蜂窝、麻面现象,不符合要求时扣 1~3 分。

(2)桩头无劈裂,如有劈裂时应进行处理,并扣 1~3 分。

模块10 桥梁工程基础检测

模块小结

埋入土层一定深度的建筑物向地基传递荷载的下部承重结构称为基础,基础是连接上部结构与地基的结构物,基础结构应符合上部结构使用要求。技术上合理及施工方便,满足地基的承载能力和抗变形能力要求。基础按埋置深度和传力方式可分为浅基础(如独立基础、条形基础、板式基础、筏式基础、箱形基础、壳体基础等)和深基础(如桩基础、沉井基础和地下连续墙等)。

桩基础是桥梁工程中通常采用的基础形式,本章主要介绍基础的地基承载力检测、钻(挖)孔灌注桩的完整性检测和承载力检测。地基承载力检测介绍了按规范法评定承载力和现场荷载试验评定法;钻(挖)孔灌注桩的完整性检测应用最广泛的是反射波法和超声脉冲法。反射波易于理解,但对桩身缺陷的准确判定有赖于检测人员的经验;超声脉冲法对缺陷判定准确,但检测效率较低,其运用将越来远大。对桩基承载力检测,静载试验至今仍是最可靠的一种检测方法。

思考与习题

1. 什么是地基?什么是基础?
2. 何谓桩基础?桩基础由哪几部分组成?
3. 什么是单桩竖向承载力?
4. 如何用"规范法"评定黏性土的地基承载力,需要地基土哪些物理指标?
5. 简述规范法确定地基承载力容许值方法。
6. 简述荷载试验法确定地基承载力容许值方法。
7. 灌注桩的常见缺陷有哪些?
8. 基桩垂直静载试验时,怎样确定破坏荷载、极限荷载和容许荷载?
9. 简述用声波法测量成孔质量。
10. 钻孔灌注桩泥浆性能指标有哪些?
11. 钻孔灌注桩质量评定实测项目有哪些?
12. 挖孔灌注桩质量评定实测项目有哪些?
13. 如何用超声脉冲法测桩?如何判断桩身缺陷?
14. 某一桥墩桩基础的钢筋混凝土打入桩,桩径 $d=0.45$ m,主筋为 $8\varphi16$ mm,混凝土标号为 C25。桩的入土深度 $h=16$ m,上层为 12 m 的中密细砂,下层为中密粗砂。试按土的阻力计算在主力和附加力同时作用时,单桩竖向承载力标准值。
15. 某一钻孔灌注桩,桩的设计桩径为 1.35 m,成孔桩径为 1.4 m,清底稍差,桩周及桩底为重度 20 kN/m³ 的密实中砂。桩底在局部冲刷线以下 20 m,常水位在局部冲刷线以上 6 m,一般冲刷线在局部冲刷线以上 2 m,试按土的阻力计算在主力作用时单桩竖向承载力标准值。

模块 11 桥梁检测

学习目标

☆ 知识目标

(1) 掌握桥梁工程质量评定方法与检查项目。
(2) 掌握板式橡胶支座和盆式橡胶支座检测方法。
(3) 了解伸缩装置的技术要求和整体性能试验检测方法。
(4) 了解桥涵混凝土结构、钢筋混凝土结构或预应力混凝土结构或构件的试验检测项目。
(5) 掌握钻芯法、回弹法、超声法对水泥混凝土构件试验检测方法。
(6) 了解超声-回弹综合法对水泥混凝土构件试验检测。
(7) 掌握预应力钢材和预应力混凝土结构检测方法。
(8) 了解预应力钢绞线锚具和连接器检测方法。
(9) 知道静载试验的基本原理。

☆ 能力目标

(1) 会确定桥梁工程质量评定方法与检查项目。
(2) 能确定板式橡胶支座的检测项目。
(3) 能描述板式橡胶支座力学性能检测程序与计算方法。
(4) 能描述伸缩装置的检测项目。
(5) 能参与桥梁荷载试验,能进行结构现状调查。
(6) 能使用钻芯法、回弹法、超声法对水泥混凝土构件进行试验检测。

(7) 学会预应力混凝土先张法和后张法构件施工工艺检测。

(8) 学会预应力锚具、夹具和连接器检测。

☆ 知识链接

桥梁工程实测项目包括桥面中线偏位、桥宽、桥长、引道中心线与桥梁中心线的衔接、桥头高程衔接。桥梁检测包括一般检测和特殊检测。一般检测指外观检查、线形检测等。特殊检测包括无损检测、静载试验、动载试验等等。无损检测又包括砼强度检测、裂缝检测、钢筋锈蚀、碳化等。

课题 1 桥涵工程质量评定方法与检查项目

一、桥梁总体质量评定方法与检查项目

1. 基本要求

(1) 桥梁施工应严格按照设计图纸、施工技术规范和有关技术操作规程要求进行。

(2) 桥下净空不得小于设计要求。

(3) 特大跨径桥梁或结构复杂的桥梁,必要时应进行荷载试验。

2. 实测项目

桥梁总体实测项目如表11-1所示。

表11-1 桥梁总体实测项目

项次	检查项目		规定值或允许偏差	检查方法和频率	权值
1	桥面中线偏位/mm		20	全站仪或经纬仪:检查3~8处	2
2	桥宽/mm	车行道	±10	尺量:每孔3~5处	2
		人行道	±10		
3	桥长/mm		+300,-100	全站仪或经纬仪、钢尺检查	1
4	引道中心线与桥梁中心线的衔接/mm		20	尺量:分别将引道中心线和桥梁中心线延长至两岸桥长端部,比较其平面位置	2
5	桥头高程衔接/mm		±3	水准仪:在桥头搭板范围内顺延桥面纵坡,每米1点测量标高	2

3. 外观鉴定

(1) 桥梁的内外轮廓线条应顺滑清晰,无突变、明显折变或反复现象。

(2) 栏杆、防护栏、灯柱和缘石的线形顺滑流畅,无折弯现象。

(3)踏步顺直,与边坡一致。

二、钢筋及预应力筋的加工、安装及张拉

1. 钢筋的加工与安装

1)基本要求

(1)钢筋、机械连接器、焊条等的品种、规格和技术性能应符合国家现行标准规定和设计要求。

(2)冷拉钢筋的机械性能必须符合规范要求,钢筋平直,表面不应有裂皮和油污。

(3)受力钢筋同一截面的接头数量、搭接长度、焊接和机械接头质量应符合施工技术规范要求。

(4)钢筋安装时,必须保证设计要求的钢筋根数。

(5)受力钢筋应平直,表面不得有裂纹及其他损伤。

2)实测项目

包括钢筋安装实测项目、钢筋网实测项目、预制桩钢筋安装实测项目。

3)外观鉴定

(1)钢筋表面无铁锈及焊渣。

(2)多层钢筋网要有足够的钢筋支撑,保证骨架的施工刚度。

2. 预应力筋的加工和张拉

1)基本要求

(1)预应力筋的各项技术性能必须符合国家现行标准规定和设计要求。

(2)预应力束中的钢丝、钢绞线应梳理顺直,不得有缠绞、扭麻花现象,表面不应有损伤。

(3)单根钢绞线不允许断丝,单根钢筋不允许断筋或滑移。

(4)同一截面预应力筋接头面积不超过预应力筋总面积的25%,接头质量应满足施工技术规范的要求。

(5)预应力筋张拉或放张时混凝土强度和龄期必须符合设计要求,严格按照设计规定的张拉顺序进行操作。

(6)预应力钢丝采用镦头锚时,镦头应头形圆整,不得有斜歪或破裂现象。

(7)制孔管道应安装牢固、接头密合、弯曲圆顾。锚垫板平面应与孔道轴线垂直。

(8)千斤顶、油表、钢尺等器具应经检验校正。

(9)锚具、夹具和连接器应符合设计要求,按施工技术规范的要求经检验合格后方可使用。

(10)压浆工作在5℃以下进行时,应采取防冻或保温措施。

(11)孔道压浆的水泥浆性能和强度应符合施工技术规范要求,压浆时排气、排水孔应有水泥原浆溢出后方可封闭。

(12)按设计要求浇筑封锚混凝土。

2)实测项目

包括钢丝、钢绞线先张法实测项目、粗钢筋先张法实测项目、后张法实测项目。

3)外观鉴定

预应力筋表面应保持清洁,不应有明显的锈迹。

三、砌体

1. 基础砌体

1)基本要求

(1) 石料或混凝土预制块的强度、质量和规格必须符合有关规范的要求。

(2) 砂浆所用的水泥、砂和水的质量必须符合有关规范的要求,按规定的配合比施工。

(3) 地基承载力应满足设计要求,严禁超挖回填虚土。

(4) 砌块应错缝、坐浆挤紧,嵌缝料和砂浆饱满,无空洞、宽缝、大堆砂浆填隙和假缝。

2)实测项目

基础砌体。

3)外观鉴定

(1) 砌体表面应平整。

(2) 砌缝不应有裂隙,裂隙宽度超过 0.5 mm 时必须进行处理。

2. 墩台身砌体

1)基本要求

(1) 石料或混凝土预制块的强度、质量和规格必须符合有关规范的要求。

(2) 砂浆所用的水泥、砂和水的质量必须符合有关规范的要求,按规定的配合比施工。

(3) 砌块应错缝、坐浆挤紧,嵌缝料和砂浆饱满,无空洞、宽缝、大堆砂浆填隙和假缝。

2)实测项目

墩,台身砌体实测项目。

3)外观鉴定

(1) 砌体直顾,表面平整。

(2) 勾缝平顺,无开裂和脱落现象。

(3) 砌缝不应有裂隙,裂隙宽度超过 0.5 mm 时必须进行处理。

3. 拱圈砌体

1)基本要求

(1) 石料或混凝土预制块的强度、质量和规格必须符合有关规范的要求。

(2) 砂浆所用的水泥、砂和水的质量必须符合有关规范的要求,按规定的配合比施工。

(3) 拱圈的辐射缝应垂直于拱轴线,辐射缝两侧相邻两行拱石的砌缝应互相错开,错开距离不应小于 100 mm。

(4) 砌块应错缝、坐浆挤紧,嵌缝料和砂浆饱满,无空洞、宽缝、大堆砂浆填隙和假缝。

(5) 拱架应牢固稳定,严格按设计规定的顺序砌筑拱圈和卸架。

2) 实测项目

拱圈砌体实测。

3) 外观鉴定

(1) 拱圈轮廓线清晰,表面整齐。

(2) 勾缝平顺,无开裂和脱落现象。

(3) 砌缝不应有裂隙,裂隙宽度超过 0.5 mm 时必须进行处理。

4. 侧墙身砌体

1) 基本要求

(1) 石料或混凝土预制块的强度、质量和规格必须符合有关规范的要求。

(2) 砂浆所用的水泥、砂和水的质量必须符合有关规范的要求,按规定的配合比施工。

(3) 砌块应错缝、坐浆挤紧,嵌缝料和砂浆饱满,无空洞、宽缝、大堆砂浆填隙和假缝。

2) 实测项目

侧墙砌体实测。

3) 外观鉴定

同墩台身砌体外观鉴定。

课题 2 桥梁支座检测

桥梁支座是架设于墩台上,顶面支承桥梁上部结构的装置。其功能为将上部结构固定于墩台,承受作用在上部结构的各种力,并将它可靠地传给墩台;在荷载、温度、混凝土收缩和徐变作用下,支座能适应上部结构的转角和位移,使上部结构可自由变形而不产生额外的附加内力。

桥梁支座的种类很多,桥梁支座按其材料可划分为小桥涵上使用的简易垫层支座、大中桥上使用的钢板支座、钢筋混凝土支座、铸钢或不锈钢支座,目前使用极为广泛的是板式橡胶支座、盆式橡胶支座及球型支座等,其中尤以板式橡胶支座和盆式橡胶支座最为常见。

一、板式橡胶支座基本知识

(一) 概念与分类

板式橡胶支座,一般用于中、小跨径梁(板)桥。常见板式橡胶支座按结构有矩形(圆形)板式橡胶支座、四氟乙烯板式橡胶支座、球冠圆板式支座。

1. 矩形(圆形)板式橡胶支座(见图11-1)

图 11-1　矩形板式橡胶支座

(1)性能：由多层橡胶片与薄钢板镶嵌、黏合压制而发。有足够的竖向刚度以承压垂直荷载，能将上部构造的反力可靠地传递给墩台，有良好的弹性，以适应梁端的转动；又有较大的剪切变形以满足上部构造的水平位移。

(2)特点：在桥梁建筑、水电工程、房屋抗震设施上已广泛应用，与原用的钢支座相比，有构造简单，安装方便；节约钢材，价格低廉；养护简便，易于更换等优点，且本品建筑高度低，对桥梁设计与降低造价有益；有良好的隔震作用，可减少活载与地震力对建筑物的冲击作用。

2. 四氟乙烯板式橡胶支座(见图11-2)

四氟乙烯板式橡胶支座是在普通板式橡胶支座上粘接一层厚 1.5~3 mm 的聚四氟乙烯板而成。除具有普通板式橡胶支座的竖向刚度与弹性变形，能承受垂直荷载及适应梁端转动外，因四氟乙烯与梁底不锈钢板间的低摩擦系数($\mu \leqslant 0.08$)可使桥梁上部构造的水平位移不受限制。

3. 球冠圆板式支座(见图11-3)

球冠圆板式支座是经由圆板式支座改进而来的。支座顶面彩纯橡胶球型表面，支座底部加设一圈 $R2.5$ mm 的半圆形圆环。它保留了变形各向同性的优点，又可克服安装后易产生的偏压、脱空等现象，适用于一般桥梁，也适用于各种布置复杂的、纵坡较大的立交桥和高架桥，也是根据不同坡度调整球冠半径。

图 11-2　四氟板式橡胶支座

图 11-3　球冠圆板式橡胶支座

(二)橡胶支座型号标记方法

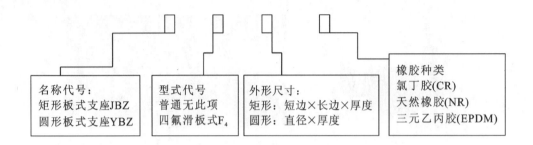

例如:JBZ300×400×47(CR)表示的就是氯丁橡胶制成的普通板式橡胶支座,其短边尺寸为 300 mm,其长边尺寸为 400 mm,厚度为 47 mm。

例如:YBZF₄300×54 表示的是圆形四氟滑板式橡胶支座,其直径为 300 mm,厚度为 54 mm。

二、盆式橡胶支座基本知识

1. 概念与分类

图 11-4 盆式橡胶支座

盆式橡胶支座(见图 11-4)是利用被半封闭钢制盆腔内的弹性橡胶块,在三向受力状态下具有流体的性质特点,来实现桥梁上部的转动,同时依靠中间钢板与上座板的不锈钢板之间的低摩擦系数来实现上部结构的水平位移,使支座所承受的剪切不再由橡胶完全承担,而间接作用于钢制底盆及与不锈钢之间的滑移上。从试验的数据来看,橡胶处于三向约束状态时的抗压弹性模量比无侧向约束的抗压弹性模量增大近 20 倍,因而支座承载能力大为提高,解决了板式橡胶支座承载能力的局限,能满足大的支承反力、大的水平位移及转角要求。

盆式橡胶支座分为公路桥梁盆式橡胶支座、铁路桥梁盆式橡胶支座及盆式橡胶支座的衍生品;按适用温度分为耐寒型和普通型盆式支座。

2. 盆式支座的型号标记方法

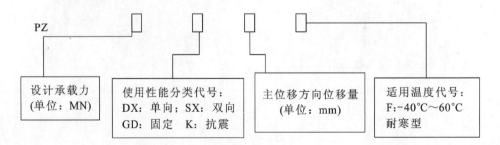

例如:PZ5SX100F 表示的是设计承载力为 5 MN,主位移方向位移量为±100 mm,工作温度为－40～60 ℃的双向活动盆式支座。

例如:PZ2.5DX50 表示设计承载力 2.5 MN,主位移方向位移量为±50 mm,工作温度为－25～60 ℃的单向活动支座。

例如:PZ10KGD 表示适用于 7 度以上地震区,设计承载力为 10 MN,工作温度为－25～60 ℃的抗震型固定支座。

三、支座的检验

1. 检验分类及依据

普通橡胶支座检验分为原辅材料及外购件检验、出厂检验和型式检验。桥梁橡胶支座检验有型式检验、出厂检验和使用前抽检三种质量控制环节。型式检验是指厂家在投产、胶料配方改变、工艺结构改变及正常生产中质检部门或国家监督机构定期检测。出厂检验必须由厂家质量管理部门进行检验,确认合格后才可出厂,供货时必须附有产品质量合格证明文件及合格证。而桥涵工程使用前抽检是指针对具体支座的设计要求,以行业标准为依据进行的常规性检验。通常应在支座进入工地后抽取一定比例送检,主要检验项目有支座成品力学性能检验、支座成品解剖检验和外观、几何尺寸检验。

检验依据:交通部行业标准《公路桥梁板式橡胶支座》(JT/T 4—2004)及《橡胶支座 第 4 部分:普通橡胶支座》(GB 20688.4—2007)。两规范均规定了桥梁板式橡胶支座成品的一些力学性能及有关质量指标要求,判定依据必须不低于《橡胶支座 第 4 部分:普通橡胶支座》(GB 20688.4—2007)的要求,且应满足《公路桥梁板式橡胶支座》(JT/T4—2004)的相关规定。

2. 判定规则

(1)试样的抗压弹性模量与规定值的偏差在±20%范围之内时,则认为是满足要求的。

(2)试样的抗剪弹性模量与规定值的偏差在±15%范围之内,容许剪切角正切值符合规定,则认为是满足要求的。

(3)在 70 MPa(矩形支座)或 75 MPa(圆形支座)的压应力时,橡胶层未被挤坏,中间层钢板未断裂,四氟板与橡胶未发生剥离,则认为试样的极限抗压强度是满足要求的。

(4)试样的摩擦系数符合规定时,则认为是满足要求的。

(5)试样的容许转角正切值,混凝土、钢筋混凝土桥在 1/300,钢桥在 1/500 时,试样边缘最小变形值大于或等于零时,认为试样容许转角是满足要求的。

(6)三块(或三组)试样中,有两块(或两组)不能满足要求时,则认为该批产品不合格。若有一块(或一组)试样不能满足要求时,则应重新抽取三块(或三组)试样进行试验,若仍有一块(或一组)不能满足要求时,则也认为该批产品不合格。

四、板式橡胶支座试验检测

1. 试验仪器

（1）力学性能检测设备，应具备如下功能：微机控制，能自动/平稳连续加载、卸载，且无冲击、颤动现象，自动持荷，自动采集数据，自动绘制应力-应变图，自动储存试验原始记录及曲线图，自动打印结果。

（2）试验用承载板应具有足够的刚度，厚度大于其平面最大尺寸的1/2，且不能用分层垫板代替。平面尺寸必须大于被测试式样的平面尺寸，在最大荷载下不应发生挠曲。

（3）剪切试验机构的水平油缸/负荷传感器的轴线迎合中间钢拉板的对称轴重合，确保被测试样片轴向手里。

（4）试验机的级别为Ⅰ级，示值相对误差最大允许值为1.0%，试验机正压力使用可在最大压力的0.4%～90%范围内，水平力的最大力值在1%～90%范围。

（5）测量支座试样变形量的仪表量程应满足测量支座试样变形量的需要，测量转角变形量的分度值为0.001 mm，测量竖向压缩变形量和水平位移变形量的分度值为0.01 mm。

2. 成品力学性能试验操作步骤

1）抗压弹性模量试验

（1）将橡胶支座成品直接置于试验加荷装置承压板上，对准中心，加荷至压力应为1.0 MPa，在承载板的四角对称安装位移传感器。

（2）预压。将压应力以0.03～0.04 MPa增至压应力 $\sigma=10$ MPa，持荷25 min，然后匀速卸至应力为1.0 MPa。持荷5 min，记录百分表初始值，绘制应力应变图，预压三次。

（3）正式加载。每一加载循环自1.0 MPa开始，匀速以0.03～0.04 MPa/s加载至4.0 MPa，每级压应力为1.0 MPa，持荷2 min，取百分表读数，至 σ 为止，然后卸载至压应力为1.0 MPa。10 min后进行下一加载循环。加载过程连续进行三次。

（4）以承载板四角所测得的变化值的平均值作为各级荷载下试样的累计竖向压缩变形 Δc，按试样橡胶层的总厚度 t_e 求出在各级试验荷载作用下，试样的累计压缩应变 ε_i。

（5）计算实测抗压弹性模量：

$$E_1 = \frac{\sigma_{10} - \sigma_4}{\varepsilon_{10} - \varepsilon_4}$$

式中：E_1——试样实测的抗压弹性模量计算值，精确到1 MPa；

σ_4、ε_4——试样在第4 MPa级试验荷载下的压应力和累计压缩应变值；

σ_{10}、ε_{10}——试样在第10 MPa级试验荷载下的压应力和累计压缩应变值。

（6）试验结果的判定。每一块试样的抗压弹性模量 E_1 为三次加载过程所得的三个结果的算术平均值。但单项结果和算术平均值之间的偏差不应大于算术平均值的10%，否则该试样应重新试验一次。

（7）原因分析。橡胶支座在一定的压力作用下，其竖向变形主要由两个因素决定。一是支座中间橡胶片与加劲钢板接触面的状态，即橡胶与钢板黏结质量，如果黏结牢固，橡胶的侧向膨胀受到钢板的约束减少了支座的竖向变形,反之则增大竖向变形。同批支座中,个别支座受压后变形量比同类支座相比差异较大,说明在支座加工时,胶片与钢板的粘接处存在缺陷,达不到极限抗压强度时会有巨响。第二个起决定作用的因素是支座受压面积与其自由膨胀侧面积之比值,常称之为形状系数。

2)极限抗压强度检验

由于桥梁橡胶支座极限抗压强度很大,因此部颁标准规定了70 MPa(矩形支座)和75 MPa(圆形支座)作为橡胶支座的极限抗压强度,极限抗压强度检验可在抗压弹模试验完成后按每分钟1.0 MPa的加荷速率加载至压应力达到极限抗压强度为止,并随时观察,支座完好无损,其指标为合格。

3)抗剪弹性模量检验

(1)仪器的安装:橡胶支座抗剪弹性模量试验是以正压力为容许压应力,并在抗剪过程中保持不变的情况下,采用2块支座用中间钢拉板推或拉组成双剪装置,橡胶支座的顶面或底面必须以实桥设计(钢筋混凝土梁、钢梁)图纸一致,而且中间钢拉板的对称轴应和加压设备中轴处在同一垂直面上,精度不小于1‰的试件短边尺寸。为防止出现打滑现象,应在上下承载板和中间钢拉板上粘贴高摩擦板,以确保试验的准确性。

剪切变形量的量测一般采用2个大标距的位移传感器或百分表,正压力和剪切力一般采用力传感器进行量测控制。其试验设备图如图11-5所示。

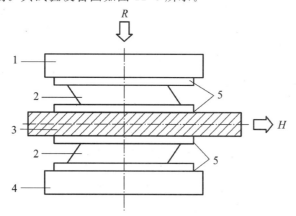

图11-5 剪切试验设备图

1—上承载板;2—支座试样;3—中间刚拉板;4—下承载板;5—防滑摩擦板

(2)将压应力以0.03~0.04 MPa/s的速率增至平均压应力,绘制应力-时间图,并在整个试验过程中保持不变。

(3)预加水平力,以控制安装偏差和消除初应力。以0.002~0.003 MPa/s的速率连续施加水平剪应力至剪应力为1.0 MPa,持荷5 min,然后以连续均匀的速度卸载至剪应力为0.1 MPa,持荷5 min,记录初始值,绘制应力—应变图。预载三次。

(4)正式加载。每一加载值循环自$\tau=0.1$ MPa开始,每级剪应力增量0.1 MPa,持荷1 min,读取位移计读数,至$\tau=1.0$ MPa为止,绘制应力-应变图应呈线性关系。然后以连续均匀的速度卸载至剪应力为0.1 MPa。10 min后进行下一循环试验。加载过程应连续进行三次。

(5)将各级水平荷载下位移计所测出的试样累积为水平变形式Δs,按试样橡胶层的总厚度t_e

求出在各级试验荷载作用下试样的累计剪切应变 $\gamma_i = \Delta s/t_e$。

(6) 计算：

$$G_1 = \frac{\tau_{1.0} - \tau_{0.3}}{\gamma_{1.0} - \gamma_{0.3}}$$

式中：G_1——试样的实测抗剪弹性模量计算值；

$\tau_{1.0}$，$\gamma_{1.0}$——第 1.0 MPa 级试验荷载下的剪应力和累计剪应变值；

$\tau_{0.3}$，$\gamma_{0.3}$——第 0.3 MPa 级试验荷载下的剪应力和累计剪应变值。

(7) 结果判定：

每两个检验支座所组成试样的综合剪弹性模量 G 为这组试件三次加载所得到的三个结果的算术平均值。但各单项结果与算术平均值之间的偏差不应大于算术平均值的 10%，否则该试样应重新进行一次试验。

五、支座外形尺寸检测

1. 平面尺寸

(1) 普通橡胶支座及组件的平面尺寸应用游标卡尺测量。

(2) 圆形板式橡胶支座和盆式支座的橡胶承压板、橡胶密封圈应在二个垂直交叉的位置测量直径值。

(3) 矩形板式橡胶支座和盆式支座的上支座板，下支座板等应在每边的二个不同位置测量边长值。

2. 厚度和整体高度

(1) 板式支座厚度和盆式支座组装后的整体高度应用游标卡尺或量规测量。

(2) 圆形板式橡胶支座和盆式支座应在圆周上的 4 个不同位置测量厚度（高度）值，此 4 点的 2 条连线应互相垂直并通过圆心。

(3) 矩形板式橡胶支座应在 4 个角点位置测量厚度值。

(4) 测量结果取其实测值的平均值，不应超出偏差范围。

3. 规范偏差表格示例

《橡胶支座 第 4 部分：普通橡胶支座》(GB 20688.4—2007)规定，支座平面尺寸偏差应符合表 11-2 的规定。

表 11-2 平面尺寸偏差

公称、平面尺寸(a，b 和 d)	允许偏差
≤500	+5.0
>500	+1%

《橡胶支座 第 4 部分：普通橡胶支座》(GB 20688.4—2007)规定，支座厚度偏差应符合表 11-3 的规定。

表 11-3　厚度尺寸偏差

厚度范围/t	允许偏差
$t \leqslant 50$	+1
$50 < t \leqslant 100$	+2
$100 < t \leqslant 160$	+3

六、外观质量检测

普通橡胶支座外观质量,用目测及相应量具逐块进行检查。

《橡胶支座　第 4 部分:普通橡胶支座》(GB 20688.4—2007)规定,板式支座外观质量应符合表 11-4 规定的要求。

表 11-4　板式支座外观质量要求

名　　称	成品质量标准
气泡、杂质	气泡、杂质总面积不得超过支座平面面积的 0.1%,且每一处气泡、杂质面积不能大于 50 mm^2,最大深度不超过 1 mm
凹凸不平	当支座平面面积小于 0.15 m^2 时,不多于两处;大于 0.15 m^2 时,不多于 4 处,且每处凹凸高度不超过 0.5 mm,面积不超过 6 mm^2
四侧面裂纹、钢板外露	不允许
掉块、崩裂、机械损伤	不允许
钢板与橡胶黏结处开裂或剥离	不允许
支座表面平整度	不大于平面最大尺寸的 0.4%
聚四氟乙烯板表面划痕、碰伤、敲击	不允许
聚四氟乙烯板与橡胶支座黏结错位	不得超过橡胶支座短边或直径尺寸的 0.5%

七、成品支座内在试验要求

《橡胶支座　第 4 部分:普通橡胶支座》(GB 20688.4—2007)规定,成品支座的内在试验指标要求应符合表 11-5 的要求。

表 11-5　成品支座性能内在试验指标

名　　称	解剖检验标准
锯开后胶层厚度	胶层厚度应均匀,t_1 为 5~8 mm 时,其偏差为 ±0.4 mm;t_1 为 8~11 mm 时,其偏差不得大于 ±0.7 mm;$t_1 > 15$ mm 时,其偏差不得大于 ±1.0 mm;上下保护层偏差为 ±0.5 mm
钢板与橡胶黏结	钢板与橡胶黏结应牢固,且无离层现象,其平面尺寸偏差为 ±1 mm;上下保护层偏差为 (+0.5,0) mm

续表

名　　称	解剖检验标准
剥离胶层（应按HG/T 2198—2011规定制成试样）	剥离胶层后，测定的橡胶性能与橡胶物理机械性能试验的规定相比，硬度变化率不应大于10%，拉伸强度的下降不应大于15%，扯断伸长率的下降不应大于20%，耐臭氧老化、耐热空气老化应满足相应材料标准规定

课题 3　桥梁伸缩装置检验

一、概念与分类

1. 概念

桥梁伸缩装置指为满足桥面变形的要求，通常在两梁端之间、梁端与桥台之间或桥梁的铰接位置上设置的由橡胶和钢材等组成的各种装置总称（见图11-6）。

图11-6　桥梁伸缩装置

构造要求伸缩装置在平行、垂直于桥梁轴线的两个方向，均能自由伸缩、牢固可靠，车辆行驶过时应平顺、无突跳与噪声；要能防止雨水和垃圾泥土渗阻塞；安装、检查、养护、消除污物都要简易方便。在设置伸缩缝处，栏杆与桥面铺装都要断开。

2. 常见类型

（1）镀锌薄钢板伸缩装置。在中小跨径的装配式简支梁桥上，当梁的变形量在20～40 mm以内时常选用。

（2）钢伸缩装置。它的构造比较复杂，只有在温差较大的地区或跨径较大的桥梁上才采用。钢伸缩装置也适宜在斜桥上使用。

（3）橡胶伸缩装置。它是以橡胶带作为跨缝材料。这种伸缩装置构造简单，使用方便，效果好。在变形量较大的大跨度桥上，可以采用橡胶和钢板组合的伸缩装置。

3. 伸缩装置型号

伸缩装置按照性能及安装方法可以分为GQF-C型、GQF-Z型、GQF-L型、GQF-F型、GQF-MZL型等。其中GQF-MZL型数模式桥梁伸缩缝装置，是采用热轧整体成型的异型钢材设计的桥梁伸缩缝装置。QF-C型、GQF-Z型、GQF-L型、GQF-F型伸缩缝装置适用于伸缩量80 mm以下的的桥梁接缝，GQF-MZL型伸缩缝装置是由边梁、中梁、横梁和连动机构组成的模数式桥梁伸缩缝装置，适用于伸缩量80～1200 mm的大中跨度桥梁。

4. 产品代号表示示例

例 1：采用交通行业标准，产品名称代号为 GQF-C 型、伸缩量为 50 mm 的三元乙丙橡胶伸缩装置表示为 GQF-C50（EPDM）。

例 2：采用交通行业标准，产品名称代号为 GQF-MZL 型、伸缩量为 400 mm 的天然橡胶伸缩装置表示为 GQF-MZL400（NR）。

例 3：采用交通行业标准，产品名称代号为 J-75 型、伸缩量为 480 mm 的氯丁橡胶伸缩装置表示为 J-75 480（CR）。

桥梁橡胶伸缩装置的检验，除投产鉴定、质量监督机构定期检测和出厂检验外，高等级公路桥梁大修或大、中桥往往在施工阶段仍需逐个检查外观及几何尺寸，必要时还应进行成品力学性能检验。

二、伸缩装置的技术要求

伸缩装置所使用的材料、加工工艺和成品的整体性能、外观质量及解剖检验等均应符合交通部颁布的现行标准《公路桥梁伸缩装置》（JT/T327—2004），包括伸缩装置整体性能要求；橡胶伸缩装置的尺寸偏差、密封橡胶带的尺寸偏差；橡胶伸缩装置、密封橡胶带的外观质量要求；板式橡胶伸缩装置解剖后，其内在质量要求。

三、整体性能试验

1. 试样

试验设备应能对整体组装后的伸缩装置进行力学性能试验。如果受试验设备限制，不能对整体伸缩装置进行试验时，则对模数式伸缩装置的新产品或老产品转厂生产的试制定型鉴定可取不小于 4 m 长并具有 4 个单元变位、支承横梁间距等于 1.8 m 组装试样进行试验；梳齿板式伸缩装置应取单元加工长度不小于 2 m 组装试样进行试验；橡胶伸缩装置成取 1 m 长的试样进行试验；异型钢单缝伸缩装置应取组装试样进行试验。

2. 试验设备

成品力学性能试验需在专用的试验台架上进行，试验台可边固定边移动。伸缩装置试样用定位螺栓或其他有效方法与锚固板连接。试验的拉伸和压缩，可用千斤顶施加荷载，荷载大小通过荷载传感器进行控制。试验台座设导向装置，并用刚度较大的钢梁把位移控制箱连成整体。在加载台架上可以模拟伸缩装置的拉伸、压缩与纵向、竖向、横向错位，实测拉压过程中的水平摩阻力和变位均匀性。

3. 检测项目

（1）模数式伸缩装置应进行拉伸、压缩，纵向、竖向、横向错位试验，测定水平摩阻力、变位均匀性。应按实际受力荷载测定中梁、支承横梁及其连接部件应力、应变值。有条件时，应对试样进行振动冲击试验,对橡胶密封带进行防水试验。

(2) 梳齿板式伸缩装置应进行拉伸、压缩试验,测定水平摩阻力、变位均匀性。

(3) 橡胶伸缩装置进行拉伸、压缩试验,测定水平摩阻力及垂直变形;且试验应在15~28 ℃温度下进行。

(4) 异型钢单缝伸缩装置应进行橡胶密封带防水试验。

(5) 尺寸偏差。

伸缩装置的尺寸偏差应采用标定的钢直尺、游标卡尺、平整度仪、水准仪等量测。橡胶伸缩装置平面尺寸除量测四边长度外,还应量测对角线尺寸,厚度应在四边量测8点取其平均值。模数式和梳齿板式伸缩装置应每2 m取其断面量测后,取其平均值。

(6) 外观质量。

产品外观质量应用目测方法和相应精准的量具逐步进行检测,不合格产品可进行一次修补。

(7) 内在质量。

橡胶板式伸缩装置解剖检验应每100块取1块,沿中横向锯开进行规定项目检验。

(8) 原材料。

伸缩装置中使用的钢材、橡胶、不锈钢板、聚四氟乙烯板、硅脂等应按《公路桥梁伸缩装置》(JT/T 327—2004)中规定的方法进行试验。

4. 判定规则

(1) 进厂原材料检验应全部项目合格后方可使用,不合格材料不能用于生产。

(2) 出厂检验时,若有一项指标不合格,则应从该批产品中再随机抽取双倍数目的试样,对不合格项目进行复检,若仍有一项不合格,则判定该批产品不合格。

(3) 形式检验时,整体性能试验全部项目满足伸缩装置整体性能要求为合格。若检验项目中有一项不合格,则从该批产品中再随机抽取双倍数目的试样,对不合格项目进行复检,若复检仍有一项目不合格,则判定该批产品不合格。

课题 4 水泥混凝土构件试验检测

一、基本知识

桥涵混凝土结构、钢筋混凝土结构或预应力混凝土结构或构件的试验检测项目主要有如下几种。

1. 外观质量检测

主要是在构件成型达到一定强度后检测结构实物的尺寸和位置偏差,混凝土表面平整度、蜂窝、麻面、露筋及裂缝等。

2. 强度检测

构件混凝土的强度等级,通常以立方体抗压试件的抗压强度来反映,当对某一方面的检验内容产生怀疑时,如构件的强度离散型过大、强度不足、振捣不密实或存在其他缺陷时,通常还采用无破损方法进行专项检验或荷载试验来判定,判定方法很多,主要有以下几种:钻芯法、回弹法、超声法、超声回弹综合法和后拔出法等。

1) 钻芯法

钻芯法检验混凝土强度是从混凝土结构物中钻取芯样来测定混凝土的抗压强度,是一种直观准确的方法。

适用性:可作为混凝土强度抗压强度、均匀性和内部缺陷的指标,适用于检测 10~80 MPa 普通混凝土结构强度,当试块抗压强度的测试结果有怀疑或因各种原因发生混凝土质量问题或损害时,以及需检测经多年使用的建筑结构或构筑物中混凝土强度时。

检测依据:《钻芯法检测混凝土强度技术规程》(CECS 03—2007)。

2) 回弹法

回弹法是通过回弹仪检测混凝土表面硬度从而推算出混凝土强度的方法,由于其简单、灵活,在我国广泛使用。

适用性:应特别注意回弹法不适用于表层与内部质量有明显差异或内部存在缺陷的混凝土结构或构件的检测,即当混凝土表面遭受了火灾、冻伤、受化学侵蚀或内部有缺陷时,不能直接采用回弹法检测。

检测依据:《回弹法检测混凝土抗压强度技术规程》(JGJ/T 23—2001、JGJ 115—2006)。

3) 超声法

超声法是根据声波透射和折射原理,采用带波形显示的低频超声波检测仪和频率为 20~250 kHz 的声波换能器,测量混凝土的声速、波幅和主频等声学参数,并根据这些参数及其相对变化分析判断水泥混凝土结构体缺陷(指破坏混凝土的连续性和完整性,并在一定程度上降低混凝土的强度和耐久性的不密实区、空洞、裂缝或夹杂泥沙、杂物等)的方法。

检测依据:《超声法检测混凝土缺陷技术规程》(CECS 21—2000)。

4) 超声回弹综合法

超声回弹综合法是指采用超声仪和回弹仪,在结构混凝土同一测区分别测量声时值和回弹值,然后利用已建立起来的测强公式推算该测区混凝土强度的一种方法。该方法受混凝土龄期和含水率影响小、测试精度高、适用范围广,能够较全面反映混凝土的实际质量的优点。

检测依据:《超声回弹综合法检测混凝土强度技术规程》(CECS 02—2005)。

5) 后拔出法

后拔出法检测混凝土强度,是指在硬化混凝土表面进行钻孔、磨槽、嵌入锚固件,使用拔出仪进行拔出试验,测定极限拔出力,并根据预先建立的拔出力与混凝土强度之间的相关关系检测混凝土强度。

适用性:当现场结构缺少混凝土强度有关试验资料的已硬化的新旧混凝土的各种构件,或是对结构或构件的混凝土机构有怀疑的其他情况。

检测依据:《拔出法检测混凝土强度技术规程》(CECS 69—2011)。

二、钻芯法检测混凝土构件强度

1. 检测器具与材料准备

(1) 钻芯机。应具有水冷却系统,并需保证足够的刚度、操作灵活、固定和移动方便。

(2) 锯切机磨芯样。具有冷却系统和牢固夹紧芯样的装置;配套使用的人造金刚石或人造金刚石薄壁钻头。钻头胎体对钢体的同心偏差不得大于 0.3 mm,钻头的径向跳动不大于 1.5 mm。

(3) 补平装置(或研磨机)。用于保证芯样的端面平整及其与芯样轴线垂直。

(4) 探测钢筋位置的磁感仪。最大探测深度不应小于 60 mm,探测位置偏差不宜大于±5 mm。

(5) 芯样测量工具。游标卡尺、钢卷尺、钢板尺、游标量角器等。

2. 检测流程

1) 钻前准备资料

(1) 工程名称(或代号)及设计、施工、监理、建设单位名称。

(2) 结构或构件种类、外形尺寸及数量。

(3) 设计采用的混凝土强度等级。

(4) 检测龄期,原材料(水泥品种、粗骨料粒径等)和抗压强度试验报告。

(5) 结构或构件质量状况和施工中存在问题的记录。

(6) 有关的结构设计图和施工图等。

2) 确定钻取芯样部位

(1) 结构或构件受力较小的部位。

(2) 混凝土强度质量具有代表性的部位。

(3) 便于钻芯机安放与操作的部位。

(4) 避开主筋、预埋件和管线的位置。

3) 取芯

(1) 固定钻芯机。

(2) 并在未安装钻头之前,通电检查主轴旋转方向。

(3) 取芯时宜采用 3~5 L/min 水流量来冷却钻头和排除混凝土碎屑,同时应注意控制进钻,以免采用较高的速度加重芯样的损伤。

(4) 芯样数量。芯样的数量按《钻芯法检测混凝土强度技术规程》(CECS 03—2007)3.2-1~3.2-4确定。

(5) 标记芯样,应记录取芯构件名称、取芯位、芯样长度及外观质量等,必要时应拍摄照片。如发现不符合制作芯样试件的条件,应另行钻取。

(6) 及时填补钻芯后留下的孔洞。

4) 芯样试件取样

(1) 使用芯样锯切机使抗压芯样试件的高度与直径之比(H/d)取为 1.00;宜使用标准芯样试件,其公称直径不宜小于骨料最大粒径的 3 倍;也可采用小直径芯样试件,但其公称直径不应小于 70 mm 且不得小于骨料最大粒径的 2 倍。

(2) 观察芯样试件有无裂缝或较大缺陷,若存在,则应重新取样。

(3) 观察芯样试件的含筋情况,若满足如下条件:标准芯样试件,每个试件内最多只有二根直径小于 10 mm 的钢筋;公称直径小于 100 mm 的芯样试件,每个试件内最多只有一根直径小于 10 mm 的钢筋,可以进一步操作,反之,应重新取芯样。

(4) 对锯切后的芯样试件进行端面处理,一般用磨平机上磨平端面。特别地,承受轴向压力芯样试件端面,也可采取下列处理方法。

①用环氧胶泥或聚合物水泥砂浆补平,其一般做法如下。

补平前先将芯样端面污物清除干净,然后将端面用水湿润。

在平整度为每长 100 mm 不超过 0.05 mm 的钢板上涂一薄层矿物油或其他脱模剂,然后倒上适量水泥砂浆摊成薄层,稍许用力将芯样压入水泥砂浆之中,并应保持芯样与钢板垂直。待两小时后,再补加一端面。仔细清除侧面多余水泥砂浆,在室内静放一昼夜后送入养护室内养护。待补平材料强度不低于芯样强度时,方能进行抗压试验。

②采用硫黄胶泥补平,补平层厚度不宜大于 1.5 mm,一般做法如下。

补平前先将芯样端面污物清除干净,然后将芯样垂直地夹持在补平器的夹具中,并提升到一定高度。

在补平器底盘上涂上一层很薄的矿物油或其他脱模剂,以防硫黄胶泥与底盘黏结。

将硫黄胶泥置于容器中加热熔化。待硫黄胶泥溶液由黄色变成棕色时(约 150 ℃),倒入补平器底盘中。然后转动手轮使芯样下移并与底接触。待硫黄胶泥凝固后,反向转动手轮,把芯样提起,打开夹具取出芯样。然后,按上述步骤补平该芯样的另一端面。

(5) 测量芯样试件尺寸(见图 11-7)。

① 平均直径用游标卡尺在芯样试件中部相互垂直的两个位置上测量,测量的算术平均值作为芯样试件的直径,精确至 0.5 mm;

② 芯样试件高度用钢卷尺或钢板尺进行测量,精确至 1 mm;

③ 垂直度用游标量角器测量芯样试件两个端面与母线之间的夹角,精确至 0.1°。

平整度用钢板尺或角尺紧靠在芯样试件端面上,一面转动钢板尺,一面用塞尺测量钢板尺与芯样试件端面之间的缝隙;也可采用其他专用设备量测。

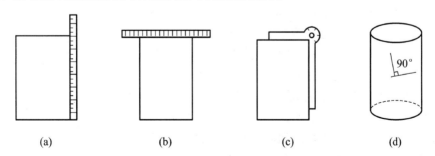

图 11-7 芯样尺寸测量示意图

(a)测高度;(b)测平整度;(c)测垂直度;(d)测平均直径

当芯样试件尺寸偏差及外观质量超过下列数值时,相应的测试数据无效,应重新钻取芯样。

a. 芯样试件的实际高径比(H/d)小于要求高径比的 0.95 或大于 1.05 时;

b. 沿芯样试件高度的任一直径与平均直径相差大于 2 mm；
c. 抗压芯样试件端面的不平整度在 100 mm 长度内大于 0.1 mm；
d. 芯样试件端面与轴线的不垂直度大于 1°。

5) 抗压强度试验

芯样试件的抗压试验的操作应符合现行国家标准《普通混凝土力学性能试验方法标准》(GB/T50081—2002)中对立方体试块抗压试验的规定。结构工作条件比较潮湿，需要确定潮湿状态下混凝土的强度。

6) 芯样试件的混凝土抗压强度可按下式计算

$$f_{cu,cor} = F_c / A$$

式中：$f_{cu,cor}$——芯样试件的混凝土抗压强度值，MPa；

F_c——芯样试件的抗压试验测得的最大压力，N；

A——芯样试件抗压截面面积，mm²。

3. 结果整理计算

(1) 检验批的混凝土强度推定值应计算推定区间，推定区间的上限值和下限值按下列公式计算：

上限值
$$f_{cu,e1} = f_{cu,cox,m} - k_1 S_{cox}$$

下限值
$$f_{cu,e2} = f_{cu,cox,m} - k_{12} S_{cox}$$

平均值
$$f_{cu,cox,m} = \frac{\sum_{i=1}^{n} f_{cu,cor,i}}{n}$$

标准差
$$S_{cor} = \sqrt{\frac{\sum_{i=1}^{n} (f_{cu,cor,i} - f_{cu,cor,m})^2}{n-1}}$$

式中：$f_{cu,cor,m}$——芯样试件的混凝土抗压强度平均值，MPa，精确至 0.1 MPa；

$f_{cu,cor,i}$——单个芯样试件的混凝土抗压强度值，MPa，精确至 0.1 MPa；

$f_{cu,e1}$——混凝土抗压强度上限值，MPa，精确至 0.1 MPa；

$f_{cu,e2}$——混凝土抗压强度下限值，MPa，精确至 0.1 MPa；

k_1、k_2——推定区间上限值系数和下限值系数；

S_{cor}——芯样试件强度样本的标准差，MPa，精确至 0.1 MPa。

$f_{cu,e1}$ 和 $f_{cu,e2}$ 所构成推定区间的置信度宜为 0.85，$f_{cu,e1}$ 和 $f_{cu,e2}$ 之间的差值不宜大于 5.0 MPa 和 $0.10 f_{cu,cor,m}$ 两者的较大值，且宜以 $f_{cu,e1}$ 作为检验批混凝土强度的推定值。

(2) 数据的剔除和修正。按现行国家标准《数据的统计处理和解释 正态样本离群值的判断和处理》(GB/T 4883—2008)的规定剔除芯样试件抗压强度样本中的异常值。剔除规则应执行。当确有试验依据时，可对芯样试件抗压强度样本的标准差 S_{cor} 进行符合实际情况的修正或调整。

例如：芯样试件抗压强度平均值 $f_{cu,cor,m} = 30.8$ MPa，$S_{cor} = 3.64$ MPa，样本容量 $n = 20$；已知 $k_1 = 1.271$，$k_2 = 2.396$；推定区间上限 $f_{cu,e1} = (30.8 - 1.271 \times 3.64)$ MPa = 26.2 MPa；推定区间下限 $f_{cu,e2} = (30.8 - 2.396 \times 3.64)$ MPa = 22.1 MPa。

(3) 对推定区间进行控制，包括推定区间的置信度、上限值与下限值之差 ΔK，$\Delta K = (k_2 -$

$k_1)S_{cor}$。减小样本的标准差,合理确定芯样试件的数量是满足推定区间要求的两个因素。表 11-7 给出样本容量 n 与 S_{cor} 和 ΔK 之间的关系,推定区间的置信度为 0.85。

表 11-7 样本容量 n 与 S_{cor} 和 ΔK 之间关系

样本容量 n	15	20	25	30	35
样本标准差 S_{cor}/MPa	3.7	4.4	5.0	5.6	6.1
区间控制/MPa	4.97	4.95	4.93	4.97	4.97

从表 11-7 中可以看出:当样本容量 $n=15$,样本标准差 $S_{cor}=3.7$ MPa 时,可以满足推定区间置信度为 0.85,$\Delta K \leqslant 50$ MPa 的要求。

$f_{cu,cor,m}$、S_{cor} 和 ΔK 与样本容量 n 之间的关系(表 11-8),推定区间的置信度为 0.85。

表 11-8 $f_{cu,cor,m}$、S_{cor} 和 ΔK 与 n 之间关系

$f_{cu,cor,m}$/MPa	ΔK/MPa	S_{cor}/MPa				
		5.0	6.0	7.0	8.0	9.0
		样本容量 n				
60	6.0	18	25	32	41	大于 50
70	7.0	/	19	25	31	38
80	8.0	/	16	20	25	30

从表 11-8 中可以看出:当 $\Delta K=7.0$ MPa,$S_{cor}=6.0$ MPa 时,样本容量不应少于 19 个。

以检测批混凝土强度推定区间的上限值作为混凝土工程施工质量的评定界限,符合现行国家标准《建筑工程施工质量验收统一标准》(GB50300—2013)关于错判概率不大于 0.05 的规定;芯样试件抗压强度值一般不会高出结构混凝土的实际强度,一般略低于实际强度。

三、回弹法测强度

1. 试验仪器

回弹仪,宜采用示值系统为指针直读数的混凝土回弹仪。

2. 试验流程

1) 回弹之前的准备工作

(1) 结构或构件混凝土强度检测资料收集:

① 工程名称及设计、施工、监理(或监督)和建设单位名称;

② 结构或构件名称、外形尺寸、数量及混凝土强度等级;

③ 水泥品种、强度等级、安定性、厂名;砂、石种类、粒径;外加剂或掺合料品种、掺量;混凝土配合比等;

④ 施工时材料计量情况,模板、浇筑、养护情况及成型日期等;

⑤ 必要的设计图纸和施工记录;

⑥ 检测原因。

(2) 回弹仪的率定。回弹仪在工程检测前后,应在钢钻上做率定试验,使其符合下列标准状态下的要求:

① 水平弹击时,弹击锤脱钩的瞬间,回弹仪的标准能量应为 2.207 J;

② 弹击锤与弹击杆碰撞的瞬间,弹击拉簧应处于自由状态,此时弹击锤起跳点应相应于指针指示刻度尺上"0"处;

③ 在洛式硬度 HRC 为 60±2 的钢钻上,回弹仪的率定值应为 80±2。回弹仪率定试验应在干燥、室温为 5~35 ℃ 的条件下进行。率定时,钢钻应稳固地平放在刚度大的物体上。测定回弹值时,取向下连续弹击三次的稳定回弹平均值。弹击杆应分为四次旋转,每次旋转应为 90°。弹击杆每旋转一次的率定平均值应为 80±2。

2) 回弹测区与测点的选择

(1) 选择符合规定的测区。每一结构或构件测区应符合下列规定。

① 每一结构或构件测区数不应少于 10 个,对某一方向尺寸小于 4.5 m 且另一方向尺寸小于 0.3 m 的构件,其测区数量可适当减少,但不应少于 5 个。

② 相邻两测区的间距应控制在两米以内,测区离构件端部或施工缝边缘的距离不宜大于 0.5 m,且不宜小于 0.2 m。

③ 测区应选在使回弹仪处于水平方向检测混凝土浇筑侧面。当不能满足这一要求时,可使回弹仪处于非水平方向检测混凝土浇筑侧面、表面或底面。

④ 测区宜选在构件的两个对称可测面上,也可选在一个可测面上,且应均匀分布。在构件的重要部位及薄弱部位必须布置测区,并应避开预埋件。

⑤ 测区的面积不宜大于 0.04 m^2。

⑥ 检测面应为混凝土表面,并应清洁、平整,不应有疏松层、浮浆、油垢、涂层以及蜂窝、麻面,必要时可用砂轮清除疏松层和杂物,且不应有残留物的粉末或碎屑。

⑦ 对弹击时产生颤动的薄壁、小型构件应进行固定。

(2) 测区编号并记录。每个结构或构件的测区应标有清晰的编号,必要时应在记录纸上描述测区布置示意图和外观质量情况。

(3) 选择合适的测点。测点宜在测区范围内均匀分布,相邻两测点的净距不宜小于 20 mm;测点距外露钢筋、预埋件的距离不宜小于 30 mm。测点不应在气孔或外露石子上,同一测点只应弹击一次。每一测区应记取 16 个回弹值,每一测点的回弹值读数估读至 1。

3) 回弹仪测量碳化深度值的操作

将弹击杆顶住混凝土的表面,轻压仪器,松开按钮,弹击杆徐徐伸出。使仪器对混凝土表面缓慢均匀施压,待弹击锤脱钩冲击弹击杆后即回弹,带动指针向后移动并停留在某一位置上,即为回弹值。继续顶住混凝土表面并在读取和记录回弹值后,逐渐对仪器减压,使弹击杆自仪器内伸出,重复进行上述操作,即可测得被测构件或结构的回弹值。操作中注意仪器的轴线应始终垂直于混凝土构件的检测面,缓慢施压,准确读数,快速复位。

(1) 回弹值测量完毕后,应在有代表性的位置上测量碳化深度值,测点数不应少于构件测区数的 30%,取其平均值为该构件每测区的碳化深度值。当碳化深度值大于 2.0 mm 时,应在每一测区测量碳化深度值。

(2) 碳化深度值测量方法:采用适当的工具在测区表面形成直径约 15 mm 的孔洞,其深度应大于预估混凝土的碳化深度。孔洞中的粉末和碎屑应除净,并不得用水擦洗。同时,采用浓度为 1% 的酚酞酒精溶液滴在孔洞内壁的边缘处,当已碳化与未碳化界线清楚时,再用深度测量工具测量已碳化与未碳化混凝土交界面到混凝土表面的垂直距离,测量不应少于 3 次,取其平均值。每次读数精确至 0.5 mm。

4) 回弹值计算

(1) 计算测区平均回弹值,应从该测区的 16 个回弹值中剔除 3 个最大值和 3 个最小值,余下的 10 个回弹值按下式计算:

$$R_m = \frac{\sum_{i=1}^{10} R_i}{10}$$

式中:R_m——测区平均回弹值,精确至 0.1;

R_i——第 i 个测点的回弹值。

(2) 非水平方向检测混凝土浇筑侧面时,应按下式修正:

$$R_m = R_{m\alpha} + R_{a\alpha}$$

式中:$R_{m\alpha}$——非水平状态检测时测区的平均回弹值,精确至 0.1;

$R_{a\alpha}$——非水平状态检测时回弹值修正值,可由规程规定取值。

(3) 水平方向检测混凝土浇筑顶面或底面时,应按下列公式修正:

$$R_m = R_m^t + R_a^t$$
$$R_m = R_m^b + R_a^b$$

式中:R_m^t、R_m^b——水平方向检测混凝土浇筑表面、底面时,测区的平均回弹值,精确至 0.1;

R_a^t、R_a^b——混凝土浇筑表面、底面回弹值的修正值,应按照规程规定取值。

当检测时回弹仪为非水平方向且测试面为非混凝土的浇筑侧面时,应先对回弹值进行角度修正,再对修正后的值进行浇筑面修正。

5) 测区混凝土强度的确定

结构或构件第 i 个测区混凝土强度换算值,根据每一测区的回弹平均值及碳化深度值,查阅全国统一测强曲线(《回弹法检测混凝土抗压强度技术规程》(JGJ 23—2011)附录 I 中的附表 1)得出,当有地区测强曲线或专用测强曲线时,混凝土强度换算值应按地区测强曲线或专用测强曲线换算得出。未列入规程表中的测区强度值可用内插法求得。对于泵送混凝土还应符合下列规定:

(1) 当碳化深度不大于 2.0 mm 时,每一测区混凝土强度换算值应按规程要求进行修正。

(2) 当碳化深度大于 2.0 mm 时,可采用同条件试件或钻取混凝土芯样进行修正。

6) 结构或构件混凝土强度计算

(1) 结构或构件的测区混凝土强度平均值可根据各测区的混凝土强度换算值计算。当测区数为 10 个及以上时,应计算强度标准差。平均值及标准差应按下列公式计算:

$$m_{f_{cu}^c} = \frac{\sum_{i=1}^{n} f_{cu,i}^c}{n}$$

$$s_{f_{cu}^c} = \sqrt{\frac{\sum (f_{cu,i}^c)^2 - n(m_{f_{cu}^c})^2}{n-1}}$$

式中：$m_{f_{cu}^c}$——结构或构件测区混凝土强度换算值的平均值，MPa，精确至 0.1 MPa；

n——对单个检测的构件，取一个构件的测区数；对批量检测的构件，取被抽检构件的测区数之和；

$s_{f_{cu}^c}$——结构或构件测区混凝土强度换算值的标准差，MPa，精确至 0.01 MPa。

(2) 结构或构件的混凝土强度推定值（$f_{cu,e}$）应按下列公式确定：

① 当该结构或构件测区数少于 10 个时：

$$f_{cu,e} = f_{cu,min}$$

式中：$f_{cu,min}$——构件中最小的测区混凝土强度换算值。

② 当该结构或构件的测区强度值中出现小于 10.0 MPa 时：

$$f_{cu,e} < 10.0 \text{ MPa}$$

③ 当该结构或构件测区数不少于 10 个或按批量检测时，应按下列公式计算：

$$f_{cu,e} = m_{f_{cu}^c} - 1.645 s_{f_{cu}^c}$$

④ 对按批量检测的构件，当该批构件混凝土强度标准差出现下列情况之一时，则该批构件应全部按单个构件检测：

a. 当该批构件混凝土强度平均值小于 25 MPa 时：

$$s_{f_{cu}^c} > 4.5 \text{ MPa}$$

b. 当该批构件混凝土强度平均值不小于 25 MPa 时：

$$m_{f_{cu}^c} > 5.5 \text{ MPa}$$

7）编制混凝土强度报告

按以上分析与计算编制混凝强度报告。

课题 5　预应力混凝土结构构件检测

一、检测项目

预应力混凝土结构在土木工程中应用十分广泛。预应力混凝土分为先张预应力或后张预应力。在预应力混凝土中，预应力筋即在预应力混凝土中用于建立预加应力的单根或成束的预应力钢丝、钢绞线或钢筋。有黏结预应力筋，是和混凝土直接黏结的或在张拉后通过灌浆使之与混凝土黏结的预应力筋。无黏结预应力筋，不能与混凝土黏结，是用塑料、油脂等涂包的预应力筋。

在先张法构件施工时，为保持预应力筋的拉力并将其固定在台座上的临时性锚具装置，在后张法结构或构件施工时，在张拉千斤顶或设备上夹持预应力筋的临时性锚固装置，称为夹具。

在后张法结构或构件施工时,为保持预应力筋的拉力并将其传递到混凝土上所用的永久性锚固装置,称为锚具。锚具分为两大类。一类是张拉端锚具,即安装在预应力筋端部且可用于张拉的锚具。另一类是固定端锚具,即安装在预应力筋端部,埋入混凝土中且不用于张拉的锚具。而连接器是指用于连接预应力筋的装置。

预应力锚具按锚固性能分为Ⅰ类和Ⅱ类两种,Ⅰ类锚具用于承受动、静载作用的预应力混凝土结构,Ⅱ类锚具仅用于有黏结的预应力混凝土结构中预应力筋应力变化不大的部位。锚具、夹具和连接器按锚固方式不同,可分为夹片式、支承式、锥塞式和握裹式四种,它们的产品标记由四部分组成:第一部分由两个汉语拼音字母组成,第一个字母为预应力体系代号,由研制单位选定,第二个字母为锚具、夹具和连接器代号,分别为 M、J 和 L;第二部为预应力筋的直径(m);第三部为预应力筋的根数;第四部分为锚固方式代号,对夹片锚、锥塞锚和握裹锚代号分别为 J、Z 和 W,对支承式锚中的螺纹锚和镦头锚代号分别为 L 和 D。

例1:锚固 21 根直径为 5 mm 钢丝的镦头锚具可以标记为 M5—21D。

例2:QM15-9 表示的是锚固用 9 根直径 15.2 mm 的预应力混凝土用钢绞线的 QM 型群锚锚具。

经常把单根或成束预应力筋和安装在端部的锚具组合装配而成的受力单元称为预应力筋-锚具组装件。

由此,对预应力混凝土结构的检测主要有以下几个项目的检测。

1) 预应力钢材试验检测检测

对用于预应力混凝土的钢材包括热处理钢筋、矫直回火钢丝(消除应力钢丝)、冷拉钢丝、刻痕钢丝、钢绞线等。主要进行外观检查,并依据《公路工程 金属试验规程》(JTJ 055—1983)进行力学性能试验检验。

2) 预应力锚具、夹具和连接器检测

对其型式检验检测的项目包括:表面质量、粗糙度、几何尺寸、硬度;静载试验;疲劳试验,周期荷载试验;辅助性试验。

在桥梁施工中的检验主要包括:外观与尺寸检查,硬度检查,大桥有时需进行静载试验。

3) 预应力张拉设备的检验

桥梁工程中通常采用液压拉伸机,由油压千斤顶和配套的高压油泵、压力表及外接油管等组成,液压拉伸机的千斤顶按其构造可分为台座式(普通油压千斤顶、穿心式、锥锚式和拉杆式)。预应力张拉机具应与锚具配套使用,并在进场前进行检查和校验。检验仪器可采用压力试验机、标准测力计或传感器等,一般采用长柱压力试验机。

4) 张拉力控制检验

预应力钢材的张拉方法和控制应力应符合设计要求,采用超张拉时,张拉控制应力不超过设计规范规定的最大超张拉应力,张拉应按千斤顶油压和预应力钢材伸长量双重控制,即采用预应钢材张拉控制应力乘预应力表面积得到张拉控制力 N_y,根据千斤顶校验公式求出相应的油表压力 P,进行张拉力控制,同时采用预应力钢材伸长量进行校验。

5) 水泥浆技术条件检验

对后张法有黏结预应力构件,在预应力钢材张拉完毕后 10 h 至 14 d 之内须向管道内压注水泥浆,以保证预应力钢材防锈及其与构件混凝土黏结成整体。一般采用纯水泥浆,管道较粗时可采用加入细砂的水泥砂浆,相应地需控制水泥浆的膨胀率、泌水率及强度试验。

二、预应力钢材的检测

1. 热处理钢筋检验

1) 外观检查

热处理钢筋按其螺纹外形分有纵肋和无纵肋两种。有纵肋的热处理钢筋公称直径有8.2、10 mm两种,无纵肋的热处理钢筋公称直径有6、8.2 mm两种,钢丝尺寸及偏差用分度0.01 mm的量具测量,热处理钢筋端头应切得正直,钢筋表面不得有裂纹、结疤和折叠,断面尺寸误差在允许范围之内。此外热处理钢筋表面不得沾有油污,在制造过程中,除端部外不应受到切割火花或其他方式造成的局部加热影响。

2) 力学性能试验

热处理钢筋力学性能试验需成批试验验收,每批由同一外形截面尺寸、同一热处理制度和同一炉号的钢筋组成。每批量不大于60 t。从每批钢筋中选取10%的盘数(不少于25盘)进行抗拉(屈服强度 $\sigma_{0.2}$、抗拉强度 σ_b 和伸长率 δ_{10})试验。试件从每盘钢筋的任一端先截去50 cm,然后按《公路工程金属试验规程》(JTJ 055—1983)的规定制成要求长度的试件。试验结果如有一项不符合规定性能时,该盘钢筋为不合格品应予报废,再从未试验过的钢筋中取双倍数量的试件进行复验,如仍有一项不合格,则该批钢筋判为不合格品,不予验收。

2. 预应力钢丝检验

预应力钢丝应成批验收,每批应由同一钢号(优质钢丝按同一炉罐号及同一热处理炉序号)、同一形状尺寸、同一交货状态(冷拉或矫直回火)的钢丝组成。

1) 外观检查

从每批钢丝中抽查5%但不少于5盘进行形状尺寸和表面检查,如检查不合格则应将该批钢丝逐盘检查。优质钢丝不能抽查,而应逐盘检查,预应力钢丝表面不得有裂纹、小刺、机械损伤、氧化铁皮和油迹;存在肉眼不可见的麻坑和表面浮锈仍可作为合格品;回火成品钢丝表面的回火颜色应是正常颜色。矫直钢丝的伸直性:取弦长为1 m的钢丝、其弦与弧的最大自然矢高,对光面钢丝不大于20 mm,对刻痕钢丝不大于30 mm。预应力光面钢丝的形状尺寸和允许偏差应符合图表的规定;刻痕钢丝的形状尺寸和允许偏差符合图表的规定,钢丝的椭圆度不得超出直径公差。每盘钢丝由一根组成,其质量不小于50 kg、最低质量不小于20 kg,每个交货批中最低质量的盘数不得多于10%。矫直回火钢丝的盘径不小于1700 mm,冷拉钢丝的盘径不小于600 mm,经供需双方协议也可供应盘径不小于550 mm的钢丝。

2) 力学性能试验

从外观检查合格的同批钢丝中抽取5%,但不少于3盘;优质钢丝抽取10%,但不少于3盘进行拉力试验(抗拉强度 σ_b、屈服强度 $\sigma_{0.2}$ 和伸长率)、弯曲试验和松弛试验。

拉力试验按《公路工程 金属试验规程》(JTJ 055—1983)的规定进行,消除应力钢丝的力学性能应符合图表的规定,冷拉钢丝的力学性能应符合图表的规定。钢丝横截面积按公称直径计算。为便于供方日常检验、钢丝的屈服强也可测定屈服强度 σ_1，即钢丝在负荷作用下测定其伸长达到原标准距 1%时的最小应力为屈服强度，其值符合标准规定时可以交货，但仲裁试验时应测定 $\sigma_{0.2}$。测定伸长为 1%的负荷时，预加负荷为公称屈服负荷的 10%，预加负荷对试样所产生的伸长应加在总伸长之内。

弯曲试验按《金属材料 线材 反复弯曲试验方法》(GB/T 238—2013)的规定进行，弯曲半径和弯曲次数应符合图表的规定。对于 3.0 mm 的冷拉钢丝弯曲试验也可按弯曲半径 $R=10$ mm 进行，但弯曲次数应不小于 10 次。刻痕钢丝的弯曲试验，当试验放置在试验机上时，凹坑平面应与钳口平行。

松弛试验期间试验的环境温度应保持在 20±2 ℃ 范围内，试样制备后不得进行任何热处理和冷加工，加在试样上的初始负荷是公称抗拉强度的 70%乘以钢丝的计算面积。初始负荷应在 5 min 内均匀施加完毕，并保持 2 min 后开始记录松弛值，试样标距长度不小于公称直径的 60 倍。

预应力钢丝力学性能试验应符合图表的规定，如有某一项试验结果不符合要求，则该盘钢丝不予验收，并从同一批未经试验的钢丝盘中再取 2 倍数量的试样进行复验(包括该项试验的所要求的任一指标)。复验结果即使有一个指标不合格，则整批钢丝不予验收，或进行逐盘检验，合格者可予验收。

3. 预应力钢绞线检验

预应力钢绞线应成批验收，每批由同一钢号、同一规格、同一生产工艺制造的钢绞线组成，每批不超过 60 t。从每批钢绞线中选取 3 盘进行表面质量、直径偏差、捻距和力学性能的检验。如每批少于 3 盘，则应逐盘进行上述检验。

1) 外观检验

预应力钢绞线的公称直径、直径允许偏差、中心钢丝直径加大范围应符合图表的规定，表中所列每 1000 m 长度的质量仅供参数。每盘成品钢绞线的长度应不小于 200 m；钢绞线盘的内径应不小于 1000 mm。钢绞线的捻距应为钢绞线公称直径的 12~16 倍，如无特殊要求，钢绞线的捻编方向为左捻。钢绞线内不得有折断、横裂和相互交叉的钢丝；每根成品钢绞线表面不得带有任何形式的电接头。成品钢绞线表面不得带有润滑剂、油渍等降低钢绞线与混凝土黏结力的物质。钢绞线表面允许有轻微的浮锈，但锈蚀不得成肉眼可见的麻坑。钢绞线表面质量用肉眼检查，直径和捻距用精度为 0.02 mm 的卡尺测量，直径应以横穿直径方向的相对两根上层钢丝为准，测得钢绞线中心钢丝直径 d_0、外层钢丝直径 d 和捻距，可以算出钢绞线捻角 α，钢绞线的截面积 A 可以按下式计算：

$$A = \frac{\pi d_0^2}{4}\left(1 + \frac{6}{\sin\alpha}\frac{d^2}{d_0^2}\right)$$

2) 力学性能试验

从外观检验合格的 3 盘钢绞线的端部正常部位各截取一根试样进行拉力试验(包括破断负荷、屈服负荷和伸长率)和松弛试验。整根钢绞线的拉力试验按《公路工程 金属试验规程》(JTJ 055—1983)进行。用公称截面积计算强度级别，试验结果应符合图表的规定。钢绞线的屈服负荷是钢绞线在残余伸长为 0.2%时所受的负荷。供方在生产检验中也可以测定伸长为 1%时所受的负荷，其值符合标准规定时可以交货。但仲裁时应测定钢绞线在残余伸长为 0.2%时的负荷;测定伸长为原标距1‰的负荷时,预加负荷为公称屈服负荷的10%,预加负荷对试样产生的伸长应加在总伸长内。测定钢绞线伸长率时,其标距不小于600 mm,在测定伸长为1‰时的负荷后,继续加荷直到引伸计的伸长率读数为3.5%,此时卸下引伸计,并标明试验机上、下工作台之间的距离。然后继续加荷直到钢绞线的一根或几根钢丝破断。此时标明上、下工作台间的最终距离;试验机上、下工作台距离的百分数,加上引伸计测得数据的3.5%即为钢绞线的伸长率。如果任何一根钢丝破断之前,钢绞线的伸长率已达到所规定的要求,可以不继续测定最后伸长率的值。松弛试验的环境温度应保持在±2 ℃的范围内,试样制备后不得进行任何热处理和冷加工。松弛试验的初始负荷为钢绞线破断负荷的70%,初始负荷应在5 min内均匀施加完毕,并保持2 min后开始记录松弛值。钢绞线的松弛值应符合图表的规定。

从每盘钢绞线所截取的一根试样所进行的力学性能试验,每项试验结果均应符合标准规定值,如有一项不合格时,该盘钢绞线判定为不合格品,再从未试验的钢绞线中取2倍数量的试样进行不合格项复验,如仍有一项不合格,则该批钢绞线判定为不合格品。

三、预应力钢绞线锚具和连接器检测

(一)技术要求

锚具、夹具和连接器应具有可靠的锚固性能和足够的承载能力,以保证充分发挥预应力筋的强度。锚具静载锚固性能由预应力锚具组装件的静载试验测定的锚具效率系数 η_a 和达到实测极限拉力时的总应变 ε_{apu} 来确定。夹具的静载锚固性能由预应力夹具组装件静载锚固试验测定的夹具效率系数确定。我国《预应力筋用锚具、夹具和连接器》(GB/T 14370—2007)规定锚具和夹具的静载锚固性能符合下列要求。

① Ⅰ类锚具:$\eta_a \geq 0.95$,$\varepsilon_{apu} \geq 2.0\%$。
② Ⅱ类锚具:$\eta_a \geq 0.90$,$\varepsilon_{apu} \geq 1.7\%$。
③ 夹具:$\eta_a \geq 0.95$。

预应力筋锚具组装件达到实测极限拉力时,全部零件均不应出现肉眼可见的裂缝或破坏。预应力筋夹具组装件达到实测极限拉力时,全部零件均不应出现肉眼可见的裂缝或破坏,应有良好的自锚性能和松锚性能;需敲击才能松开的夹具,必须保证其对预应力筋的锚固没有影响,且对操作人员安全不造成危险。锚具宜满足分级张拉、补张拉以及放松预应力筋的要求。锚具及其附件上应设置灌浆孔,灌浆孔应具有保证浆液畅通的截面面积。

Ⅰ类锚具的预应力筋组装件除必须满足静载锚固性能外,尚须进行循环荷载作用下疲劳性能试验,试件经受200万次循环荷载后,预应力筋因锚具影响发生疲劳破坏的面积不应大于试件总截面面积的5%。用于抗震结构中的锚具还应进行周期荷载试验,试件经50次循环荷载作用后预应力筋不应发生破断。

用于后张法的连接器必须符合Ⅰ类锚具的性能要求,用于先张法的连接器必须符合夹具的性能要求。

用于锚具、夹具和连接器的材料的机械性能和化学成分应符合设计要求,材料的热处理和机加工应符合国际《预应力筋用锚具、夹具和连接器》(GB/T 14370—2007)和相关建筑机械加工技术标准的要求。

（二）静载锚固性能检验、疲劳荷载试验及周期荷载检验的一般规定

试验用的预应力筋锚具、夹具或连接器组装件应由全部零件和预应力筋组装而成，组装时不得在锚固零件上添加影响锚固性能的物质，如金刚砂、石墨等（设计规定的除外）。束中各根预应力筋应等长平行，其受力长度不得小于3 m，单根预应力筋试件的受力长度不得小于0.6 m。生产厂的型式检验和新产品试验所用的试件，应选用同一品种、同一规格中最高强度级别的预应力钢材。用于多品种预应力钢材的锚具、夹具和连接器，应对每个品种进行试验。

试验用的测力系统，其不确定度不得大于2%；测量总应变用的量具，其标距的不确定度不得大于标距的0.2%；指示应变的不确定度不得大于标距的0.1%。试验台座承载力应大于组装件中各预应力筋计算极限拉力之和的1.5倍，千斤顶额定张拉力和测力传感器额定压力应大于组装件中各预应力筋计算极限拉力之和。试验设备及仪器每年至少标定一次。

锚具组装件试验之前必须对单根预应力筋进行力学性能试验，其试件应同组装件的预应力筋试件，从同一盘钢丝或钢绞线中抽取。单根预应力筋力学性能试验每次随机抽取6个试件。

（三）锚具、夹具或连接器试件抽样及检验判定

对于同类型、同一批原材料和同一工艺生产的锚具、夹具或连接器作为一批验收，每批验收不超过1000套。

（1）外观检验。应从每批中随机抽取10%的锚具，且不少于10套；如表面无裂缝影响锚固能力，尺寸符合设计要求，判定为合格，如有1个零件不合格，则应另取2倍数量的零件再做检验，如仍有1套不符合要求，应逐个检验，合格者方可使用。

（2）硬度检验。应从每批中随机抽取5%的锚具，且不少于5套；交通部标准《公路桥梁预应力钢绞线用锚具连接器试验方法及检验规则》(JT329.2—1997)规定钢绞线锚具，连接器硬度检验抽取10%，且不少于10套；每个零件测试点3点，当硬度值符合设计范围应判为合格，如有1个零件不合格，则应另取2倍数量的零件再做检验，如仍有1套不符合要求，应逐个检验，合格者方可使用。

（3）静载锚固性能检验、疲劳荷载试验及周期荷载检验静载试验、疲劳试验和周期荷载试验各抽取3套试件。如符合技术要求的规定，判为合格，如有1个试件不合格，则应另取2倍数量的零件再做检验，如仍有1个试件不符合要求，则该批为不合格。

（4）辅助性试验，不做合格与否的判定。

四、预应力锚具、夹具和连接器检测试验项目

（一）项目1：静载试验

1. 试验仪器

传感器、千斤顶。

2. 不同预应力体系的静载试验步骤

1）先安装锚具、夹具或连接器再张拉预应力筋的预应力体系

（1）将锚具、预应力筋、传感器、千斤顶安装于试验机或试验台座上，将各根预应力筋的初应

力调匀,初应力取预应力筋抗拉强度标准值 5%~10%,紧固锚具螺丝或敲紧夹片。

(2) 可直接用试验机或试验台座加载,并测量锚圈内侧之间距离 L_0 及千斤顶活塞的初始行程 L_1,并作测量记录。

(3) 加载步骤为:按预应力钢材抗拉强度标准值的 20%、40%、60%、80%分 4 级等速加载,加载速度每分钟宜为 100 MPa,达到 80%后,持荷 1 h 随后逐步加载至破坏。

(4) 试验过程中观察和测量项目应包括:

① 各级荷载作用下,各根预应力筋与锚具、夹具或连接器之间的相对位移 Δa 及锚具、夹具或连接器各零件之间的相对位移 Δb;

② 观察在达到预应力钢材抗拉强度标准值的 80%后,在持荷 1 h 时间内的锚具、夹具和连接器的变形;

③ 试件的实测极限应力 F_{apu};

④ 观察试件的破坏部位与形式,记录试件破坏时活塞终了行程读数 L_2 及此时各根预应力筋与锚具、夹具或连接器之间的相对位移 Δa;

⑤ 计算达到实测极限应力时的总应变 ε_{apu}。

$$\varepsilon_{apu} = \frac{L_2 - L_1 - \Delta a}{L_0} \times 100\%$$

(5) 根据试验结果记录计算锚具、夹具和连接器的锚固效率系数 η_a 或 η_g,编写试验报告。

锚具效率系数按下式计算:

$$\eta_a = \frac{F_{apu}}{\eta_p F_{apu}^c}$$

式中:F_{apu}——预应力筋锚具组装件的实测极限拉力;

F_{apu}^c——预应力筋锚具组装件中各根预应力钢材计算极限拉力之和,$F_{apu}^c = f_{ptm} A_p$,

f_{ptm}——预应力钢材中选取的试件极限抗拉强度的平均值;A_p——预应力筋锚具、夹具组装件中预应力钢材截面积之和;

η_p——预应力筋的效率系数。

对于锚具、夹具产品出厂检验,预应力筋为预应力钢丝、钢绞线和热处理钢筋时,1~5 根,η_p 取 1.0;6~12 根,η_p 取 0.99;20 根以上,η_p 取 0.97;预应力筋为冷拉Ⅱ、Ⅲ、Ⅳ级钢筋时,η_p 取 1.00。

夹具效率系数按下式计算:

$$\eta_g = \frac{F_{gpu}}{\eta_p F_{gpu}^c}$$

式中:F_{gpu}——预应力筋夹具组装件的实测极限拉力;

F_{gpu}^c——预应力筋夹具组装件中各根预应力钢材计算极限拉力之和。

2) 先张拉预应力筋再锚固的预应力体系

(1) 安装试验装置。

(2) 在不安装 2 号千斤顶的情况下,将各根预应力筋的初应力调匀,初应力取预应力筋抗拉强度标准值的 5%~10%。

(3) 安装 2 号千斤顶,按预应力钢材抗拉强度标准值的 20%、40%、60%、80%分 4 级等速张拉达到 80%后松开 2 号千斤顶,完成锚固,持荷 1 h,再用 1 号千斤顶逐步加载至破坏。

(4) 试验过程中的观察项目与测量项目同 2.1(4)。

说明：如果能证明预应力钢材在张拉后锚固对静载性能没有影响时，也可按 2.1 介绍的预应力体系加载。

（二）项目 2：疲劳试验

1. 试验仪器

疲劳试验机（一般采用脉冲千斤顶）。

仪器要求：脉冲频率不应超过 500 次/分。当疲劳试验机的能力不够时，只要试验结果有代表性，在不改变试件中各根预应力钢材受力的条件下，可以将预应力筋的根数适当减少，或用较小规格的试件，但最小不得低于实际预应力钢材根数的 1/100 试验台的长度应大于等于 3 m，试验台的承载力应满足试验要求。

2. 检测步骤

1）选取试验应力值

预应力锚具组装件进行疲劳试验时根据预应力筋种类不同选取试验应力上限和应力幅度：预应力筋为钢丝、钢绞线或热处理钢筋时，试验应力上限取预应力钢材抗拉强度标准值的 65%，应力幅度取 80 MPa；预应力筋为冷拉Ⅱ、Ⅲ、Ⅳ级钢筋时，试验应力上限取预应力钢材的抗拉强度标准值的 80%，应力幅度取 80 MPa。

2）检测方法

以 100 MPa/min 的速度加载至试验应力的下限值，再调节应力幅度达到规定值后，开始记录循环次数。试验过程中观察记录锚具和连接器部件与钢绞线疲劳损伤情况及变形情况，疲劳的钢绞线的断裂位置、数量和相应的疲劳次数，并记录疲劳试验结果。

（三）项目 3：周期荷载试验

1. 试验仪器

传感器、千斤顶。

2. 检测步骤

（1）选取试验应力值。

预应力锚具组装件进行周期荷载试验时，预应力钢材为钢丝、钢绞线或热处理钢筋时，试验应力上限取预应力钢材抗拉强度标准值的 80%，下限取预应力钢材抗拉标准值的 40%。预应力钢材为冷拉Ⅱ、Ⅲ、Ⅳ级钢筋时，试验应力上限取预应力钢材抗拉强度的标准值，下限取预应力钢材抗拉强度标准值的 40%。

（2）试件组装，周期荷载设备、仪器的锚具组装形式和静载试验相同。

（3）以约 100 MPa/min 的速度加载至试验应力上限值，再卸荷至试验应力下限值为第一周期，然后荷载自下限值经上限值再回复到下限值为一个周期。重复 50 个周期。周期荷载试验结果用标准表记录。

(四)项目4:辅助性试验

对于新型锚具、夹具和连接器应进行辅助性试验,包括锚具、夹具的内缩量试验、锚口摩阻损失试验和张拉锚固工艺试验。

1. 锚具和夹具的内缩量试验

内缩量试验使用的设备、仪器及试件安装与静载试验相同,试验施加的张拉力力有关规范规定的最大张拉控制应力,内缩量可测量锚固处预应力筋相对位移计算。试件组装后测量每根预应力筋的 a_i 值,用试验设备张拉试件至预应力筋张拉控制应力后锚固,测量每根预应力筋的 a'_i 值,计算出每根预应力筋的内缩量 Δa_i 和锚具组装件的内缩量 Δa:

$$\Delta a_i = a_i - a'_i$$

$$\Delta a = \frac{1}{n}\sum_{i=1}^{n}\Delta a_i$$

式中:n——锚具组装件中预应力筋的根数。

内缩量试验试件数不少于3个,试验结果取其平均值,并用标准表记录。

2. 锚口摩阻损失试验

锚口摩阻损失试验使用的设备和仪器也和静载试验相同,试件安装好后,用试验设备张拉组装件至预应力筋的张拉控制应力进行锚固,测出锚具前后预应力筋拉力差值 ΔF,按下式计算锚口摩阻损失:

$$u = \frac{\Delta F}{nPF_{pk}} \times 100\%$$

式中:n——锚具组装件中预应力筋的根数;

F_{pk}——预应力筋抗拉强度标准值;

p——最大张拉控制应力与预应力筋抗拉强度值标准之比,对钢丝和钢绞线 $p=0.8$,对于冷拉粗钢筋 $p=0.95$。

锚口摩阻损失试验试件数不应少于3个,试验结果取其平均值,并用标准表记录。

3. 张拉锚固工艺试验

试验设备仪器及试件组装形式与静载试验相似,用试验设备按预应力筋最大张拉控制应力25%、50%、75%和100%分4级张拉锚具组装件,每张拉1级荷载锚固1次,张拉完毕后,放松张拉应力。通过张拉、锚固工艺试验观察:

(1)分级张拉或因张拉设备倒换行程需要临时锚固的可能性;

(2)经过多次张拉锚固后预应力筋内各根预应力钢材受力的均匀性;

(3)张拉发生故障时,将预应力筋全部放松的可能性。

五、张拉设备校验

(一)用长柱压力试验机校验

1. 试验仪器

压力试验机,精度不得低于±2%。校验时,应采取被动校验法,即在校验时用千斤顶顶试验机,这样活塞运行方向、摩阻力的方向与实际工作时相同,校验比较准确。

2. 试验步骤

1)对试验机进行被动标定

用具有足够吨位的标准测力计对试验机进行被动标定,以确定试验机的度盘读数值。标定后在校验千斤顶时就可以从试验机度盘上直接读出千斤顶的实际作用力,以及相应的油压表的准确读数。

2)用压力试验机校验的步骤

(1)千斤顶就位,当校验穿心式千斤顶时,将千斤顶放在试验机台面上、千斤顶活塞面或撑套与试验机压板紧密接触,并使千斤顶与试验机的受力中心线重合。

当校验拉杆式千斤顶时,先把千斤顶的活塞杆推出,取下封尾板,在缸体内放入一根厚壁无缝钢管,然后将千斤顶两脚向下立于试验机的中心线部位。放好后,调整试验机,使钢管的上端与试验机上压板接紧,下端与缸体内活塞面接紧,并对准缸体中心线。

(2)校验千斤顶开动油泵,千斤顶进油,使活塞杆上升,顶试验机上压板。在千斤顶顶试验机的平缓增加负荷载的过程中(此时不得用试验机压千斤顶),自零位到最大吨位,将试验机被动标定的结果逐点标定到千斤顶的油压表上。标定点应均匀地分布在整个测量范围内,且不少于 5 点。当采用最小二乘法回归分析千斤顶的标定经验公式时需 10~20 点。各标定点应重复标定 3 次,取平均值,并且只测读进程,不得读回程。

(3)对千斤顶校验数值采用标准记录、并可根据校验结果绘千斤顶校验曲线供预应力筋钢材张拉时使用,亦可采用最小二乘法求出千斤顶校验的经验公式,供预应力筋张拉时使用。

(二)用标准测力计校验

1. 试验仪器

用水银压力计、测力环、弹簧拉力计等标准测力计校验千斤顶,是一种简单可靠的方法。

2. 试验步骤

开动油泵,千斤顶进油,活塞杆推出,顶压测力计。当测力计达到一定吨位 T_1 时,立即读出千斤顶油压表相应读数 P_1,同样方法可得 T_2、P_2;T_3、P_3;此时 T_1、T_2、T_3……即为相应于油压表读数 P_1、P_2、P_3……的实际作用力。将测得的各值绘成曲线,实际使用时,即可由此曲线找出要求的 T 值和相应的 P 值。

(三)用电测传感器校验

传感器是在金属弹性元件表面贴上电阻应变片所组成的一个测力装置。当金属元件受外力作用变形后,电阻片也相应变形而改变其电阻值。改变的电阻值通过电阻应变仪测定出来,即可从预先标定的数据中查出外力的大小,将此数据再标定到千斤顶油压表上,即可用以进行作用力的控制。

六、张拉力控制

预应力钢材实测伸长值和相应的理论计算值的差应控制在6%以内,否则停止张拉,查明原因并采取措施加以调整后再继续张拉,理论伸长值的计算及实际伸长值的量测方法如下。

1. 预应力钢材理论伸长值按下式计算

$$\Delta L = \frac{\overline{P}L}{A_y E_g} \tag{11-1}$$

式中:$\overline{P}$——预应力钢材的平均张拉力,N;
L——预应力钢材长度,cm;
A——预应力钢材截面面积,mm²;
E_g——预应力钢材弹性模量,MPa。

ΔL的单位为cm,对于后张法张拉的预应力钢材有

$$\overline{P} = P \cdot \frac{[1-e^{-(\mu\theta+kL)}]}{\mu\theta+kL} \tag{11-2}$$

式中:P——预应力钢材张拉端的张拉力,N;
μ——预应力钢材与管道孔壁的摩擦系数;
k——管道每米局部偏差对摩擦的影响系数;
θ——管道曲线始端与末端切线的夹角,rad。

公式(11-2)用于曲线管道预应力钢材伸长量计算,当管道为直线时$\theta=0$,式(11-1)可以简化为

$$\Delta L = \frac{P}{kA_y E_g}(1-e^{-kL})$$

当管道为直线且无局部偏差摩擦时预应力钢材的伸长量和先张法相同,计算公式为

$$\Delta L = \frac{PL}{A_y E_g}$$

2. 实际伸长值的测量

预应力钢材张拉前,应先调整到初应力σ_0,一般初应力可取控制应力的10%~25%,作伸长值测量标记,然后进行张拉至张拉控制应力,测量伸长值。实测伸长值ΔL表示从初应力到张拉控制应力的伸长值,相应的理论计算值为

$$\Delta L_1 = \Delta L - \Delta L_2$$

式中:ΔL_2——初应力时的推算伸长值,$\Delta L_2 = \sigma_0 L/E_g$。

利用实测值ΔL_s和相应的理论值对比,校核控制张拉力。

七、水泥浆的技术条件

对后张法有黏结预应力构件管道内压注水泥浆一般采用纯水泥浆,管道较粗时可采用加入

细砂的水泥砂浆。水泥浆采用标号不低于425号体的硅酸盐水泥和普通水泥;水灰比宜采用0.4~0.45,掺入适量减水剂时水灰比可减小至0.35。采用的拌和水及减水剂须对预应力钢材无锈蚀作用,水泥浆经试验后可掺入适当膨胀剂,掺入膨胀剂后水泥浆的自由膨胀应小于10%、水泥浆的泌水率最大不超过4%,拌和后3 h泌水率宜控制在2%,24 h以后泌水应全部被浆吸回。水泥浆稠度宜控制在14~18 s之间;自水泥浆拌制到灌入管道的延续时间,一般不超过30~45 min。压浆时每一班应留取不少于3组7.07 cm×7.07 cm×7.07 cm的试件,进行抗压强度试验,并作为水泥浆质量评定的依据。

1. 水泥浆泌水率和膨胀率试验

1)试验仪器

试验容器用有机玻璃制成,带有密封盖,直径100 mm,高120 mm,置放于水平面上。

2)试验方法

将拌制好的水泥浆装入试验容器约深100 mm,测量水泥浆填灌高度并作记录,然后盖严。置放3 h和24 h后量测其离析水面和水泥浆膨胀张面,然后按下列公式计算其泌水率和膨胀率:

$$泌水率 = \frac{(\alpha_2 - \alpha_3)}{\alpha_1} \times 100\%$$

$$膨胀率 = \frac{(\alpha_3 - \alpha_1)}{\alpha_1} \times 100\%$$

2. 水泥浆稠度试验

1)试验仪器

水泥浆稠度试验漏斗。

2)稠度试验步骤

测定时先将漏斗调整放平,关上底口活门将搅拌均匀的水泥浆倾入漏斗内,直至表面触及点测规下端。打开活门,让水泥浆自由流出,水泥浆全部流完的时间,即为水泥浆的稠度。

模块小结

桥梁工程实测项目包括桥面中线偏位、桥宽、桥长、引道中心线与桥梁中心线的衔接、桥头高程衔接,掌握桥梁工程质量评定方法与检查项目。一般桥梁检测包括一般检测和特殊检测。一般检测指外观检查、线形检测等。特殊检测包括无损检测、静载试验、动载试验等。无损检测又包括砼强度检测、裂缝检测、钢筋锈蚀、碳化等。具体包括板式橡胶支座和盆式橡胶支座检测;伸缩装置的技术要求和整体性能试验;桥涵混凝土结构、钢筋混凝土结构或预应力混凝土结构或构件的试验检测;钻芯法、回弹法、超声法对水泥混凝土构件试验检测;预应力钢材、预应力钢绞线锚具和连接器检测等。

1. 简述桥梁工程质量评定方法与检查项目。
2. 混凝土构件外形检测项目有哪些?
3. 锚具与连接器的检测项目与技术要求有哪些?
4. 板式桥梁橡胶支座的检验项目有哪些?
5. 简述板式桥梁橡胶支座抗压弹性模量的检验方法。
6. 简述板式橡胶支座检测方法。
7. 简述盆式橡胶支座检测方法。
8. 如何判定板式桥梁橡胶支座是否合格?
9. 桥梁荷载试验的主要内容有哪些?
10. 桥梁荷载试验的目的是什么?
11. 桥梁静载试验的主要仪器都有哪些?
12. 静载试验加载过程主要观测内容及终止加载的条件是什么?
13. 桥涵混凝土结构或构件的试验检测项目有哪些?
14. 桥涵钢筋混凝土结构或构件的试验检测项目有哪些?
15. 桥涵预应力混凝土结构或构件的试验检测项目有哪些?
16. 简述钻芯法对水泥混凝土构件试验检测方法。
17. 简述回弹法对水泥混凝土构件试验检测方法。
18. 简述超声-回弹综合法对水泥混凝土构件试验检测方法。
19. 简述预应力钢材的检测方法。
20. 简述预应力钢绞线锚具和连接器的检测方法。

模块 12 隧道工程施工质量检测

学习目标

☆ 知识目标

(1) 熟悉隧道施工质量检测内容。
(2) 掌握隧道监控量测必测项目内容。

☆ 能力目标

(1) 能进行常规的隧道施工质量检测。
(2) 能进行隧道监控量测。
(3) 能通过隧道质量检测盒监测判定隧道质量优劣。

☆ 引例导入

质量是公路隧道建设的关键,在公路隧道建设技术不断发展的同时,施工质量的监控管理越来越受到人们的重视,开展隧道施工质量监控和检测方面的工作,是我国公路隧道近期建设发展重点攻关的关键技术之一。

隧道一次性投资大,使用年限长,并且一旦修建成型不易更改,因此施工过程中的质量控制显得异常重要。

公路隧道常见质量问题如下。

(1) 隧道渗漏:公路隧道在施工期间和建成后,一直受地下水的影响,特别是建成后的隧道更是处于地下水的包围之中。水压较大,防水工程质量欠佳时,隧道便会发生渗漏,对行车安全及衬砌结构的稳定构成威胁(十隧九漏)。

（2）衬砌开裂：有设计方面的原因，但多是由于施工管理不当造成的，或是因为衬砌厚度不足，或是因为混凝土强度不够。

（3）限界受侵：围岩大变形（施工方法不当、支护形式欠妥、支护不及时）、衬砌模板强度、刚度不足造成走模。

（4）衬砌结构同围岩结合不密实：光爆破效果不良，初支背后填充石块等、泵送混凝土压力不足拱顶会出现空洞。

（5）通风、照明不良：原因是设计欠妥、器材质量存在问题和运营管理不当。

隧道质量检测内容如下。

（1）材料检测：重点是锚喷材料、防水材料。

（2）施工检测：包括施工质量和施工监控量测，量测的基本内容有隧道围岩变形、支护受力和衬砌受力。

（3）环境检测：施工环境检测（粉尘和有害气体）和运营环境检测（通风——CO 浓度、烟尘浓度和风速，照明——照度仪或亮度仪，以及噪音-噪声计）。

课题 1 超前支护与预加固围岩施工质量检测

一、常用预加固方法

常用的辅助施工方法一般分为对地层预加固和预支护（超前支护）两大类，主要有如下几种。

（1）地表砂浆锚杆或地表注浆加固：适用于浅埋、洞口地段和某些偏压地段。

（2）超前锚杆或超前小导管支护：适用于浅埋松散破碎的地层内。①应保证前后两组支护纵向大于 100 cm 搭接；②自稳时间在 12～14 h 时，必须先支护，后开挖。

（3）管棚钢架超前支护：适用于极破碎的地层、塌方体、岩堆等地段。管棚钢架纵向搭接长度大于 3 m。

（4）超前小导管预注浆：适用于自稳时间短的砂层、砂卵（砾）石层、断层破碎带、软弱围岩浅埋地段或处理塌方等地段。

（5）超前围岩深孔注浆：适用于断面较大和不允许有过大沉陷的各类地下工程中。

二、注浆材料质量检测

注浆材料质量检测通常采用注浆材料性能试验来评定。

1）注浆材料分类

浆液材料通常分为两大类，即水泥浆液和化学浆液。按浆液分散体系划分以颗粒直径

0.1 μm 为界,大者为悬浊液,如水泥浆;小者为溶液,如化学浆。通常采用的注浆材料为水泥浆液、水泥水玻璃浆液(双液浆)、超细水泥浆液和化学浆液等。

2) 理想的注浆材料,应满足以下要求

(1) 浆液黏度低,渗透力强,流动性好,能进入细小裂隙和粉、细砂层。这样浆液可达到预想范围,确保注浆效果。

(2) 可调节并准确控制浆液的凝固时间,以避免浆液流失,达到定时注浆之目的。

(3) 浆液凝固时体积不收缩,能牢固黏结砂石;浆液结合率高,强度大。

(4) 浆液稳定性好,长期存放不变质,便于保存运输,货源充足,价格低廉。

(5) 浆液无毒,无臭,不污染环境,对人体无害,非易燃、易爆之物。

3) 性质及测定

(1) 黏度:表示浆液流动时,因分子间相互作用而产生的阻碍运动的内摩擦力。用简易黏度计测定。NDJ-79 型旋转黏度计如图 12-1(a) 所示。

(2) 渗透能力:即渗透性,指浆液注入岩层的难易程度。悬浊液渗透能力取决于颗粒大小,砂性土孔隙直径必须大于浆液颗粒直径的 3 倍以上浆液才能注入。溶液渗透能力取决于黏度。水泥细度检验《水泥细度检验方法(80 μm 筛筛析法)》。渗透能力通常用渗透仪测定,如图 12-1(b) 所示。

(3) 凝胶时间:指参加反应的全部成分从混合时起,直到凝胶发生,浆液不再流动为止的一段时间。测定方法:凝胶时间长的,用维卡仪(见图 12-1(c));一般浆液,通常采用手持玻璃棒搅拌浆液,以手感觉不再流动或拉不出丝为止,从而测定凝胶时间。

(4) 渗透系数:浆液固化后结石体透水性高低,或表示结石体抗渗性强弱。用渗透试验测定。

(5) 抗压强度:注浆材料自身强度决定注浆材料的使用范围,大者可以加固地层,小者仅能用于堵水。

(a) (b) (c)

图 12-1 注浆材料检测常用仪器

(a)DNJ-79 型旋转黏度计;(b)渗透仪;(c)维卡仪计

三、施工质量检测

1) 超前锚杆

(1) 基本要求:①锚杆的材质、规格等应符合设计和规范要求。②超前锚杆与隧道轴线外插角宜为 5°~10°,长度应大于循环进尺,宜为 3~5 m。③超前锚杆与钢架支撑配合使用时,应从钢架腹部穿过,尾端与钢架焊接。④锚杆插入孔内的长度不得短于设计长度的95%。⑤锚杆搭接长度应不小于1 m。

(2)实测项目:长度、孔位、钻孔深度、孔径。

2)超前小导管

(1)基本要求:①钢管的型号、规格、质量等应符合设计和规范要求;②超前钢管与钢架支撑配合使用时,应从钢架腹部穿过,尾端与钢架焊接;③钢管插入孔内的长度不得短于设计长度的95%。

(2)实测项目:长度、孔位、钻孔深度、孔径。

3)注浆效果检查

检查方法有三种:分析法、检查孔法和无损检测法(例如地质雷达、声波探测仪)。无损检测通过对注浆前后岩体声波、波速、振幅及衰减系数进行检测。

课题 2 隧道开挖质量检测

隧道开挖质量的评定包含两项内容:一是检测开挖断面的规整度(目测),二是超欠挖控制(激光断面仪)。

一、开挖质量标准

1)基本要求

(1)不良地质段开挖前应做好预加固、预支护。

(2)当前方地质出现变化迹象或接近围岩分界线时,必须用地质雷达、超前小导坑、超前探孔等方法先探明隧道的工程地质和水文地质情况,才能进行开挖。

(3)开挖断面尺寸要符合设计要求,应严格控制欠挖,尽量减少超挖。拱脚、墙脚以上1 m范围严禁欠挖。当石质坚硬完整且岩石抗压强度大于30 MPa,并确认不影响结构强度时,允许岩石个别凸出部分(每1 m^{2}内部大于0.1 m^2)侵入断面,但其隆起量不得大于50 mm。

(4)隧道开挖轮廓应按设计要求预留变形量,预留变形量大小根据监控量测信息进行调整。

(5)隧道爆破开挖时应严格控制爆破震动。

(6)洞身开挖在清除浮石后应及时进行初喷支护。

(7)超挖部分必须回填密实,超挖控制标准为

$$\text{平均线性超挖值} = \frac{\text{超挖面积}}{\text{爆破设计开挖断面周长(不含隧底)}} \tag{12-1}$$

最大线性超挖值是指最大超挖处至设计开挖轮廓切线的垂直距离。

2)爆破效果要求

开挖轮廓圆顺,开挖面平整,其周边炮眼痕迹保存率如式(7-2)。

$$周边炮眼痕迹保存率 = \frac{残留有痕迹的炮眼数}{周边眼总数} \times 100\% \qquad (12\text{-}2)$$

炮眼痕迹保存率标准如表 12-1 所示。

表 12-1　炮眼痕迹保存率标准

围岩条件	硬　岩	中　硬　岩	软　岩
炮眼痕迹保存率/(%)	≥80	≥70	≥50

对于松散岩层,软岩周边主要应以满足平整圆顺即可认为合格。

二、超欠挖测定方法

检测方法有四种:直接测量法、直角坐标法、三维近景摄影法和极坐标法(激光断面仪法),如表 12-2 所示。

表 12-2　超欠挖测定方法

测定方法及采用的测定仪		测定法概要
直接测量开挖断面面积的方法	直接测量法	以内模为参照物,用钢尺直接测量超欠挖
	使用激光束法	利用激光射线在开挖面上定出基点,并由该点实测开挖断面
	使用投影机的方法	利用投影机将基点或隧道基本形状投影在开挖面上,然后据此实测开挖断面
非接触观测法	断面仪法(极坐标法)	以某物理方向(如水平方向)为起算方向,按一定间距(角度或距离)依次测定仪器旋转中心与实际开挖轮廓线的交点之间的矢径(距离)及该矢径与水平方向的夹角,将这些矢径端点依次相连即可获得实际开挖轮廓线

课题 3　隧道初期支护质量检测

一、锚杆加工质量与安装尺寸检查

1) 锚杆加工质量检查

锚杆材料(抗拉强度-拉伸试验、延展性与弹性-材料试验),杆体的规格(卡尺或直尺测量并要保证锚杆直径均匀、一致),加工质量(焊接质量和车丝质量)。

2) 安装尺寸检查

(1) 锚杆位置。允许孔位偏差为±50 mm,特别注意锚杆间距与排距的尺量。

(2) 锚杆方向。尽量与围岩壁面和岩层主要结构面垂直。注意目测拱顶钻孔的垂直度。

(3) 钻孔深度。钻孔深度允许孔深偏差为±50 mm。采用带有刻度的塑料管或木棍等插孔量测。

(4) 孔径与孔型。孔径大于杆体直径15 mm时,可认为孔径符合要求。

二、锚杆拉拔力测试

1) 拉拔设备(见图12-2)

中空千斤顶、手动油压泵、油压表、千分表。

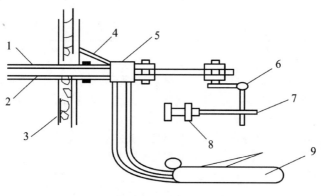

图 12-2 拉拔设备

1—锚杆;2—充填砂浆;3—喷射混凝土层;4—反力板;5—中空千斤顶;
6—千分表;7—固定梁;8—支座;9—手动油压泵、油压表

2) 注意事项

(1) 安装设备时,千斤顶与锚杆同心,避免偏心受拉。

(2) 加载应匀速,一般以10 kN/min的速率增加。

(3) 如无特殊需要,可不做破坏性试验,拉拔到设计拉力即停止加载。用中空千斤顶进行锚杆拉拔试验,一般都要求做破坏性试验,测取锚杆的最大承载力,一方面检验锚杆的施工质量,另一方面为调整设计参数作依据。

(4) 千斤顶应固定牢靠,有必要的安全保护措施。特别应注意的是,试验时操作人员要避开锚杆的轴线延长线方向,在锚杆的侧向并远离锚杆尾部的位置上加压读数;测位移时停止加压。

3) 试验要求

(1) 按锚杆数的1%且不少于3根做抗拔力试验。

(2) 同组锚杆抗拔力的平均值应大于或等于设计值。

(3) 单根锚杆的抗拔力不得低于设计值的90%。

三、砂浆锚杆砂浆注满度检测

对于砂浆锚杆,施工检测中应重点注意砂浆注满度或密实度(砂浆饱和度)。理论上,只要锚固的水泥砂浆长度大于杆体钢筋直径的40倍,则直至拉拔到钢筋颈缩锚杆也不会丧失锚固力。1978年,瑞典的H.F.Thumer提出用测超声波能量损耗来判定砂浆灌注质量的原理,研制了Boltometer Version锚杆质量检测仪。

Thumer方法的基本原理:如果钢筋外密实、饱满地由水泥砂浆握裹,砂浆又与周围岩体黏结,则超声波在传播过程中,不断从钢筋通过水泥砂浆向岩体扩散,能量损失很大,在杆体外端测得的反射波振幅很小,甚至测不到;如果无砂浆握裹,仅是空杆,则超声波仅在钢筋中传播,能量损失不大,接收到的反射波振幅则较大;如果握裹不密实,中间有空洞或缺失,则反射波振幅的大小介于前两者之间。

激发与接受探头的耦合办法使得它要求杆体外端需进行机械加工并具有一定的平整度和光洁度,且仅适用于杆径大于20 mm的锚杆。

检测仪器:M-7锚杆检测仪(见图12-3)。仪器可以显示锚杆的长度、振幅值和砂浆密实度级别。

图12-3 锚杆检测仪

四、喷射混凝土质量检测

1)质量检验指标

喷射混凝土是指将水泥、砂、石子、外加剂和水按一定的配合比和水灰比拌合而成的混合物,以风压为动力快速喷至岩体表面而形成的人造石材。检验指标主要有喷射混凝土强度和喷射混凝土厚度两项内容。

喷射混凝土强度包括抗压强度、抗拉强度、抗剪强度、疲劳强度、黏结强度等。其中喷射混凝土抗压强度是表示其物理力学性能及耐久性的一个综合指标。喷射混凝土抗压强度为检测喷射混凝土质量的一个重要指标。

喷射混凝土厚度也为检测喷射混凝土质量的一个重要指标。

喷射混凝土施工过程中,部分混凝土由隧道岩壁跌落到底板的现象称为喷射混凝土的回弹。回弹下来的混凝土数量与喷射混凝土总数量之比,就是喷射混凝土的回弹率。

喷射混凝土回弹率也为检测喷射混凝土质量的一项检测指标。

喷射混凝土要做到内(实)坚外美:喷射混凝土强度和喷射混凝土厚度必须达到设计要求,外观上无漏喷、离鼓、裂缝、钢筋网外露现象。

2)影响喷射混凝土质量的因素

(1)影响喷射混凝土强度的因素。

① 原材料:为保证喷射混凝土强度,减少粉尘和混凝土硬化后的收缩,减少材料搅拌时水泥的飞扬损失,砂的细度模数、含水率、含泥量及石子颗粒级配、最大粒径等质量指标必须符合《公路隧道施工技术细则》(JTG/T F60—2009)中的有关规定。喷混凝土用水:无杂质的洁净水,不

得使用污水、pH 值小于 4 的酸性水。速凝剂应保证初凝时间不大于 5 min,终凝时间不大于 10 min。

② 施工作业:确保配合比正确;喷射前冲洗岩面;喷射中控制水灰比和喷射距离;喷射后洒水养护。

(2) 影响喷射混凝土厚度的因素。

①爆破效果;②回弹率;③施工管理;④喷射参数。

3) 质量检测方法

(1) 抗压试验。

① 试块制作方法:喷大板切割法、凿方切割法。

② 检查试块数量:3 件 1 组,两车道隧道每 10 m,至少在拱部和边墙各取 1 组试件。材料或配合比变更时应重新制取试件。

③ 抗压强度合格标准。a. 试件组数大于或等于 10 时,试件抗压强度平均值不低于设计值,且任意一组试件抗压强度不低于 0.85 倍的设计值。b. 试件组数小于 10 时,试件抗压强度平均值不低于 1.05 倍的设计值,且任意一组试件抗压强度不低于 0.9 倍的设计值。c. 检查不合格时,应查明原因并采取措施,可用加厚喷层或增设锚杆的办法予以补强。

(2) 喷射混凝土厚度的检测。

① 检查方法和数量。a. 喷层厚度可用凿孔法或地质雷达法等方法检查。b. 每 10 延米至少检查一个断面,再从拱顶中线起每隔 3 m 凿孔检查一个点。

② 合格条件。a. 每个断面,全部检查孔处喷层厚度应有 60% 以上不小于设计厚度;最小厚度不应小于设计厚度的 1/2,且不小于 50 mm;平均厚度不得小于设计厚度。b. 当发现喷射混凝土表面有裂缝、脱落、露筋、渗漏水情况时,应予修补,凿除重喷或进行整治。

(3) 喷射混凝土与围岩黏结强度试验。

① 试块制作方法:成型试验法、直接拉拔法。

② 合格标准:Ⅰ、Ⅱ 级围岩不应低于 0.8 MPa,Ⅲ 级围岩不应低于 0.5 MPa。

(4) 喷射混凝土粉尘、回弹检查。

《锚杆喷射混凝土支护技术规范》(GB 50086—2001)规定:回弹率应予以控制,拱部不应大于 25%,边墙不应大于 15%。

(5) 强度匀质性。

匀质性:喷射混凝土强度的匀质性,可用现场 28 d 龄期同批 n 组试块抗压强度的标准差 S_n 和变异系数 V_n 表示。

$$S_n = \sqrt{\frac{1}{n-1}\sum_{i=1}^{n}(R_i - \overline{R}_n)^2} \tag{12-3}$$

式中:n——同批试块的组数;

R_i——第 i 组试块的强度代表值,MPa;

$\overline{R}_n$——同批 n 组试块强度的平均值。$\overline{R}_n = \frac{1}{n}\sum_{i=1}^{n}R_i$(精确至 0.1 MPa),$V_n = \frac{100S_n}{\overline{R}_n}(\%)$。

五、钢支撑施工质量检测

1) 钢支撑的形式
(1) 格栅钢架。主筋材料采用 HRB335 级钢筋或 HRB440 级钢筋,直径一般不小于 22 mm。
(2) 型钢钢架:工字型、U 型、H 型。
2) 施工质量检测
(1) 加工质量检测:加工尺寸、强度和刚度、焊接。
(2) 安装质量检测:安装尺寸、倾斜度(在纵断面上其倾斜度不得大于 2°)、连接与固定。

六、初期支护背部空洞

地质雷达法探测初期支护背部空洞该方法已广泛应用于检测支护(衬砌)厚度、初支及二衬背后的回填密实度、内部钢架、钢筋等分布情况。

1) 地质雷达法的原理(见图 12-4)
地质雷达方法是一种用于确定地下介质分布的光谱(1 MHz～1 GHz)电磁技术。地质雷达利用一个天线发射高频宽频带电磁波,另一个天线接收来自地下介质界面的反射波。电磁波在介质中传播时,其路径、电磁场强度与波形将随所通过介质的电性质及几何形态而变化。因此,可根据接收到波的旅行时间(亦称双程走时)、幅度与波形资料,可推断介质的结构。

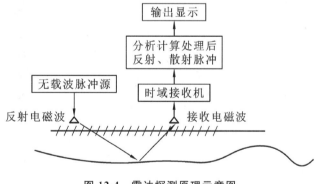

图 12-4 雷达探测原理示意图

2) 现场检测
测线布置:以纵向布线为主,横向布线为辅。
3) 雷达图的解释
(1) 界面根据反射信号的强弱、频率变化及延伸情况确定。
(2) 衬砌背后回填密实度判定特征。密实:信号幅度较弱,甚至没有界面反射信号。不密实:衬砌界面反射信号同向轴呈绕射弧形,且不连续较分散。空洞:衬砌界面反射信号强。三振相明显,在其下部仍有强反射信号,两组信号时程差较大。
(3) 衬砌内部钢架、钢筋位置分布的主要判定特征。钢架:分散的月牙形强反射信号。钢筋:连续的小曲线形强反射信号。

课题 4 隧道防排水系统质量检测

一、防水卷材检测

我国在 20 世纪 80 年代相继制出三元乙丙橡胶防水卷材(EPDM)、氯丁橡胶薄膜、聚氯乙烯(PVC)、氯化聚乙烯(CPE)、聚乙烯(PE)、聚乙烯-醋酸乙烯(EVA)、聚乙烯-醋酸乙烯-沥青共聚物(ECB)防水卷材、高密度氯化聚乙烯(HDPE)和低密度氯化聚乙烯(LDPE)。目前常用的有聚乙烯-醋酸乙烯、聚乙烯-醋酸乙烯-沥青共聚物防水卷材和低密度氯化聚乙烯。

1) 长度、宽度、厚度、平直度和平整度量测现场检测

(1) 合成高分子防水卷材的长度和宽度用卷尺测量。

(2) 厚度用压力为 $(2\pm0.2)\times10^{-2}$ MPa、压头直径为 10 mm 的测厚仪(分度为 0.01 mm)量测。厚度测量点(至少 10 个点)均布在卷材的横向。

(3) 平直度和平整度的量测,在平整基面上展开 10 m,用分度值为 1 mm 的直尺量测。

2) 拉伸性能试验

利用裁片机(由加载装置、裁刀及其装卸装置组成)将试样裁成如图 12-5 所示形状。

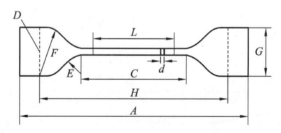

图 12-5 裁切试样

(1) 拉伸强度。

$$\sigma=\frac{P}{B\cdot d} \tag{12-4}$$

式中:σ——试样的拉伸强度,MPa;

　　P——试样断裂时的荷载,N;

　　B——试样标距段的宽度,mm;

　　d——试样标距段的厚度,mm。

(2) 断裂伸长率(%)。

$$\varepsilon=\frac{L_1-L_0}{L_0}\times100$$

式中：ε——试样的断裂伸长率；
L_0——试样标距线间的初始有效长度，mm；
L_1——试样断裂瞬间标距线间的长度，mm。

3）低温弯折性试验

(1) 试验器具：低温箱、弯折仪、放大镜。

(2) 试验程序：标准环境下，用测厚仪测量 C 试样的厚度。试样的耐候面应无明显缺陷。然后将试样的耐候面朝外，弯曲 180°，使 50 mm 宽的边缘重合、齐平，并确保不发生错位，将弯折仪的上下平板间距调到卷材厚度的 3 倍。试验两块试样。

将弯折仪上平板翻开，将两块试样平放在弯折仪下平板上，重合的一边朝向转轴，且距离转轴 20 mm，将弯折仪连同试样放入低温箱内，在规定温度下保持 1 h。然后，在 1 s 之内将弯折仪的上平板压下，达到所调间距位置，保持 1 s 后将试样取出。待恢复到室温后观察试样弯折处是否断裂，或用放大镜观察试样弯折处受拉面是否有裂纹。

(3) 结果评定：两块试样均未断裂或无裂纹时，评定为无裂纹。

二、土工布物理特性检测

土工布也称土工织物，是透水性的土工合成材料，按制造方法分为无纺或非织造土工织物和有纺或机织土工织物。对隧道工程比较重要的工程特性有物理特性、力学特性和水力学特性。

1）土工布的力学特性测试

土工布的机械性能包括抗拉强度及延伸率、握持强度及延伸率、抗撕裂强度、顶破强度、刺破强度、抗压缩性。其中抗拉强度是土工布的一个基本性能。

(1) 条带拉伸试验。

抗拉强度及其应变是土工布主要的特性指标。条带拉伸试验适用于土工合成材料的宽条拉伸试验和窄条拉伸试验。

土工布或小孔径土工网的抗拉强度 T_s 可用式(12-5)计算：

$$T_s = P_f / B \tag{12-5}$$

式中：T_s——抗拉强度，N/m，kN/m；
P_f——测读的最大拉力，N，kN；
B——试样宽，m。

最大负荷下伸长率 ε（%）：

$$\varepsilon = \frac{\Delta L}{L_0 + L_0'} \times 100 \tag{12-6}$$

式中：ε——延伸率（%）；
L_0——名义夹持长度，mm（使用夹具时为 100 mm，使用伸长计时为 60 mm）；
L_0'——预负荷伸长量，mm。

(2) 撕破强力试验。

土工布的撕裂强度定义：试样在撕裂过程中抵抗扩大破损裂口的最大拉力，也称撕破强度。

公路行业采用梯形法测定土工布的撕裂强度。

在试验过程中,撕裂力可能有几个峰值和谷值,也可能是单一上升而只有一个最大值,取最大值作为撕裂强度,单位以 N 表示。

① CBR 顶破强力试验。顶破强度是反映土工布抵抗垂直布平面的法向压力的能力。顶破强力试验中常用试验有 CBR 顶破试验和圆球顶破试验。

② 刺破强力试验。刺破强度是反映土工布抵抗小面积集中荷载,如抵抗有棱角的石子、支护用钢构件端头等的能力。刺破强力试验用一刚性顶杆以规定的速率垂直顶向土工合成材料的平面,测试试样被刺破时的最大力。

三、土工布水力学特性试验

隧道用土工布,必须具有以下特性。
(1) 保土性:防止被保护围岩、衬砌的颗粒随水流流失。
(2) 渗水性:保证渗流水通畅排走。
(3) 防堵性:防止材料被细土粒堵塞失效。

土工布的渗透特性如下。
(1) 垂直渗透系数试验:确定土工布在法向水流作用下的透水特性。
(2) 水平渗透系数试验:测定土工布和塑料排水板沿其平面方向输导水流的特性。

四、防水混凝土抗渗性能试验

防水混凝土一般分为普通水泥防水混凝土、外加剂防水混凝土和膨胀水泥防水混凝土,如表 12-3 所示。

表 12-3 隧道工程常用防水混凝土的种类及其特性

种 类	普通防水混凝土	外加剂防水混凝土外加剂类型				
		引气剂	减水剂	三乙醇胺	氯化铁	明矾石膨胀剂
抗渗压力/MPa	≥3.0	≥2.2	≥2.2	≥3.8	≥3.8	≥3.8
主要技术指标	水灰比:0.5~06 坍落度:30~50 mm 水泥用量≥320 kg/m³ 粗骨料粒径≤40 mm	含气量 3%~6%;水泥用量 ≥ 250 ~ 300 kg/m³	加气型减水剂,可以为缓凝、促凝和普通型的减水剂	可单独掺用三乙醇胺,也可以与氯化钠、亚硝酸钠配合	液体中氯化铁含量 ≥ 0.4 kg/L,掺量一般为水泥质量的3%	必须掺入 32.5 级以上的普通矿渣、火山灰和粉煤灰水泥,不得单独代替水泥,外掺量为水泥质量的20%
适用范围	一般地下防水工程	抗冻性能要求高	含筋率高或薄壁结构	要求早强及抗渗要求高	水中结构	有后浇缝

1)防水混凝土的一般要求

隧道工程防水混凝土的抗渗等级不得小于 P6,有冻害地段及最冷月平均气温低于 -15 ℃ 时,不小于 P8。

防水混凝土结构应满足:①裂缝宽度不大于 0.2 mm,并不贯通;②迎水面主钢筋保护层厚度不应小于 50 mm;③衬砌厚度不应小于 30 cm。

防水混凝土抗渗等级分为 P2、P4、P6、P8、P10、P12,试件的抗渗等级应比设计要求提高 0.2 MPa。

2)混凝土抗渗性试验

主要用于检测混凝土硬化后的防水性能以测定其抗渗等级,抗渗等级可分三种:①设计等级;②试验等级(提高 0.2 MPa);③检验等级。

试验制备。试件制备中,试件形状有两种:①圆柱体,直径、高度均为 150 mm;②圆台体,上底直径 175 mm,下底 185 mm,高 165 mm。

抗渗等级计算:

$$P = 10H - 1 \tag{12-7}$$

式中:P——混凝土抗渗等级;

H——第三个试件顶面开始有渗水时的压力,MPa。

五、防水板施工质量检查

1)防水层铺设的基面要求

(1)喷射混凝土基面平整度:边墙 $D/L \leq 1/6$,拱顶 $D/L \leq 1/8$。其中,L 为喷射混凝土相邻凸面间的距离;D 为喷射混凝土相邻两凸面间下凹的深度。

(2)基面不得有钢筋、凸出物。

(3)断面变化或转弯处阴角应抹成 $R \geq 5$ cm 的圆弧。

(4)防水层施工时基面不得有明水。

2)防水卷材的铺设工艺与检查方法

防水卷材的铺设工艺:一是无钉热合铺设法,二是有钉冷粘铺设法。在无钉热合铺设法中,在防水层破损时,补钉要剪成圆角,不要有尖角。具体复合式衬砌防水层实测项目如表 12-4 所示。

表 12-4 复合式衬砌防水层实测项目

项次	检查项目		规定值或允许偏差	检查方法和频次
1	搭接宽度/mm		不小于 100	尺量,全部,每个搭接检查 3 处
2	搭接缝宽/mm	焊接	两侧焊缝宽≥25	尺量,每个搭接检查 5 处
		黏结	黏缝宽≥50	
3	固定点间距/mm	拱部	符合设计要求	尺量,检查总数的 10%
		墙部	符合设计要求	
4	接缝与施工缝错开距离/mm		≥500	尺量,每个搭接检查 5 处

六、排水系统施工质量检查

1）山岭隧道常用排水系统

山岭隧道常用排水系统及地下水流向关系可以概括为围岩→环向排水管→纵向排水管→横向排水盲管→中央排水管→洞外出水口。

2）施工质量检查

(1) 环向排水管：围岩渗流水引排；背面排水管安装。

(2) 纵向排水盲管。

(3) 横向盲管。

(4) 中央排水管。

七、止水带检查

1）混凝土衬砌结构性防水措施

衬砌施工缝、沉降缝及伸缩缝是隧道防水的薄弱环节。

2）止水带类型

外贴式、预(中)埋式、内贴式。

预埋式止水带，因构造简单、施工简便及质量可靠，使用较为普遍。外贴式塑料止水带一般与防水板组合使用，止水条一般应用于企口型衬砌施工缝或接缝处。

课题 5 隧道衬砌质量检测

一、混凝土衬砌常见的质量问题

(1) 混凝土开裂。

(2) 混凝土强度不够。

(3) 衬砌厚度不足。

(4) 衬砌表面渗漏水。

(5) 衬砌背后充填不密实。

二、衬砌混凝土施工检查

对衬砌混凝土各道施工工序的检查,是防止衬砌出现常见质量问题的有效措施。

1)衬砌外轮廓检查

在防水板铺挂之前,用全站仪直角坐标法或全断面仪极坐标法检测实际轮廓,对侵入衬砌断面的凸出部分进行处理。

2)基础基坑检查

(1)量测基坑尺寸,应符合设计要求。

(2)检查基坑壁是否稳定,必要时采取加固措施。

(3)浇注基础前,检查基坑基底,应清除坑内浮渣和积水。对于易软化崩解的岩石基底及时用砂浆封闭,对于砂、土、泥注意检查基底承载力。

(4)浇注基础前,检查排水管布设是否畅通、防水板是否固定密贴。

3)基础基坑检查

(1)检查模板台车刚度。经验表明模板宜采用12 mm厚钢板弯制,门架及支撑件要有足够的刚度。

(2)检查模板台车轮廓尺寸。前后两端外形应尽量一致,最大径向尺寸差不大于5 mm,以免衬砌环向施工缝出现错台。

(3)检查模板台车长度。经验表明台车长度以8~9 m为宜,对于曲线隧道还应检查其长度是否合适。

(4)检查模板台车进料检查窗孔。其布置和数量应满足表12-5浇注混凝土的要求。

表12-5 模板台车进料检查窗孔要求

位　　置	项　　目	标　　准
仰拱、边墙及拱下部	从出口到灌注面的落下高度	1.5 m以下
	灌注1层的高度	40~50 cm
	流动距离	不流动
拱顶部	灌注方式	向上灌注
	流动距离	10 cm左右

(5)检查模板台车就位。用全站仪直角坐标法检查台车按隧道中线和标高就位,主要测拱顶和两侧最宽处;检查台车抗上浮、抗两侧内缩的加固措施;检查模板支撑件是否张紧。

(6)检查挡头板安装。安装可靠、封堵严实,是否损坏防水板。

4)混凝土浇筑检查

(1)观察角落和钢筋密度大部位的振捣。

(2)观察拱顶部位浇筑。

(3)观察水平施工缝的处理。

5)拆模检查

适宜的拆模时间应根据实际采用的混凝土强度-龄期关系曲线确定,应符合以下要求。

(1) 不承受外荷载的拱、墙,混凝土强度应达到 5 MPa,或拆模时混凝土表面积和棱角不被损坏并能承受自重。

(2) 承受围岩压力较大的拱、墙,封顶和封口混凝土应达到设计强度的 100%。

(3) 承受围岩压力较小的拱、墙,封顶和封口混凝土应达到设计强度的 70%。

三、混凝土强度检测

1)回弹法检测

(1) 回弹法原理。由于混凝土的抗压强度与其表面硬度存在某种关系,而回弹的弹击锤被一定的弹力打击在混凝土表面上,其回弹高度与混凝土的表面硬度成一定的比例关系。根据表面硬度则可推求混凝土的抗压强度。

(2) 测试范围。①以每板衬砌为一构件,随机抽取大于衬砌总数 30% 的构件作为试样;②每个试样均匀布置不少于 10 个测区,相邻测区的间距不宜大于 2 m;③测区的大小以能容纳 16 个回弹测点为宜,一般取 400 cm²。

(3) 测区表面要求。应清洁、平整、干燥,不应有接缝、饰面层、粉刷层、浮浆、油垢等,以及蜂窝、麻面。

(4) 回弹值测读。回弹仪轴向垂直测试面,每测区弹击 16 点,同一测点只允许弹击一次。测点应均匀分布,避开外露的石子和气孔,测点距构件边缘或外露钢筋、铁件不小于 5 cm。

(5) 测区回弹值整理。剔除回弹值的 3 个最大值和 3 个最小值,求出测区的平均回弹值,精确至 0.1。

(6) 测区碳化深度值。在测点内凿出 6 mm 深的孔,滴 1% 浓度的酚酞酒精溶液在孔壁边缘,量取紫红色部分垂直深度。求出测区平均碳化深度。

(7) 用测强基准曲线计算出测区强度值,进而计算试件混凝土强度,取其较低值为构件混凝土强度值。

2)超声波法检测

(1) 原理是根据混凝土的抗压强度与纵波的传播速度之间存在着某种函数关系,然后在标准状况下(即各种影响系数等于 1 的情况下)制备标准混凝土试块,并测得每个试块的平均传播速度与破损强度,拟合出曲线方程,最后根据波速来测算强度值。

(2) 测试方法:超声波探测按探头安放的位置不同可分为对测法、斜测法、平测法。如图 12-6 所示。

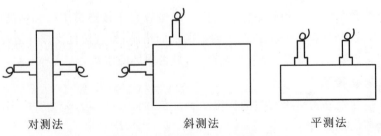

图 12-6　超声波探头安设装置

(3) 影响强度测定的因素:横向尺寸效应;温度和湿度;钢筋;骨料;水灰比;龄期;缺陷和损伤。

3) 钻芯法检测

(1) 钻芯法是利用钻机和人造金刚石空心薄壁钻头,从结构混凝土中钻取芯样以检测混凝土强度和混凝土内部缺陷的方法。

(2) 钻芯取样时,一般要求芯样直径为粗集料直径的3倍。

(3) 取芯数量同一批构件不得少于3个。

四、隧道衬砌厚度检测

1) 常用方法

(1) 冲击-回波法。

(2) 激光断面仪法。

(3) 地质雷达法。

(4) 凿孔直接量测法。

2) 混凝土缺陷检测

(1) 外部缺陷主要包括裂缝、蜂窝、麻面,以及平整度、几何尺寸缺陷。检测仪器:刻度放大镜、塞尺、直尺、数码相机。

(2) 内部缺陷主要包括裂缝的深度、背部回填密实度、空洞。检测方法:地质雷达法、超声波法、冲击-回波法、红外成像。

课题 6 隧道施工监控量测

一、监控量项目及断面布设

1. 监控量项目

量测项目的确定主要是依据围岩条件、工程规模及支护方式。量测项目通常分为必测项目A和选测项目B。必测项目指施工时必须进行的常规量测,用来判别围岩稳定及衬砌受力状态,指导设计施工的经常性量测。A类量测主要包括洞内观察、隧道净空变形和拱顶下沉量测等。浅埋隧道应作地表沉陷量测。这类量测方法简单、可靠,对修改设计和指导施工起重要作用。选测项目是指在重点和有特殊意义的隧道或区段进行补充的量测,用来判断隧道开挖过程中围岩的应力状态、支护衬砌效果。B类量测主要包括围岩内部变形、地表沉陷、锚杆轴力和拉拔力、衬砌内力、围岩压力和围岩物理力学指标等。这类量测技术较复杂，费用较高，通常根据实际需要，选取部分项目进行量测。

量测项目及其要求见表12-6。

表12-6　量测项目及其要求

序号	量测项目	类别	要求掌握的主要内容
1	观察	A	①开挖面围岩的自立性（无支护时围岩的稳定性）；②岩质、断层破碎带、褶皱等情况；③支护衬砌变形、开裂情况；④核对围岩类别；⑤洞口浅埋段地表建筑物变形、下沉、开裂情况
2	净空变形	A	根据变形值、变形速度、变形收敛情况等判断：①围岩稳定性；②初期支护设计和施工方法的合理性；③模筑二次衬砌时间
3	拱顶下沉	A	监视拱顶的绝对下沉值，了解断面变化情况，判断拱顶的稳定性，防止塌方
4	地表、地层内部沉陷	A、B	判断隧道开挖对地表产生的影响及防止沉陷措施的效果，推测作用在隧道上的荷载范围
5	围岩内部变形	B	了解隧道周边围岩松弛区范围，判断锚杆设计参数的合理性
6	锚杆轴力	B	根据锚杆应变分布状态，确定锚杆轴力大小，用于判断锚杆长度和直径是否合适
7	围岩压力和两层衬砌间压力	B	了解围岩形变压力和两层衬砌间接触压力的大小和分布规律，检验支护衬砌受力情况
8	衬砌、钢架应力	B	根据衬砌和钢架应力情况，判断衬砌和钢架设计参数是否正确，进一步推求围岩压力大小和分布规律
9	锚杆拉拔试验	B	根据拉拔力确认锚杆锚固方法及其长度的合理性
10	底部鼓起量测	B	判断是否需要仰拱和仰拱的效能
11	围岩弹性波测试	B	①校核围岩类别；②了解松弛区范围；③探明岩体强度、节理裂隙和断层情况、岩石变质程度

量测手段的选用应根据量测项目和国内仪器的现状来选用。一般应选择简单、可靠、耐久、成本低的量测手段，并要求被测的物理量概念明确，量值显著，量测范围大，测试数据便于分析，易于实现对设计、施工的反馈。在通常的情况下，选择机械式手段与电测式手段相结合使用。

2. 断面布设

1）断面的确定

进行测试的断面有单一的测试断面和综合的测试断面两种。在隧道工程测试中各项量测内容与手段，不是随便布设的。把单项或常用的几项量测内容组成一个测试断面，了解围岩和支护在这个断面上各部位的变化情况，这种测试断面即为单一的测试断面。把几项量测内容有机地组合在一个测试断面里，使各项量测内容、各种量测手段互相校验，综合分析测试断面的变化，这种测试断面称为综合测试断面。

应测项目按一定间隔设置量测断面，常称为一般量测断面。由于各量测项目要求不同，其量测断面间隔亦不相同,在应测项目中,原则上净空位移与拱顶下沉量测应布置在同一断面上。量测断面间距视隧道长度、地质条件和施工方法等确定,具体可参考表 12-7。

对于土砂、软岩地段的浅埋隧道要进行地表下沉量测,沿隧道纵向布置测点的间距可视地质、覆盖层厚度、施工方法和周围建筑物的情况确定。其量测断面间距可按表 12-8 选用。

表 12-7 净空位移、拱顶下沉的测试断面间距

条　件	量测断面间距/m
洞口附近	10
埋深小于 2B	10
施工进展 200 m 前	20(土砂围岩减小到 10 m)
施工进展 200 m 后	30(土砂围岩减小到 10 m)

注：B 为隧道开挖宽度。

表 12-8 地表下沉测试断面间距

覆盖层厚度 H	测点间距/m
$H > 2B$	20～50
$2B > H > B$	10～20
$H < B$	5～10

注：①当施工初期、地质变化大、下沉量大、周围有建筑物时取最低值;②B 为隧道开挖宽度。

2)测点的布设置

在测试断面上测点的布置,主要是依据断面形状、围岩条件、开挖方式、支护类型等因素进行布置。在量测中,可根据具体情况决定布设数量,进行适当的调整。

(1) 净空位移量测的测线布置。

由于观测断面形状、围岩条件、开挖方式的不同,测线位置、数量亦有所不同,没有统一的规定,具体实施中可参考图 12-7。

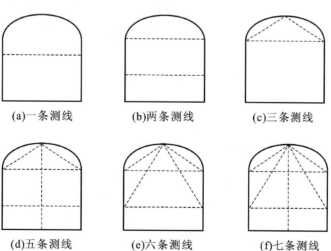

图 12-7 净空位移测线布置

拱顶下沉量测的测点,一般可与净空位移测点共用,这样既节省了安设工作量,更重要的是使测点统一,测试结果能够互相校验。

(2) 围岩内部位移测孔的布置。

围岩内部位移测孔布置,除应考虑地质、隧道断面形状、开挖等因素外,一般应与净空位移测线相应布设,以便使两项测试结果能够相互印证,协同分析与应用。一般每100～500 m设一个量测断面,测孔布置见图12-8。

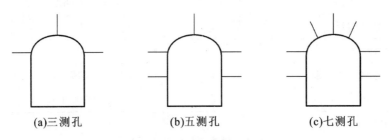

图12-8　围岩内部位移测孔布置

(3) 锚杆轴力量测的布置。

量测锚杆要依据具体工程中支护锚杆的安设位置、方式而定,如局部加强锚杆,要在加强区域内有代表性的位置设量测锚杆。全断面系统锚杆(不包括仰拱),量测锚杆在断面上布置可参考图12-7来进行。

(4) 喷层(衬砌)应力量测布置。

喷层应力量测,除应与锚杆受力测孔相对应布设外,还要在有代表性部位设测点,如拱顶、拱腰、拱脚、墙腰、墙脚等部位,并应考虑与锚杆应力量测作对应布置。另外,在有偏压、底鼓等特殊情况下,则应视具体情形,调整测点位置和数量。以便了解喷层(衬砌)在整个断面上的受力状态和支护作用。见图12-9。

图12-9　喷层应力量测点布置

(5) 地表、地中沉降测点布置。

地表、地中沉降测点,原则上主要测点应布置在隧道中心线上,并在与隧道轴线正交平面的一定范围内布设必要数量的测点,见图12-10。并在有可能下沉的范围外设置不会下沉的固定测点。

(6) 围岩压力量测测点布置。

围岩压力量测的测点一般埋设在拱顶、拱脚和仰拱的中间,其量测断面一般和支护衬砌间压力以及支护、衬砌应力的测点布置在一个断面上,以便将量测结果相互印证。

(7) 声波测孔布置。

声波测孔宜布置在有代表性的部位(见图12-11)。另外,还要考虑到围岩层理、节理的方向

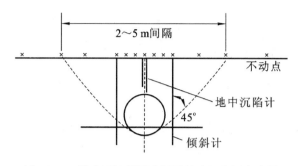

图 12-10 地表下沉量测范围及地中沉降测点布置

与测孔方向的关系。可采用单孔、双孔两种测试方法;或在同一部位,呈直角相交布置三个测孔,以便充分掌握围岩结构对声波测试结果的影响。

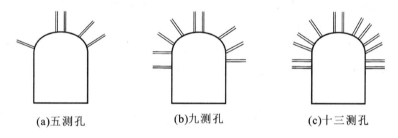

图 12-11 声波测试孔布置

3) 量测仪器(测点)的安设与量测频率

各项量测内容的仪器(测点)安设,一要快,二要近。快——要求在开挖爆破后 24 h(最好 12 h)内,在下一循环爆破前完成全部埋设,并测取初读数。在安设由多项内容、多种手段组成的综合测试断面时,互相干扰大,时间要拖长,对施工与量测结果都有不利影响;这时可把综合量测断面分为几个亚断面分开设置,只要围岩沿隧道轴线方向变化不大,基本不会影响测试结果的综合分析与应用。近——仪器(测点)埋设,要尽量靠近开挖掌子面,要求不超过 2 m,有的安设在距开挖掌子面 0.5 m 左右的断面上,观测效果更好,不过需要加强仪器(测点)的保护。

仪器(测点)安设后的量测频率,是由变化速度(时间效应)与距工作面距离(空间效应)确定的。表 12-9 给出了净空变形与拱顶下沉的量测频率与位移速度、距工作面距离的关系。

表 12-9 收敛与拱顶下沉量测频率

变形速度	距开挖面距离	量测频率
>10 mm/d	(0~1)B	1~2 次/天
5~10 mm/d	(1~2)B	1 次/天
1~5 mm/d	(2~5)B	1 次/天
<1 mm/d	>5B	1 次/天

注:B 为隧道开挖宽度。

二、量测数据分析与应用

量测数据反馈于设计、施工是监控设计的重要一环,但目前尚未形成完整的设计体系。当前采用的量测数据反馈设计的方法主要是定性的,即依据经验和理论上的推理来建立一些准则。根据量测的数据和这些准则即可修正设计支护参数和调整施工措施。量测数据反馈设计、施工的理论法,目前正在蓬勃兴起,那就是将监控量测与理论计算相结合的反分析计算法,这里,简要介绍根据对量测数据的分析来修正设计参数和调整施工措施的一些准则。

1. 地质预报

地质预报就是根据地质素描来预测预报开挖面前方围岩的地质状况,以便考虑选择适当的施工方案调整各项施工措施。包括如下几方面。

(1) 在洞内直观评价当前已暴露围岩的稳定状态,检验和修正初步的围岩分类。

(2) 根据修正的围岩分类,检验初步设计的支护参数是否合理,如不恰当,则应予修正。

(3) 直观检验初期支护的实际工作状态。

(4) 根据当前围岩的地质特征,推断前方一定范围内围岩的地质特征,进行地质预报,防范不良地质突然出现。

(5) 根据地质预报,并结合对已作初期支护实际工作状态的评价,预先确定下循环的支护参数和施工措施。

(6) 配合量测工作进行测试位置选取和量测结果的分析。

2. 净空位移分析与应用

如前所述,净空位移是围岩动态的最显著表现,所以隧道工程现场量测主要以净空位移作为围岩稳定性评价及围岩稳定状态判断的指标。

一般而言,坑道开挖后,若围岩位移量小,持续时间短,其稳定性就好;若位移量大,持续时间长,其稳定性就差。

以围岩位移作为指标来判断其稳定状态,则有赖于对实际工程经验的总结和对位移量测数据的分析。

(1) 判断标准用围岩的位移来判断其稳定状态,关键是要确定一个"判断标准"(或称为"收敛标推"),即是判断围岩稳定与否的界限。它包括三个方面:位移量(绝对或相对)、位移速率和位移加速度,见第五章第三节有关内容。

(2) 根据以上判断标准,如果围岩位移速度不超过允许值,且不出现蠕变趋势,则可以认为围岩是稳定的,初期支护是成功的。若表现出稳定性较好,则可以考虑适当加大循环进尺。

浅埋隧道暗挖法施工时,应特别注意对拱顶下沉及地表下沉量的控制,其控制标准可参见表 12-10。

表 12-10 量测数据管理基准参考值

指标内容	日本、法国、德国规范综合值	推荐基准值	
		城市地铁	山岭隧道
地面最大沉陷	50 mm	30 mm	60 mm
地面沉陷槽拐点曲率	1/300	1/500	1/300
地层损失系数	5%	5%	5%
洞内边墙水平收敛	20～40 mm	20 mm	$(0.1～0.2)B\%$
洞内拱顶下沉	75～229 mm	50 mm	$(0.3～0.4)B\%$

注：B——开挖洞室最大跨度(m)。

如果位移值超过允许值不多，且初期支护中的喷射混凝土未出现明显开裂，一般可不予补强。

如果位移与上述情况相反，则应采取处理措施，如在支护参数方面，可以增强锚杆，加钢筋网喷混凝土、加钢支撑、增设临时仰拱等；施工措施方面，可以缩短从开挖到支护的时间，提前打锚杆，提前设仰拱，缩短开挖台阶长度和台阶数，增设超前支护等。

(3) 二次衬砌(内层衬砌)的施作时间。按新奥法施工原则，当围岩或围岩加初期支护后基本达成稳定后，就可以施作二次衬砌。

应当特别指出的是，在流变性和膨胀性强烈的地层中，单靠初期支护不能使围岩位移收敛时，就宜于在位移收敛以前，施作模筑混凝土二次衬砌，做到有效地约束围岩位移。

3. 围岩内位移及松动区分析与应用

与净空位移同理，如果实测围岩的松动区超过了允许的最大松动区(该允许松动区半径与允许位移量相对应)，则表明围岩已出现松动破坏，此时必须加强支护或调整施工措施以控制松动范围。如加强锚杆(加长、增密或加粗)等，一般要求锚杆长度大于松动区范围。如果与以上情形相反，甚至锚杆后段的拉应力很小或出现压应力时，则可适当缩短锚杆长度或缩小锚杆直径或减小锚杆数量等。

4. 锚杆轴力分析与应用

根据量测锚杆测得的应变，即能算出锚杆的轴力。

$$N = \frac{\pi}{8} D^2 E (\varepsilon_1 + \varepsilon_2) \tag{12-8}$$

式中：N——锚杆轴力；

D——锚杆直径；

E——杆的弹性模量；

ε_1、ε_2——测试部位对称的一组应变片量得的两个应变值。

锚杆轴力是检验锚杆效果与锚杆强度的依据，根据锚杆极限强度与锚杆应力的比值 K(安全系数)即能作出判断。锚杆轴应力越大，则 K 值越小。一般认为锚杆局部段的 K 值稍小于 1 是允许的，因为钢材有一定的延性。根据实际调查发现锚杆轴应力在洞室断面各部位是不同

的,表现为:
(1) 同一断面内,锚杆轴应力最大者多数在拱部45°附近到起拱线之间;
(2) 拱顶锚杆,不管净空位移值大小如何,出现压应力的情况是不少的。

锚杆的局部段 K 值稍小于1的允许程度应该是不超过锚杆的屈服强度。若锚杆轴应力超过屈服强度时,则应优先考虑改变锚杆材料,采用高强钢材。当然,增加锚杆数量或锚杆直径也可获得降低锚杆轴应力的效果。

5. 围岩压力分析与反馈

由围岩压力分布曲线可知围岩压力的大小及分布状况。围岩压力的大小与围岩位移量及支护刚度密切相关。围岩压力大,即作用于初期支护的压力大。这可能有两种情况:一是围岩压力大但变形量不大,这表明支护时机,尤其是支护的封底时间可能过早或支护刚度太大,可作适当调整,让围岩释放较多的应力;另一种情况是围岩压力大且变形量也很大,此时应加强支护,限制围岩变形,控制围岩压力的增长。当测得的围岩压力很小但变形量很大时,则应考虑可能会出现围岩失稳。

6. 喷层应力分析与反馈

喷层应力是指切向应力,因为喷层的径向应力总是不大的。喷层应力与围岩压力及位移有密切关系。喷层应力大的原因有两个方面,一是围岩压力和位移大,二是支护不足。

在实际工程中,一般允许喷层有少量局部裂纹,但不能有明显的裂损,或剥落、起鼓等。如果喷层应力过大,或出现明显裂损,则应适当增加初始喷层厚度。如果喷层厚度已较厚时,则不应再增加喷层厚度,而应增强锚杆、调整施工措施、改变封底时间等。

7. 地表下沉分析与反馈

对于浅埋隧道,可能由于隧道的开挖而引起上覆岩体的下沉,致使地面建筑的破坏和地面环境的改变。因此,地表下沉的量测监控对于地面有建筑物的浅埋隧道和城市地下通道尤为重要。

如果量测结果表明地表下沉量不大,能满足限制性更求,则说明支护参数和施工措施是适当的;如果地表下沉量大或出现增加的趋势,则应加强支护和调整施工措施,如适当加喷混凝土、增设锚杆、加钢筋网、加钢支撑、超前支护等,或缩短开挖循环进尺、提前封闭仰拱、甚至预注浆加固围岩等。

另外,还应注意对浅埋隧道的横向地表位移观测,横向地表位移带发生在浅埋偏压隧道工程中,其处理较为复杂,应加强治理偏压的对策研究。

8. 声波速度分析与反馈

围岩的声波速度综合反映了岩体的物理力学特征和动态变化。根据 v_p-L 曲线可以确定围岩松动区的范围,工程中应注意将此结果与围岩内位移量测资料相对照,综合分析和判断围岩的松弛情况,以便给修正支护参数和调整施工措施提供依据和指导。

模块小结

公路隧道常见质量问题包括隧道渗漏、衬砌开裂、限界受侵、衬砌结构同围岩结合不密实、通风、照明不良。隧道质量检测内容包括材料检测、施工检测、环境检测。

要熟悉隧道施工质量检测内容;掌握隧道监控量测必测项目内容。能进行常规的隧道施工质量检测和隧道监控量测,能通过隧道质量检测盒监测判定隧道质量优劣。

1. 隧道质量检测内容有哪些?
2. 隧道防排水系统质量检测的主要内容有哪些?
3. 简述监控量测项目分析及量测结果的应用。

附 录

附表 1　正态分布概率系数表 $\left(\int_{K_q}^{\infty} \frac{1}{\sqrt{2\pi}} e^{-\frac{x^2}{2}} dx = \beta\right)$

K_q	0.00	0.01	0.02	0.03	0.04	0.05	0.06	0.07	0.08	0.09
0.0	0.5000	0.4960	0.4920	0.4880	0.4840	0.4801	0.4761	0.4721	0.4681	0.4641
0.1	0.4602	0.4562	0.4522	0.4483	0.4443	0.4404	0.4364	0.4325	0.4286	0.4247
0.2	0.4207	0.4168	0.4129	0.4090	0.4052	0.4013	0.3974	0.3936	0.3897	0.3859
0.3	0.3821	0.3783	0.3745	0.3707	0.3669	0.3632	0.3594	0.3557	0.3520	0.3483
0.4	0.3446	0.3409	0.3372	0.3336	0.3300	0.3264	0.3228	0.3192	0.3156	0.3121
0.5	0.3085	0.3050	0.3015	0.2981	0.2946	0.2912	0.2877	0.2843	0.2810	0.2776
0.6	0.2743	0.2709	0.2676	0.2643	0.2611	0.2578	0.2546	0.2514	0.2483	0.2451
0.7	0.2420	0.2389	0.2358	0.2327	0.2296	0.2266	0.2236	0.2206	0.2177	0.2148
0.8	0.2119	0.2090	0.2061	0.2033	0.2005	0.1977	0.1949	0.1922	0.1894	0.1867
0.9	0.1841	0.1814	0.1788	0.1762	0.1736	0.1711	0.1685	0.1660	0.1635	0.1611
1.0	0.1587	0.1562	0.1539	0.1515	0.1492	0.1469	0.1446	0.1423	0.1401	0.1379
1.1	0.1357	0.1335	0.1314	0.1292	0.1271	0.1251	0.1230	0.1210	0.1190	0.1170
1.2	0.1151	0.1131	0.1112	0.1093	0.1075	0.1056	0.1038	0.1020	0.1003	0.0985
1.3	0.0968	0.0951	0.0934	0.0918	0.0901	0.0885	0.0869	0.0853	0.0838	0.0823
1.4	0.0808	0.0793	0.0778	0.0764	0.0749	0.0735	0.0721	0.0708	0.0694	0.0681
1.5	0.0668	0.0655	0.0643	0.0630	0.0618	0.0606	0.0594	0.0582	0.0571	0.0559
1.6	0.0548	0.0537	0.0526	0.0516	0.0505	0.0495	0.0485	0.0475	0.0465	0.0455
1.7	0.0446	0.0436	0.0427	0.0418	0.0409	0.0401	0.0392	0.0384	0.0375	0.0367
1.8	0.0359	0.0351	0.0344	0.0336	0.0329	0.0322	0.0314	0.0307	0.0301	0.0294
1.9	0.0287	0.0281	0.0274	0.0268	0.0262	0.0256	0.0250	0.0244	0.0239	0.0233
2.0	0.0228	0.0222	0.0217	0.0212	0.0207	0.0202	0.0197	0.0192	0.0188	0.0183
2.1	0.0179	0.0174	0.0170	0.0166	0.0162	0.0158	0.0154	0.0150	0.0146	0.0143
2.2	0.0139	0.0136	0.0132	0.0129	0.0125	0.0122	0.0119	0.0116	0.0113	0.0110
2.3	0.0107	0.0104	0.0102	0.00990	0.00964	0.00939	0.00914	0.00889	0.00866	0.00842
2.4	0.00820	0.00798	0.00776	0.00755	0.00734	0.00714	0.00695	0.00676	0.00657	0.00639
2.5	0.00621	0.00604	0.00587	0.00570	0.00554	0.00539	0.00523	0.00508	0.00494	0.00480
2.6	0.00466	0.00453	0.00440	0.00427	0.00415	0.00402	0.00391	0.00379	0.00368	0.00357
2.7	0.00347	0.00336	0.00326	0.00317	0.00307	0.00298	0.00289	0.00280	0.00272	0.00264
2.8	0.00256	0.00248	0.00240	0.00233	0.00226	0.00219	0.00212	0.00205	0.00199	0.00193
2.9	0.00187	0.00181	0.00175	0.00169	0.00164	0.00159	0.00154	0.00149	0.00144	0.00139
K_q	0.0	0.1	0.2	0.3	0.4	0.5	0.6	0.7	0.8	0.9
3	0.00135	$0.0^3 968$	$0.0^3 687$	$0.0^3 483$	$0.0^3 337$	$0.0^3 233$	$0.0^3 159$	$0.0^3 108$	$0.0^4 723$	$0.0^4 481$
4	$0.0^4 317$	$0.0^4 207$	$0.0^4 133$	$0.0^5 854$	$0.0^5 541$	$0.0^5 340$	$0.0^5 211$	$0.0^5 130$	$0.0^6 793$	$0.0^6 479$
5	$0.0^6 287$	$0.0^6 170$	$0.0^6 996$	$0.0^7 579$	$0.0^7 333$	$0.0^7 190$	$0.0^7 107$	$0.0^8 599$	$0.0^8 332$	$0.0^8 182$
6	$0.0^9 987$	$0.0^9 530$	$0.0^9 282$	$0.0^9 149$	$0.0^{10} 777$	$0.0^{10} 402$	$0.0^{10} 206$	$0.0^{10} 104$	$0.0^{11} 523$	$0.0^{11} 260$

注：① 表中数字为 β 值。

② $0^3 968$ 即为 0.000968。

附表 2 t 分布概率系数表

n	双边置信水平			单边置信水平		
	99%	95%	90%	99%	95%	90%
	$t_{0.995}/\sqrt{n}$	$t_{0.975}/\sqrt{n}$	$t_{0.95}/\sqrt{n}$	$t_{0.995}/\sqrt{n}$	$t_{0.975}/\sqrt{n}$	$t_{0.95}/\sqrt{n}$
2	45.012	8.985	4.465	22.501	4.465	2.176
3	5.730	2.484	1.686	4.201	1.686	1.089
4	2.921	1.591	1.177	2.270	1.177	0.819
5	2.059	1.242	0.953	1.676	0.953	0.686
6	1.646	1.049	0.823	1.374	0.823	0.603
7	1.401	0.925	0.734	1.188	0.734	0.544
8	1.237	0.836	0.670	1.060	0.670	0.500
9	1.118	0.769	0.620	0.966	0.620	0.466
10	1.028	0.715	0.580	0.892	0.580	0.437
11	0.955	0.672	0.546	0.833	0.546	0.414
12	0.897	0.635	0.518	0.785	0.518	0.393
13	0.847	0.604	0.494	0.744	0.494	0.376
14	0.805	0.577	0.473	0.708	0.473	0.361
15	0.769	0.554	0.455	0.678	0.455	0.347
16	0.737	0.533	0.438	0.651	0.438	0.335
17	0.708	0.514	0.423	0.626	0.423	0.324
18	0.683	0.497	0.410	0.605	0.410	0.314
19	0.660	0.482	0.398	0.586	0.398	0.305
20	0.640	0.468	0.387	0.568	0.387	0.297
21	0.621	0.455	0.376	0.552	0.376	0.289
22	0.604	0.443	0.367	0.537	0.367	0.282
23	0.588	0.432	0.358	0.523	0.358	0.275
24	0.573	0.422	0.350	0.510	0.350	0.269
25	0.559	0.413	0.342	0.498	0.342	0.264
26	0.547	0.404	0.335	0.487	0.335	0.258
27	0.535	0.396	0.328	0.477	0.328	0.253
28	0.524	0.388	0.322	0.467	0.322	0.248
29	0.513	0.380	0.316	0.458	0.316	0.244
30	0.503	0.373	0.310	0.449	0.310	0.239
40	0.428	0.320	0.266	0.383	0.266	0.206
50	0.380	0.284	0.237	0.340	0.237	0.184
60	0.344	0.258	0.216	0.308	0.216	0.167
70	0.318	0.238	0.199	0.285	0.199	0.155
80	0.297	0.223	0.186	0.266	0.186	0.145
90	0.278	0.209	0.175	0.249	0.175	0.136
100	0.263	0.198	0.166	0.236	0.166	0.129

附表3 相关系数检验表(γ_β)

$n-2$	显著性水平 β		$n-2$	显著性水平 β		$n-2$	显著性水平 β	
	0.01	0.05		0.01	0.05		0.01	0.05
1	1.00	0.997	15	0.606	0.482	29	0.456	0.355
2	0.990	0.950	16	0.590	0.468	30	0.449	0.349
3	0.959	0.878	17	0.575	0.456	35	0.418	0.325
4	0.917	0.811	18	0.561	0.444	40	0.393	0.304
5	0.874	0.754	19	0.549	0.433	45	0.372	0.288
6	0.834	0.707	20	0.537	0.423	50	0.354	0.273
7	0.798	0.666	21	0.526	0.413	60	0.325	0.250
8	0.765	0.632	22	0.515	0.404	70	0.302	0.232
9	0.735	0.602	23	0.505	0.396	80	0.283	0.217
10	0.708	0.576	24	0.496	0.388	90	0.267	0.205
11	0.684	0.553	25	0.487	0.381	100	0.254	0.195
12	0.661	0.532	26	0.478	0.374	200	0.181	0.138
13	0.641	0.514	27	0.470	0.367	300	0.148	0.113
14	0.623	0.497	28	0.463	0.361	400	0.128	0.098

参 考 文 献

[1] 董祥.道桥检测技术[M].北京:机械工业出版社,2011.
[2] 郑桂兰.道路检测技术[M].北京:机械工业出版社,2006.
[3] 张超,郑南翔,王建设.路基路面试验检测技术[M].北京:人民交通出版社,2004.
[4] 钱进.公路工程现场检测技术[M].北京:人民交通出版社,2009.
[5] 金桃,张美珍.公路工程检测技术[M].3版.北京:人民交通出版社,2009.
[6] 王建华,孙胜江.桥涵工程试验检测技术[M].北京:人民交通出版社,2004.
[7] 王加弟,朱芳芳.路基路面工程检测技术[M].北京:人民交通出版社,2010.
[8] 杨晓丰,李云峰.路基路面检测技术[M].北京:人民交通出版社,2007.
[9] 赵卫平.路基路面检测技术[M].北京:人民交通出版社,2006.
[10] 梁新政,丁武洋.路基路面试验检测技术手册[M].北京:人民交通出版社,2009.
[11] 交通运输部公路科学研究院.公路路基路面现场测试规程(JTG E60—2008)[M].北京:人民交通出版社,2008.
[12] 交通运输部公路科学研究院.公路工程质量检验评定标准(JTG F801—2004)[M].北京:中华人民共和国交通部,2004.
[13] 交通运输部公路科学研究院.公路路基路面现场测试规程(JTG E60—2008)[M].北京:人民交通出版社,2008.
[14] 王建华,孙胜江.桥涵工程试验检测技术[M].2版.北京:人民交通出版社,2004.
[15] 张宇峰,朱晓文.桥梁工程试验检测技术手册[M].北京:人民交通出版社,2009.
[16] 罗骐先,王五平.桩基工程检测手册[M].3版.北京:人民交通出版社,2010.